全国教育科学规划教育部重点课题项目（DGB100454）

区域高等教育
发展战略与政策保障

基于建设 "高教强国" 的视角

REGIONAL HIGHER EDUCATION
DEVELOPMENT AND POLICY GUARANTEE IN CHINA:

A STRATEGIC PERSPECTIVE

郝 瑜 孙二军 著

社会科学文献出版社
SOCIAL SCIENCES ACADEMIC PRESS (CHINA)

序

　　建设高等教育强国，是全面建设小康社会、实现中华民族伟大复兴的基本要求，也是推进创新型国家建设，全面提升我国综合国力和国际影响力、竞争力的必然要求。作为长期投身高等教育事业的教育工作者，我们的"中国梦"就是"高教强国梦"。然而，站在新的历史起点上，我国高等教育事业还不完全适应经济社会发展和人民群众接受良好教育的要求，同国际先进水平相比还有明显差距。提高高等教育质量、促进内涵式发展、办人民满意的教育已经成为我国高等教育改革发展的核心任务。这就要求我们立足国际视野，谋求具有前瞻性和现实性的战略举措，并提供有效的政策保障。

　　事实上，世界各国高等教育都普遍存在教育质量下降、教育经费短缺、人才外流以及受教育机会不均等问题。这些现实问题与发展面临的"危机"推动了高等教育发展战略与政策保障的系统研究。尤其是在适应市场经济条件下高等教育发展的现实需求和立足区域经济、文化、社会环境变化的基础上，深入开展区域高等教育发展战略及配套的政策保障机制研究，将有利于提升区域高等教育的整体水平、均衡区域间的高等教育发展，实现区域教育合作和优质资源共享，从而充分挖掘区域高等教育的潜能，更好地服务地方社会经济的改革与发展。因此，高等教育发展战略和政策保障机制研究，需要分析和借鉴世界高等教育发展经验教训，将研究的视角转向"高教强国"建设背景下的区域高等教育改革与发展。

郝瑜教授、孙二军副教授所著《区域高等教育发展战略与政策保障——基于建设"高教强国"的视角》一书，正是在建设"高教强国"的研究背景下，在分析探讨国际高等教育发展战略与政策保障机制的基础上，对我国东部、中部和西部三大区域高等教育的改革与发展进行了战略分析，进而对西部高等教育改革与发展的内外部因素进行了 SWOT 战略分析，提出了西部地区高等教育改革与发展的跨越式发展战略、跨区域发展战略、均衡与非均衡发展相结合战略、点－轴发展战略、特色化发展战略和自主发展战略，并从高等教育投入、对口支援、质量提升、政产学研、人才队伍建设和国际化等方面集中探讨了西部高等教育发展的政策保障。

本书紧扣我国高等教育改革与发展的热点问题，研究思路清晰、资料丰富、论证充分。从大量翔实的文献资料出发，基于世情、国情和区域社会发展，以西部地区为实例，对我国区域高等教育发展战略与政策保障进行了深入分析和论证，在理论上具有创造性。同时，全书紧紧围绕建设"高教强国"战略的全面实施，提出了一系列具有较强针对性的发展战略与政策保障建议。这种研究视角与分析方法以及得出的相关研究结果，对于实施"高教强国"建设战略，实现区域高等教育内涵式发展，具有重要的借鉴意义。

刘献君

2014 年 3 月于武汉喻家山

前　言

　　高等教育是社会发展的产物，受制于社会经济、政治、文化，并反作用于社会经济、政治、文化。因此，高等教育的改革与发展同样受制于社会经济、政治、文化，又能促进社会经济、政治、文化的改革与发展。当我们将视野转向全球，可以明显地发现，世界各发达国家经济、科技、文化的强盛，都与建设高等教育强国进程紧密相伴，一个和平崛起的强国除了根本性实行"科教强国"战略之外别无出路，而高等教育与社会、政府、市场的协调发展，则是实现"科教兴国、人才兴国"的必然选择。

　　在中国全面建设小康社会、努力实现中华民族伟大复兴的历史节点上，教育部于 2012 年 3 月制定并颁布了《高等教育专题规划》，明确提出建设高等教育强国，是全面建设小康社会，推进创新型国家建设，全面提升我国综合国力和国际影响力、竞争力的必然要求，也是到 2020 年基本实现教育现代化、基本形成学习型社会、进入人力资源强国行列的必然要求，是时代赋予我国高等教育的崇高庄严的历史使命。

　　全面实施"高教强国"战略，需要我们以培养人才为根本，统筹高等学校的教学、科研和社会服务协调发展；以适应社会需求为导向，统筹各类型各层次高等学校协调发展；以支持中西部高等教育为重点，统筹区域高等教育协调发展。然而，受制于地方社会与区域经济的不均衡发展，在教育投入、人才培养规格、学科布局、产学研合作等方面，西部地区高等教育事业的发展严重地落后于东部发达地区，这一状况反过来也严重制约了西部地区社会、经济的可持续发展能力。在新的时代背景下认识与思考"高教强国"战略时，有必要将关注点移向西部地区，从建设"高教强国"角度出发，探讨西部地区高等教育的改革与发展，在分析和借鉴世界高等教育发展经验和教训的基础上，立足于对东部、中部和西部地区高等教育发展的战略分析，明晰西部地区高等教育发展的战略选择和政策保障。这不仅能够促进西部地区高等教育的内涵式发展，推动"高教强国"战略的全面实施，而且对于"西部大开发"国家发展战略的全面实施也具有重大的现实意义。

为了给西部地区高等教育寻找一条切实可行的发展路径，我们努力从世界高等教育高端发展国家那里搜索有关未来发展走向的"蛛丝马迹"，在比较、分析国内三大区域高等教育改革与发展状况的基础上提出：西部地区高等教育可以通过实施跨越式发展战略、均衡与非均衡发展相结合战略、点－轴发展战略、特色化发展战略和自主发展战略，在高等教育投入、高等教育结构、高等教育质量、高等教育"政产学研"以及人才战略等方面谋求更加切实有效的政策保障，从而推动西部地区高等教育事业的持续健康发展，促进"西部大开发"和"高教强国"发展战略的全面实现。

就在本书即将付梓之际，中共中央总书记、国家主席习近平提出和阐释了"中国梦"，作为长期投身西部地区高等教育事业的教育工作者，我们的"中国梦"就是"高教强国梦"。这一梦想的实现，有赖于社会各界的共同关注和支持，笔者也将以更大的热忱投入到我国高等教育研究，特别是西部地区高等教育研究当中，努力为"高教强国梦"的早日实现，做出一些微薄的贡献。

谨以此序，聊以明志。

目　录

第一章

导 论

第一节　问题的提出

研究高等教育发展战略的选择与政策保障机制的目的不是实现或证实一套已有的价值标准和理论框架，而是构造一个新的价值标准和理论框架，更好地立足于实际发展状况来解决"规模、质量、结构与效益"的辩证统一。探讨西部地区高等教育发展战略是对未来一定时期内西部地区高等教育发展的总体谋略和谋划，中心任务是为适应西部地区社会经济发展的需要，集中探讨西部高等教育改革与发展的战略思想、战略重点、战略目标、战略任务和战略对策等。

2012 年 8 月发布的《2011 年全国教育事业发展统计公报》指出，2011 年全国各类高等教育总规模达到 3167 万人，高等教育毛入学率达到 26.9%。根据美国著名高等教育专家马丁·特罗的高等教育大众化理论，国际上通常认定高等教育毛入学率在 15% 以下为精英教育阶段，15%~50% 为高等教育大众化阶段，50% 以上为高等教育普及化阶段。中国高等教育 3000 多万人的在学总规模稳居世界第一，毛入学率从 2002 年的 15% 已经提高到 2011 年的 26.9%。《国家中长期教育改革和发展规划纲要（2010~2020 年）》提出的高等教育毛入学率目标是 2015 年达到 36%，2020 年达到 40%。2010 年，我国具有高等教育文化程度的人口为 1.19 亿人，每 10 万人中具有高等教育文化程度的人数由 2000 年的 3611 人上升到 2010 年的 8930 人，高层次专业技术人才队伍显著壮大。可以说，当前中国已经成为名副其实的高等教育大国，并正在向高等教育强国迈进。

然而，站在新的历史起点上，从全面建成小康社会的目标任务来看，我国高等教育还不能完全适应经济社会发展和人民群众接受良好教育的要

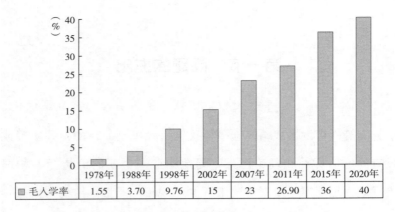

	1978年	1988年	1998年	2002年	2007年	2011年	2015年	2020年
■ 毛入学率	1.55	3.70	9.76	15	23	26.90	36	40

图 1 – 1   中国高等教育毛入学率增长趋势

求，同国际先进水平相比还有明显差距。经济社会发展对高等教育提出了很高的要求，提高质量、内涵式发展已成为我国高等教育改革发展最核心、最紧迫的任务。胡锦涛总书记在庆祝清华大学建校 100 周年大会上发表的重要讲话明确指出，世界范围内生产力、生产方式、生活方式、经济社会发展格局正在发生深刻变革，知识创新成为国家竞争力的核心要素。在这种大背景下，各国为掌握国际竞争主动权，纷纷把深度开发人力资源、实现创新驱动发展作为战略选择。推动经济社会又好又快发展，实现中华民族伟大复兴，科技是关键，人才是核心，教育是基础。我们必须深入实施科教兴国战略和人才强国战略，全面贯彻落实《国家中长期教育改革和发展规划纲要（2010 ~ 2020 年）》，加快从教育大国向教育强国迈进。胡总书记的讲话进一步明确提出了推动我国高等教育改革发展的战略要求，进一步回答了"办什么样的高等学校，怎样办好高等学校"这个根本问题，是指导我国教育事业特别是高等教育事业科学发展的纲领性文献。胡总书记的重要讲话既深入分析了我国高等教育发展存在的不足，又突出强调了把提高质量作为高等教育改革发展最核心、最紧迫的任务，进一步明确了建设若干所世界一流大学的重大战略举措。因此，我们必须把不断提高质量作为高等教育的生命线，并将教育质量的不断提升贯穿到高等学校人才培养、科学研究、社会服务、文化传承创新各项工作之中，适应实现经济社会又好又快发展、促进人的全面发展、推动社会和谐进步的要求，坚持走内涵式发展道路，借鉴国际先进理念和经验，全面提高高等教育的办学水平与教育质量，不断为社会主义现代化建设提供强有力的人才保证和智力支撑。

在中国发展的战略全局中，西部地区的发展极为重要。西部地区的面积占全国的 56%，人口占全国的 22.8%，因此，审视西部地区高等教育和人才发展战略是实现"高教强国"必不可少的基本前提和内在要求。面对知识经济时代的严峻挑战，西部地区必须对一贯实施的资源导向战略进行重新定位，确立面向 21 世纪的新的跨越式发展战略。西部地区社会与经济持续健康发展的基本点是"以人为本"，即从以物为中心转向以人为中心，全面提高人的政治、思想、文化、科技素质；从单纯经济增长转向全面促进人类社会发展；从增强本地经济实力转向提高城乡居民人均收入和生活质量；从资源导向型转变为市场导向型，探索以市场与知识为主体的可持续发展的西部开发模式。根本而言，西部大开发关键在于人才和科技优势，在于高等教育所提供的智力支持，这就要求我们立足西部地区社会、经济发展的客观现实，建成高水平、高质量、有特色的高等教育体系，充分发挥其现代大学的核心社会功能。因此，西部地区高等教育事业肩负的历史使命与重大责任不言而喻，西部高等教育事业的改革与发展必将会影响西部大开发战略的全面实施。

但是，受到地方社会经济、地域环境及历史条件等因素的影响，在高等教育投入、人才培养规格质量、学科布局、产学研合作等方面，西部地区高等教育事业的发展严重落后于我国中、东部发达地区。以地方高等学校生均公共财政预算教育经费支出为例，2011 年，北京市为 35671.00 元、上海市为 23524.83 元、广东省为 12602.14 元、浙江省为

10887.47 元、江苏省为 10422.29 元；而位于西部地区的四川省为 6892.98 元、陕西省为 7308.41 元、甘肃省为 7456.74 元。西部地区与发达地区地方属高校的生均预算内拨款的差距为 2~4 倍；75 所教育部直属国家重点大学，北京市就分布了 24 所、上海 8 所、江苏 7 所，而河南、河北、山西、内蒙古、宁夏、青海、新疆、西藏、江西、广西、云南、贵州、海南等 13 个省份区域内没有 1 所国家重点大学。发展上的巨大差距与落后局面，是西部地区高等教育改革与发展必须面临的现实难题，如何依靠自身的优势与特色，从战略上最大程度破解其发展受限的不利局面，推动自身的快速健康发展，已经成为西部地区高等教育发展战略抉择与政策保障的根本所在。

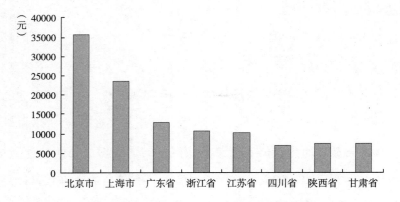

图 1-2　东、西部部分省区地方高校生均公共财政预算教育经费支出

事实上，世界各国高等教育普遍都会存在教育质量下降、经费短缺、失业和人才外流，以及受教育机会不均等问题。这些现实问题与发展面临的"危机"也推动了高等教育发展战略与政策保障机制的系统研究。许多国家都把高等教育发展战略与政策保障机制作为专门的课题来研究，并取得了一定的成果。实践证明，在适应市场经济条件下高等教育发展的现实需求，并结合区域经济、文化、社会环境变化，深入开展区域高等教育发展战略及配套的政策保障机制研究，将有利于提升区域高等教育的整体水

平、均衡区域间的高等教育发展，实现区域教育合作和优质资源共享，从而充分挖掘区域高等教育的潜能，更好地服务地方社会的改革与发展。因此，基于区域性高等教育发展战略和政策保障机制研究的前瞻性和本土性，我们需要分析和借鉴世界高等教育发展的经验和教训，将研究的视角转向"高教强国"建设背景下的西部地区高等教育的改革与发展，立足于对东部、中部和西部高等教育发展的战略分析，明晰西部地区高等教育发展的战略选择和政策保障机制，从而促进西部地区高等教育的内涵式发展。对西部地区高等教育发展战略的研究不能停留在对区域高等教育发展的一般性描述，而应该明确西部地区高等教育发展的基本理念、理论基础、分析方式和必要的结构框架（参照国际高等教育发展战略的研究成果），清楚地展现和分析当前国内外高等教育发展的基本动态、大政方针，以及西部地区政治、经济、社会、文化背景等状况，并形成有针对性的政策保障机制等。此外，需要重视对西部地区高等教育优势与劣势的比较分析，重视西部地区高等教育历史传统分析以及相关利益群体的需求分析，保证战略选择与政策保障机制的科学性和合理性，从而更为全面、清晰地勾勒西部地区高等教育事业的发展蓝图，促进西部大开发战略和高教强国战略的全面实现。

第二节 研究意义

建设高等教育强国，是全面建设小康社会、实现中华民族伟大复兴的基本要求。西方国家的高等教育发展进程清楚地昭示于我们：一个和平崛起的强国除了实行根本性"科教强国"战略外，别无出路，德国、美国、日本、韩国、苏联等无一例外。根本性科教强国战略包括三个维度，即：

全面、彻底深入和长期不动摇。中华民族历经坎坷选定的"科教兴国""教育优先发展""建设人力资源强国""建设创新型国家""建设高等教育强国"等一系列卓越的国家发展战略，是中国人民用智慧探索出来的发展道路。① 事实上，世界各发达国家经济、科技、文化的强盛，都与建设高等教育强国进程紧密相伴。面向现代化、面向世界、面向未来，走中国特色现代高等教育发展之路，建设高等教育强国，是全面建设小康社会，推进创新型国家建设，全面提升我国综合国力和国际影响力、竞争力的必然要求，也是到 2020 年基本实现教育现代化、基本形成学习型社会、进入人力资源强国行列的必然要求，是时代赋予我国高等教育崇高庄严的历史使命。② 《2011 年全国教育事业发展统计公报》指出，2011 年全国各类高等教育总规模达到 3167 万人，全国共有普通高等学校和成人高等学校 2762 所。我国目前高等教育在学总规模居世界第一，具有高等教育学历的从业人员总数居世界第二，已经成为高等教育大国。但是，相对于国家发展的新需求和人民群众的新期盼，必须清醒地认识到，我国高等教育还不能完全适应经济社会发展和人民群众接受良好教育的要求，同国际先进水平相比还有明显差距，提高质量已经成为高等教育改革与发展最核心、最紧迫的任务。以高等教育的毛入学率为例，2011 年我国高等教育毛入学率仅为 26.9%，与同期美国的 82%、日本的 80%、韩国的 80% 相比，差距很大。此外，在教育经费投入、办学规格层次、人才培养质量、科学研究和社会服务等方面，我国与世界发达国家或地区的差距仍然较为明显。由此可见，我们的当务之急是要实现建设高等教育强国的发展目标。基于高教强国的战略选择，我们需要在人才培养质量、

---

① 吴岩、刘祖良：《世界高等教育高端发展的走向与我国应对战略》，《中国高教研究》2011年第 11 期。

② 中华人民共和国教育部：《高等教育专题规划》，2012 年 3 月 21 日。

科学研究、社会服务、学科专业建设、政产学研合作等方面谋求有针对性的改革举措，需要实现办学类型的多样性和层次性，既全力加强一流大学建设，又能够有指导地实现地方高校的特色化发展，从而实现高等教育系统与社会经济发展的协同效应，实现高等教育所肩负的社会与历史使命。

西部不强则国家不强，这是由西部地区的社会历史、地理、环境、人口等因素决定的。我国西部地区包括陕西省、甘肃省、青海省、宁夏回族自治区、新疆维吾尔自治区、四川省、重庆市、云南省、贵州省、西藏自治区、内蒙古自治区、广西壮族自治区 12 个省、自治区、直辖市，面积为685 万平方公里，约占全国的 56%。西部地区自然资源丰富，市场潜力大，战略位置重要。但西部地区经济发展相对落后，人均国内生产总值仅相当于全国平均水平的三分之二，不到东部地区平均水平的 40%，迫切需要加快改革开放和现代化建设步伐。1999 年 11 月，中央经济工作会议提出对西部进行大开发的战略决策。2000 年 3 月中旬，国务院西部地区开发领导小组办公室正式成立并开始工作。2000 年 10 月，中共十五届五中全会通过的《中共中央关于制定国民经济和社会发展第十个五年计划的建议》把实施西部大开发、促进地区协调发展作为一项战略任务。2001 年 3 月，九届全国人大四次会议通过的《中华人民共和国国民经济和社会发展第十个五年计划纲要》对实施西部大开发战略再次进行了具体部署。2006 年 12月 8 日，国务院常务会议审议并原则通过《西部大开发"十一五"规划》。2012 年 2 月，国务院批复同意了《西部大开发"十二五"规划》（以下简称《规划》），这是国务院批复的第三个西部大开发五年规划。西部大开发战略的全面落实，迫切需要高层次的人才保障和科技支撑。然而，受制于西部地区社会与经济发展的落后局面，西部地区高等教育事业的改革与发展不仅同样落后于东部地区，而且尚未切实有效地满足西部大开发战略实施所需的智力支持与人才支撑。截至 2010 年，就西部地区每十万人口中高中和中专文化程度人口数而言，仅有陕西、内蒙古超过全国均值；大专及以上人口数也仅有陕西、内蒙古和新疆 3 个省份超过全国平均水平，这说明西部地区熟练劳动力的供给能力较弱。[①] 因此，西部高等教育事业的发展趋势及其面临的诸多挑战，需要我们立足现状与发展难题，坚持跨越式、内涵式的发展道路，谋求具有前瞻性和现实性的发展战略，并从政策层面予以保驾护航。因此，当前亟须加强西部地区高等教育发展战略与政策保障的相关研究，谋求西部地区高等教育跨越式、跨区域、均衡与非均衡相结合、特色化、自主化发展战略及其相应的政策保障，从而全面提升西部地区高等教育的办学水平及教育质量，扩大办学规模，提高人才培养质量，改善办学结构，提高办学效益，加强国际交流，创新办学思想，促进西部人力资源的开发及科技创新能力的提升，提高西部的核心竞争力，最终促进西部地区经济、社会、文化的发展，实现国家的区域均衡发展。

第三节　研究目标与内容

一　研究目标

本研究在建设高等教育强国背景下，通过对国内外高等教育发展战略的比较分析，尤其是对国内中部、西部、东部三大区域高等教育发展战略的比较分析，集中探讨西部地区高等教育改革与发展的战略选择。基于西部地区高等教育发展的现状、挑战及问题，集中探讨西部地区高等教育事

---

① 姚慧琴、徐璋勇：《中国西部发展报告（2012）》，社会科学文献出版社，2012。

业的跨越式、跨区域、均衡与非均衡相结合、点－轴开发、特色化、自主化发展等战略举措。

通过对国内外高等教育政策保障机制的比较分析，探讨中国西部地区高等教育改革与发展的政策保障机制，如西部地区高等教育质量提升的政策保障、西部地区人力资源开发机制、高水平师资培养机制、吸引人才机制、财政支持及经费多元投入机制、西部地区高等教育基础设施建设等方面的政策保障。

此外，通过对高等教育强国背景下的西部地区高等教育发展战略选择与政策保障机制的研究，在西部地区建设高水平、高质量的一流大学，培养优先服务于西部的创新科技人才，促进西部地区社会经济与科技产业发展，使西部地区的高等教育能够适应并满足其跨越式发展的长远需要和现实需求。

二　研究内容

本课题着重分析建设高等教育强国背景下西部地区高等教育发展面临的形势及其存在的诸多问题，集中探讨影响西部地区高等教育改革与发展的关键性因素，通过综合研究、专题研究和比较分析，重点分析西部地区高等教育发展的战略选择以及促进西部地区高等教育持续健康发展的政策保障机制。

探讨分析国内外高等教育改革发展的过程及其背景，为西部地区高等教育改革与发展提供必要的理论依据。首先，在全球化浪潮下，各国高等教育政策发生了重大调整，这些政策变革有共同的实践动力和理论依据，并且相互关联，各有利弊。通过借鉴主要发达国家的经验，为我国西部地区高等教育发展的战略选择提供有益的启示。其次，通过对东部、中部和西部三大区域高等教育发展战略与政策保障的比较分析，借鉴国内东部与中部地区的经验，促进西部地区高等教育事业科学发展。

基于西部地区高等教育改革发展面临的形势与挑战，集中探讨西部地区高等教育的发展战略与政策保障。首先，分析西部高等教育改革发展现状与存在的问题。西部地区高等教育的发展与经济发展不相适应，主动适应地方经济社会发展程度不够，数量规模发展、质量层次提升等方面与东部地区有较大差距。基于此，集中探讨西部地区高等教育的规模、结构、质量与效益等问题，以期重新确立适宜西部地区高等教育改革与发展的重大战略选择与政策保障。其次，基于西部地区高等教育改革与发展的 SWOT 分析，重点探讨西部地区高等教育改革与发展的跨越式发展战略、跨区域发展战略、均衡与非均衡发展相结合战略、点－轴发展战略、特色化发展战略和自主发展战略。最后，探讨西部地区高等教育发展的政策保障机制，具体包括西部地区高等教育投入的政策保障、对口支援西部高等教育的政策保障、优化西部地区高等教育结构的政策保障、提升西部地区高等教育质量的政策保障、加强西部地区高等教育"政产学研"的政策保障、实施西部地区高等教育人才战略的政策保障、加强西部地区高等教育国际化的政策保障、促进西部地区民办高等教育改革与创新的政策保障等。

第四节　研究思路与方法

一　研究思路与方法

本研究首先分析国内外高等教育发展战略与政策保障的宏观背景，进而分析西部地区高等教育发展的现状与存在的问题，并在建设高等教育强国的背景下，集中探讨西部高等教育发展的战略选择，研究相应的政策保障机制。具体而言，一是本课题采用文献研究法和历史法，着重梳理和分析了各国高等教育发展战略与政策保障的基本趋向与内容。基于此，分析比较各国高等教育发展战略与政策保障的共性与特性，总结高等教育发展战略的着眼点和重大举措。二是立足于我国三大区域高等教育发展战略规划的文本分析，总结归纳我国高等教育改革与发展的总体趋向和基本的政策措施，具体包括对我国东部、中部、西部不同区域高等教育发展状况及相关研究成果进行文献分析，以描述、解释西部地区高等教育发展现状及存在的问题。三是基于 SWOT 分析方法，对西部地区高等教育面临的内外部因素进行了梳理，借鉴我国东部、中部地区高等教育发展的经验与做法，探讨了西部地区高等教育事业的若干发展战略与政策举措。四是采用德尔菲法，依据系统的程序，采用匿名发表意见的方式，即专家之间不发生横向联系，只能与调查人员发生联系，通过多轮调查专家对问卷所提问题的看法，经过反复征询、归纳、修改，最后汇总成专家基本一致的看法，作为预测的结果。

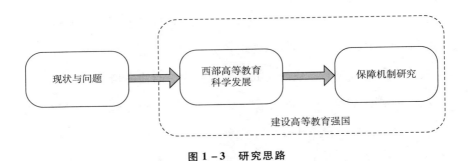

图 1 - 3　研究思路

二　技术路线

本课题研究的技术路线如图 1 - 4 所示，现状与问题部分采用文献法与比较法，发展战略选择采用量化研究法、德尔菲法、文献法及归纳法，政策保障机制采用比较法、德尔菲法及量化研究法。

图 1 - 4　技术路线

第五节　核心概念界定

一　高等教育发展战略

"战略"一词，最早是军事方面的概念。《现代汉字词典》中"战略"是指指导战争全局的计划和策略。在现代"战略"一词被引申至政治和经济领域，泛指统领性的、全局性的、左右胜败的谋略、方案和对策。高等教育发展战略是指根据影响高等教育的内外部环境因素，调动一切可能调动的资源，从整体的、全局的利益出发，在一定时期内所制定的带有全局性、长远性和根本性的指导规划或任务。[①] 高等教育发展的战略选择需要立足于实际发展状况，通过整体规划和协同发展来解决"规模、质量、结构与效益"的辩证统一，从而完成高等教育肩负的使命与责任。

从这个层面而言，"高教强国"就是当前我国高等教育发展战略的基点，它有两层含义：一是建设高等教育强国，使我国成为世界上具有影响力的、有先进高等教育体系和规模的国家；二是通过高等教育的进一步发展来推动社会经济文化进步、实现建设社会主义强国的目标。这两方面实际上是统一的。高等教育发展是建设社会主义强国的重要内涵，而高等教育的发展必定对社会经济和文化的发展产生强有力的推动作用。高等教育

---

① 王庆书、王亮：《高等教育发展战略的比较研究》，《现代教育科学》2009 年第 6 期。

强国建设作为国家的高等教育发展战略，将规定未来相当长一段时间内高等教育的发展方向。作为战略，必须思考两个问题：一是实现怎样的战略发展目标和前景；二是采取怎样的战略手段来确保目标的实现。①

高教强国战略的全面实施，需要立足区域高等教育发展的实际状况，实现高等教育与地方社会的协同发展。西部地区高等教育发展战略是立足于西部地区社会经济与高等教育发展状况，基于"西部大开发"战略的全面实施，对未来一定时期内西部地区高等教育发展的总体谋略和谋划，中心任务是为适应西部地区社会经济发展的需要，集中探讨西部高等教育改革与发展的战略思想、战略重点、战略目标、战略任务和战略对策等。

二　高等教育政策保障机制

政策，由于其概念内涵和外延范围的多样性，迄今为止被赋予了多种定义。例如，J. R. 霍尔（J. R. Hoagh）主编的《教育政策——一份国际报告》中提出，"政策主要是指有确定目标的行为，这种行为进程及模式以及这种进程中的许多相关措施"。有人把政策理解为："一种明确的或者含蓄的单个或者一组决定，它可以制定一些方针（directives）以指导将来的决定，发动或阻止某种行动，或者引导先前决定的实施"。② 一般而言，教育政策是一个政党和国家为实现一定历史时期的教育发展目标和任务，依据党和国家在一定历史时期的基本任务、基本方针而制定的关于教育的行动准则。教育政策的制定与实施就是为了更好地推动国家或省区教育战略的全面实现，促进教育事业的长远健康发展。因此，教育政策保障机制既是制定和落实西部高等教育发展战略的基本要求，也是西部高等教育事业

---

① 柴旭东：《高等教育强国建设背景下地方高等教育发展战略的选择》，《国家教育行政学院学报》2009 年第 10 期。

② 史明洁、许竞、尚超、王黎云：《教育政策学》，教育科学出版社，2003。

改革与发展的重要组成部分。

就已有的教育政策研究而言，由于对政策的概念把握的多样性，其研究对象和方法论也极为多样。如果将政策研究作为对象，可以大致分为以政策内容为对象的研究和以政策过程为对象的研究。根据分析方式的不同，又可将政策研究分为经验性研究和理念性研究。[①] 本研究侧重于以政策内容为主的经验性研究和理念性研究，并重视二者的有机结合。对于高等教育政策保障而言，具有更广泛的含义，涉及方方面面，诸如教育投入政策、教育质量保障政策、产学研政策等。高等教育政策保障涉及政策问题、政策目标、政策规范、政策工具、政策联系和政策执行等，彼此相互交织，构成有机整体。高等教育的政策保障机制是以政策目标的实现为目的，相互关联的各具体保障政策构成的统一体。

第六节　相关研究综述

国内关于"高教强国"的研究热潮始于中国高等教育学会重大研究项目——"遵循科学发展，建设高等教育强国"。该项目于 2008 年 6 月正式开题，聘请国家领导人陈至立同志担任顾问，由周远清同志任组长，其他负责人 21 人，子课题负责人 100 多人，参与院校 150 多所，研究人员 1500 多名。该项目还先后于 2008 年和 2009 年被批准为国家社会科学基金"十一五"规划教育学重点项目和教育部哲学社会科学研究重大课题攻关项目。该项目旨在回答"什么是高等教育强国、为什么要建设高等教育强国、现有基础能不能建设高等教育强国和怎样建设高等教育强国"。总体

---

① 　沈晶晶：《高等教育政策过程分析的研究途径》，《江苏高教》2011 年第 6 期。

而言，2007～2012 年，关于建设"高教强国"的相关研究类别大致可以分为以下几个方面。

一　"高教强国"理念及内涵特征研究

中国高等教育学会出品的《建设高等教育强国文集》规整了最近十年间"高教强国"理论探讨的主要内容，具体涉及高等教育强国的内涵、本质与基本特征，建设高等教育强国的意义与使命——政治、科技、经济和文化发展的视角，高等教育理念创新与建设高等教育强国，1998～2007 年中国高等教育结构发展变化的制度分析，以及如何建设高等教育强国的建议举措等。"高教强国"理念及其内涵特征的相关研究推动了高等教育改革与发展的理念创新，促进了我国高等教育的理论体系建设。其中，周远清在《从"理论要点"到"高教强国"到"思想体系"》一文就提到，建设高等教育强国列入了《国家中长期教育改革和发展规划纲要（2010～2020 年）》，这标志着建设高等教育强国从民间的讨论、学术界的研究变成了政府行为。特别是在《高等教育专题规划纲要》中，我们能读到："加快建设高等教育强国，加快建设世界先进水平、中国特色社会主义现代高等教育体系"，"走中国特色现代高等教育之路，建设高等教育强国，已经成为时代赋予我国高等教育崇高庄严的历史使命"。①

"高教强国"理念及其内涵特征的相关研究主要侧重于中国特色高等教育思想体系建设、经济社会发展与高等教育理念创新、"高教强国"意义与功能、"高教强国"的条件与指标等方面。马陆亭在《从"理论要点"到"高教强国"和"思想体系"的研究》一文中指出，在历史的阶

---

① 周远清：《从"理论要点"到"高教强国"到"思想体系"》，《中国高教研究》2011 年第 5 期。

段性上，"思想体系"和"高教强国"的研究是一脉相承的，和"理论要点"的研究又有着共同的承前启后的作用。中国特色高等教育"思想体系"研究的提出是时代的要求，是我国高等教育进入大众化中期发展阶段、实现由高等教育大国向高等教育强国转换所必然要进行的理论准备工作。① 洪成文则在《高等教育强国的内涵、特征及建设策略》一文中指出，我国高等教育正处于历史性的转变过程中，即由高教大国向高教强国发展。高教强国主要表现为思想的发源地、先进制度的形成和创造、学者自然人的国际流动等三个突出特征。建设高教强国必须注意实现从国内关注向世界关注、从国际借鉴向国外推广两个转变，善于用中国模式服务世界其他同行，创设有利于新思想和新制度产生的土壤与环境。② 周光礼在《创新教育理念，建设高教强国》一文中谈到，建设有中国特色的高等教育强国，必须尊重自己的高等教育文化，要适应自己具体的高等教育环境；充分考虑中国的国情，强化自己的高等教育特色；适应社会经济转型，建立起能够有效满足中国各个方面需求的高等教育体系；遵循世界文明发展的共同轨迹，借鉴其他国家发展高等教育的经验与理念。③ 陈学飞、沈文钦在《建设高等教育强国的背景与条件分析》一文中指出，通过对世界高等教育发达国家的系统研究，我们认为，高等教育强国应该具备以下基本条件：①拥有较大的高等教育规模和较高的高等教育入学率；②合理、健全的高等教育结构体系；③充足的高等教育投入；④高水平的人才培养质量：人力资本和人力资源对经济发展的贡献率较大；⑤拥有若干所世界一流大学和一批世界一流的学科；⑥世界领先的科研实力、学术产出

① 马陆亭：《从"理论要点"到"高教强国"和"思想体系"的研究》，《中国高教研究》2011 年第 8 期。

② 洪成文：《高等教育强国的内涵、特征及建设策略》，《徐州工程学院学报（社会科学版）》2012 年第 5 期。

③ 周光礼：《创新教育理念，建设高教强国》，《赣南师范学院学报》2009 年第 4 期。

和学术影响力；⑦较高的国际化水平，能够吸引大批其他国家的留学生前来攻读学位；⑧有效的高等教育制度和治理结构。① 此外，在国家、区域和大学等层面，有学者就"高教强国"的理论及建设策略进行了较为深入的比较分析与理论探讨，包括"高教强国"所需的经济条件、政治与文化环境及大学理念如何切合"高教强国"理念等。例如，曹森孙在《美国高教强国战略研究——基于政治论为基础的国家危机学说视角》、周光礼在《俄罗斯走上高等教育强国的历程及其经验》中分别介绍了美国与俄罗斯的高教强国之路及其改革经验。李化树、杨璐僖在《建设高等教育强国——美国实证研究》一书中则更为详细地勾勒和分析了美国的高教强国之路及其改革经验。他们认为美国高等教育强国建设的主要经验有：奉行实用主义，积极为经济社会发展服务；政府主动干预，制定法律促进大学的发展；施行分类管理，倡导学术自由与大学自治；多种形式办学，创新高等教育体系和制度；强化质量监督，创设非政府指向监控机制。借鉴美国经验，结合中国国情，作者指出我国高等教育强国建设需要加强法制建设，优化高等教育治理结构；服务国家战略，贴近经济社会发展需要；强化民主管理，增强大学的办学自主权；明晰定位目标，推进分类办学差异发展；完善保障制度，推行多元分类质量评估等。② 总体而言，关于"高教强国"理念及其内涵特征的相关研究，为我国高等教育改革与发展提供了重要的理论支撑，也为我国全面实施"高教强国"战略提供了较为丰富的智力资源。

二　"高教强国"战略与政策保障机制研究

关于"高教强国"战略的相关研究，主要侧重于宏观性问题的探讨与

---

① 陈学飞、沈文钦：《建设高等教育强国的背景与条件分析》，《中国高教研究》2011 年第 11 期。
② 李化树、杨璐僖：《建设高等教育强国——美国实证研究》，西南交通大学出版社，2012。

分析，而且集中于高等教育质量提升、分类发展与指导、国际化发展与国际竞争力以及研究性大学建设等方面。

"高教强国"战略的全面实施必须要处理好规模、质量与效益之间的辩证关系。赵庆年在《高教强国新挑战：高等教育发展中的深层次问题》中指出，我国高等教育大众化之路与世界发达国家不同，我们是在没有做好充分准备的情况下而突然启动的，而且发展速度很快。由此难免会引发一些问题，如中国高等教育系统状态如何、高等学校人才培养的学术质量是否得到保证、高等学校是否存在趋同、高等教育的发展水平是否与经济发展水平相适应、高等教育的可持续发展能力怎样等。这些问题虽不是高等教育大众化本身的问题，但与高等教育规模扩张息息相关，而且这些问题暴露出我国高等教育在深层次上还存在诸多矛盾与问题，我国高等教育强国之路充满挑战。① 武毅英在《论我国建设高教强国的客观性与必然性——基于高等教育自身发展的视角》一文中以事物发展的一般规律为客观依据，通过探讨高等教育自身发展的阶段性特征来揭示建设高等教育强国的客观性和必然性。作者研究指出，量变引起质变是事物发展的一般规律，也是高等教育从大国向强国转变的客观依据。当高等教育达到一定量的积累后，追求质的提升，是其向更高阶段发展的内在需要，也是其科学发展的必然。② 在教育部直属高校工作咨询委员会第 18 次全体会议上，中国政法大学校长徐显明提出，高质量、高水平的高等教育应以充足投入为前提，政府投入应是主渠道，这是提高高等教育质量、增强高校创新能力的重要保障。北京师范大学校长钟秉林认为，"要构建符合市场多样化需

---

① 赵庆年：《高教强国新挑战：高等教育发展中的深层次问题》，《黑龙江高教研究》2010 年第 2 期。

② 武毅英：《论我国建设高教强国的客观性与必然性——基于高等教育自身发展的视角》，《江苏高教》2010 年第 4 期。

求和不同类型学校特点的多样化的质量观，才能使学校按照各自特色发展，使我们的高等教育质量在总体上迈入世界领先的行列"。此外，还有学者从质量成本和路径选择层面探讨建设"高教强国"背景下的高等教育质量提升战略。例如，张炜在《强国战略视野下高等教育质量观的嬗变》一文中指出，建设"高等教育强国"战略是我国高等教育发展理念和实践的重大创新，是我国高等教育发展从注重规模数量向注重结构质量的战略转折。在我国建设高等教育强国的漫长征途中，高等教育质量观由学者层面上升到国家层面，由被动符合型质量观转变为主动创新型，由独立而多元的质量观演进到系统而多层的质量观，是历史发展和社会需求的必然要求；对于我国建设高等教育强国具有重要的理论价值和现实意义。[1] 徐月红在《建设高教强国背景下提高高等教育质量的路径研究》一文中提出，建设高教强国要求以提高高等教育质量为核心开展各项工作。高等教育质量的提高需要加大经费筹措和投入力度，提高教师队伍的教学能力和科研创新实力，在学生身上下功夫、激发学生的学习主动性和能动性，在科学管理上做文章，建立科学的质量评估体系，重视高等教育的开放与交流，扩大资源共享，凝练大学精神，培育全校师生的质量意识。只有从根本上解决了这些问题，才能将高等教育质量提升到一个新的高度，实现高教强国。[2]

　　建设"高教强国"需要促进不同层级、类型高等院校的分类发展，并对其进行有针对性的支持与指导。国内学者对于分类发展与指导的"高教强国"战略研究，主要侧重在统筹发展与分类指导的总体战略分析、研究型大学的发展战略分析、地方高等学校以及行业院校的发展战略问题分析等方面。车如山在《实行分类发展，建设高教强国》一文中指出，我国高

---

[1]　张炜：《强国战略视野下高等教育质量观的嬗变》，《江苏高教》2010 年第 3 期。

[2]　徐月红：《建设高教强国背景下提高高等教育质量的路径研究》，《继续教育研究》2009
　　年第 10 期。

校发展的同质化倾向，导致大学的人才培养模式缺乏个性，影响了大学办学质量的提高，也影响了我国建设高等教育强国和世界一流大学的进程。高校发展的同质化是指"在大学发展进程中所表现出来的相互间平均化或一致化的动态行为过程，以及在形式上表现为越来越相似的现象"，是高校在办学理念与发展定位、学科专业设置、人才培养模式以及发展路径等方面表现出的相互模仿、相互攀比行为。同质化不利于高校组织生态系统均衡发展，不利于实现建设世界一流大学与高等教育强国的战略目标，不利于培养社会经济发展急需的各层次多元化的高质量人才。因此，加快实现高校的分类发展，是需要迫切解决的问题，这有利于高等教育强国目标的早日实现。[①] 胡光宇和袁本涛在《高教强国：高水平大学建设对我国经济社会发展的贡献分析》中提出，高水平大学是科技创新系统的主力军，是知识创新系统的核心，是国家创新体系的轴心。在知识经济时代，高水平大学对于建设创新型国家、提高我国的教育国际竞争性具有重要的战略意义，是我国实现全面建设小康社会的保障。高教强国是科教兴国战略在高等教育领域的具体实现。[②] 周其凤在《研究型大学与高等教育强国》一书中较为全面地分析和探讨了建设"高教强国"背景下研究型大学发展的重大战略问题，基于宏观和微观相结合，理论和实践相结合，作者廓清了高等教育强国和研究型大学的内涵与特征；以我国普通高校中最早设立研究生院的30所大学为样本，提出了中国研究型大学的评价指标体系和定量评价标准；通过对若干所世界高水平研究型大学的实证分析，提出了由主体学科、主干学科、支撑学科和特色学科构成的大学学科体系框架；以这30所大学为样本，剖析了我国研究型大学学科建设中存在

---

① 车如山：《实行分类发展，建设高教强国》，《教育与考试》2012年第3期。

② 胡光宇、袁本涛：《高教强国：高水平大学建设对我国经济社会发展的贡献分析》，《中国高教研究》2010年第7期。

的主要问题；利用拔尖创新人才矢量分析方法，揭示了拔尖创新人才的成长特征；发现了优势积累的"八年现象"，揭示了拔尖创新人才的成长规律；从建设高等教育强国的战略出发，提出了我国建设研究型大学的目标，从学科建设和拔尖创新人才培养的视角，提出了在我国建设高水平研究型大学的选择路径。刘国瑜在《建设高教强国进程中行业特色高校的改革与发展》一文中指出，建设高教强国，对行业特色高校提出了新的要求。为肩负起建设高教强国的历史重任，行业特色高校应完善学科体系、培养行业创新人才、提升行业科技创新水平、加强产学研结合。①唐朝纪在《略论高职教育在建设高教强国中的地位作用》一文中重点探讨了建设"高教强国"背景下高等职业技术教育的发展战略问题。李昌新、刘国瑜和董艳则在《农业高校参与高教强国建设的思考》中提出，农业高校是我国高等教育体系的重要组成部分，在长期的办学过程中形成了自身的优势与特色。建设高教强国，必然对农业高校提出新的要求。为肩负起建设高教强国的历史重任，农业高校应完善内部管理机制、实施人才强校战略、加大学科建设力度、深化教育教学改革、加强科学研究、强化社会服务职能。②

在"高教强国"战略与政策保障机制的相关研究中，有部分学者将聚焦点调整到省域高等教育和地方高等院校的发展战略与政策保障。王少媛在《高教强国战略与省域高等教育发展理念创新》一文中指出，在我国省级高等教育主体地位越来越突出的情况下，发展和做强省域高等教育是实现高教强国目标的重要基础。而建立省域高等教育发展的"先导观"、科

---

① 刘国瑜：《建设高教强国进程中行业特色高校的改革与发展》，《国家教育行政学院学报》2008 年第 10 期。

② 李昌新、刘国瑜、董艳：《农业高校参与高教强国建设的思考》，《高等农业教育》2009 年第 2 期。

学的"体系观"、全面的"服务观"和正确的"管理观",科学谋划省域高等教育发展思路,则是做强省域高等教育的基本前提。① 马树杉在《地方高校应成为建设高教强国的重要方面军》一文中提出,建设高等教育强国,是一个宏伟的远大目标,是一项艰巨的历史使命。作为我国高等教育组成部分的地方高校,包括新建的地方本科院校,应当抓住新机遇,确定新思路,采取新措施,积极主动承担建设高等教育强国方面军的历史重任。建设高等教育强国需要每一所高校的积极参与和努力奋斗,地方高校必须履行自己的责任。周元武、索凯峰、林三洲在《均衡发展:建设高教强国背景下新建本科院校的政策诉求》中指出,均衡发展是发达国家走上高等教育强国的历史经验之一。建设高等教育强国,一流大学和高水平大学能够发挥"排头兵"和"领头羊"的作用,但在设计高等教育强国的时候,地方高校尤其新建本科院校不应被边缘化或被忽略。建设高等教育强国,一流大学和高水平大学要有所为,新建本科院校也应有所为。从政策角度厘清建设高等教育强国背景下新建本科院校的诉求,既是新建本科院校自身发展的需要,也是建设高等教育强国宏伟目标的必然要求,对制定建设高等教育强国战略无疑具有重要作用。当前,新建本科院校发展遭遇资源短缺、竞争力不强、政策失衡等多重困境,均衡发展已成为新建本科院校强烈的政策诉求。在建设高等教育强国的进程中,应当高度关注新建本科院校的发展,需要借鉴发达国家的历史经验,实施高等教育均衡发展的政策,新建本科院校发展才有希望,高教强国的目标才有可能实现。②

"高教强国"战略的全面实施需要教育机制、政策等方面的"保驾护航",国内外学者将研究的关注点投向现代大学制度、办学机制、政策环

---

① 王少媛:《高教强国战略与省域高等教育发展理念创新》,《黑龙江高教研究》2011年第5期。

② 周元武、索凯峰、林三洲:《均衡发展:建设高教强国背景下新建本科院校的政策诉求》,《国家教育行政学院学报》2010年第7期。

境等方面。其中，方妍在《高等教育强国背景下政府与大学关系重构研究》一书中，以治理理论为指导，以美、法、日等世界高等教育强国政府与大学关系的历史变迁和发展趋势为鉴，探讨了我国政府与大学关系的演变历程、当前存在的问题和解决的路径，目的是构建一个使我国早日成为高等教育强国所需的政府与大学间合理的科学关系。本书阐述了重构政府与大学关系在真正落实高校的办学自主权、培养创新型人才和建设创新型国家、创建世界一流大学和建立现代大学制度等方面所发挥的突出作用；提出要建立以去行政化和监督调控为主要特征的行政关系，高等教育资源最优化配置的经济关系和责权利明晰的法律关系，并倡导建立社会参与制度、高等教育中介组织制度、新渠道的高等教育经费筹措制度、公正的高等教育经费分配制度。王骥和吴立保在《建设高教强国：制度环境的角度》中提到，在新时期建设高教强国已经成为我国高等教育发展的战略目标和使命。建设高教强国不仅取决于高等教育本身的数量、质量以及结构等因素，同样也取决于其所处的各方面制度环境。这些制度环境主要包括三个方面：一是法律制度环境；二是经济制度环境；三是学术制度环境。①张继明在《高等教育强国视域下的现代大学制度建构》中指出，建设高教强国从根本上要求尊重我国国情和高等教育规律，构建多元的高等教育体系，促使高等教育功能充分发挥；目前我国离高教强国尚远，主要表现为高等教育质量下降、高等教育管理背离规律、高等教育体系呈同质化等；高教强国的实现要求建立现代大学制度，我国现代大学制度应实现普遍性与独特性的有机结合，大学逻辑与社会逻辑的和谐统一，以构建多元的高等教育体系为导向，以建立科学的大学章程为关键。②祝爱武在《论高教

---

① 王骥、吴立保：《建设高教强国：制度环境的角度》，《现代教育管理》2012 年第 11 期。
② 张继明：《高等教育强国视域下的现代大学制度建构》，《研究生教育研究》2012 年第 1 期。

强国视野下的高等教育办学体制改革》中指出，高等教育办学体制改革是高教强国建设的要求，也是高教强国建设的条件。文章从高等教育权利结构的调整、高等教育举办主体结构及高校结构的优化、高等教育资源的优化配置、高等教育制度变迁等方面对此问题进行思考，提出"完善政府主导的高等教育资源多元配置机制""确立以学术力量为中心的高等教育内部资源配置制度""大力发展民办高等教育""国家从计划经济体制下高等教育办学权利结构中部分退出""体制外增量改革和体制内存量改革相结合""明晰教育产权""建立有效的教育组织""解决体制的路径依赖问题"等高等教育办学体制改革策略。①

三 西部地区高等教育改革与发展研究

在 CNKI 知识资源总库中以"西部地区高等教育改革与发展"为关键字，以"西部大开发"的实施年份 2000 年为起点，到 2013 年为止，共搜到论文 44 篇，其中文章年份分布如图 1－5 所示。

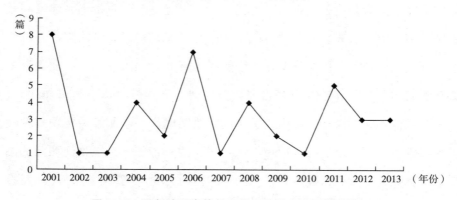

图 1－5　西部地区高等教育研究的学术论文发表情况

---

① 祝爱武：《论高教强国视野下的高等教育办学体制改革》，《黑龙江高教研究》2011 年
第 1 期。

　　研究主题主要涉及西部地区高等教育改革的观念创新、高等教育体制、高等教育发展战略选择、高等教育政策保障、高等教育投入机制、高等教育信息化与国际化等方面。具体而言，第一，西部地区高等教育改革的观念创新。黄幼中在《新时期发展我国西部地区高等教育之我见》一文中指出，落后的西部地区要想缩小与其他发达省市的差距，就应当加快高等教育发展的步伐，进一步解放思想，转变观念，提高对高等教育重要性的认识，真正把教育摆在优先发展的战略地位。要使"谁赢得今天的教育谁就赢得明天的经济""一流的教育支撑一流的经济"等观念成为西部地区人人所知的共识。[①] 邱志珊等人在《西部地区高等教育的发展研究》一文中指出，思想观念的改革是先导，要牢固确立教育是基础、科技是第一生产力的观念，树立高等教育适度超前发展的观念，转变经费筹措观念，建立以国家为主体，地方、企业、个人多渠道筹措资金的教育融资投资机制。[②] 第二，西部地区高等教育发展战略选择。梁克荫在《中国西部地区高等教育发展的战略选择》一文中分析了中国西部高等教育的发展基础，指出虽然西部高校取得了较大的发展，但当前还存在一些突出问题，最突出的就是西部高校照抄照搬其他地区院校，没有形成西部的特色以及民族教育的特点。中国西部地区高等教育发展战略改革方针，一是坚持点网式协调发展的改革战略；二是坚持高等教育资源优化统筹的发展战略；三是坚持高等教育作为西部社会发展中心的统筹战略。[③] 吕卓超在《中国西部地区高等师范教育改革和发展的战略选择》一文中也从战略的角度阐述了西部地区师范教育的改革发展问题。专升本，实现资源重组是西部地区高

① 黄幼中：《新时期发展我国西部地区高等教育之我见》，《边疆经济与文化》2004 年第 11 期。
② 邱志珊、吴明：《西部地区高等教育的发展研究》，《云南财贸学院学报》2004 年第 3 期。
③ 梁克荫：《中国西部地区高等教育发展的战略选择》，《教育研究》2000 年第 4 期。

等师范教育的改革发展方向，拓宽服务是西部地区高等师范教育深化改革的必由之路，综合发展是西部地区高等师范教育改革和发展的根本目标，树立鲜明的地方观和特色观。① 第三，西部地区高等教育结构与专业调整。莫勤德在《必须加快我国西部地区高等教育的发展步伐——浅谈"西部要开发，教育必先行"》一文中提出，要构建西部高等教育"立交桥"，也就是说建立包括普通研究生教育、普通本科教育、普通专科教育、高等职业本科教育、高等职业专科教育、成人教育、远程教育等在内的，形式多样、层次丰富、结构灵活、相互沟通、协调发展的高等教育新体系，建立适合学生和教师在"立交桥"上的自由合理流动。② 万凤华在《西部地区高等教育发展的三大思路》一文中提出了西部地区高等教育的发展应取向于低重心、多样化，注重地区特色，重组、重构西部地区高等教育，选择和建设好多科性、多功能、低重心的高等职业技术学院、社区远程开放大学等。③ 严正辉在《西部地区高等教育改革刍议》一文中也指出了高校的专业结构单一、划分过细，进而提出了优化高校结构的改革建议，还提出了地方特色专业的设置，以及新型产业专业的发展研究。④ 第四，西部地区高等教育的规模与质量问题。刘学行等人指出我国高等教育发展已进入规模迅速扩大期，西部地区的发展对人才需求在数量上超过在质量上，西部地区高等教育质量具有可牺牲的空间，其质量的牺牲可以通过发展继续教育来弥补。高等教育质量的牺牲可以遏止西部地区人才外流。⑤ 严正辉

① 吕卓超：《中国西部地区高等师范教育改革和发展的战略选择》，《高等师范教育研究》2000 年第 4 期。

② 莫勤德：《必须加快我国西部地区高等教育的发展步伐——浅谈"西部要开发，教育必先行"》，《广西工学院学报》2001 年第 5 期。

③ 万凤华：《西部地区高等教育发展的三大思路》，《南京建筑工程学院学报（社会科学版）》2001 年第 2 期。

④ 严正辉：《西部地区高等教育改革刍议》，《西南民族学院学报》2002 年第 11 期。

⑤ 刘学行、许长青：《浅论我国西部地区高等教育规模的发展》，《昌吉师专学报》2001 年第 6 期。

则认为，"高等教育的规模应合理的增长，形成规模效应，但必须把规模控制在一个合理的维度范围内"。发展高等教育必须考虑西部地区地广人稀、经济落后的现实，不能一味地强调数量规模，否则，只能导致教育教学和科研水平下降，增加高校毕业生就业难度，造成教育浪费。既要立足当前，控制高等学校规模，走"共建、合作、合并"联合办学之路，防止不切实际的新建高校和盲目扩大招生，又要建立和完善高校内部管理体制、建立适当的约束机制，挖掘自身潜力，提高办学质量。[①] 第五，西部地区高等教育投入体制改革。王嘉毅在《西部地区高等教育发展面临的困难与对策》一文中提及西部高校经费不足、经费配置不合理的问题，认为必须把解决投资主体改革问题作为西部地区教育改革的基本前提，应多渠道加大对西部地区高等教育发展的经费投入，确保高校基本的高等教育生均事业费和生均公用经费，保证西部大学生的合法权益。[②] 安映等人在《西部地区高等教育体制改革的几点思考》一文中阐述了东西部教育的现状差异，指出西部地区教育投入不足、教育资源分配不均匀、教育设置欠缺独立性等问题严重制约了西部教育事业的进一步发展，而上述这些问题的根源是我国的教育体制已经不适应现代经济和社会的快速发展。西部地区高等教育体制改革，必须首先从管理体制入手，政府部门应该对西部高校充分放权，使得西部高校在对自身的管理发展上有完整的发言权，能够在办学上既拥有权力，又充满动力。[③] 洪涛等人则提出要探索市场经济体制下西部高校投入机制，政府加大对高等教育财政投入的可能性，改变单一由国家投入高等教育的模式，建立和完善以财政拨款为主、其他多种渠

---

① 严正辉：《西部地区高等教育改革刍议》，《西南民族学院学报（哲学社会科学版）》2002年第 5 期。
② 王嘉毅：《西部地区高等教育发展面临的困难与对策》，《高等教育研究》2006 年第 5 期。
③ 安映、王玉善：《西部地区高等教育体制改革的几点思考》，《西藏大学学报》2001 年第 3 期。

道筹措高等教育经费为辅的体制，引入社会力量参与办学，实现投入主体的多元化。① 第六，西部高等教育的国际化。孙忠铭等人在《高等教育国际化与西部地区高等教育发展研究》一文中指出，西部地区相对落后和闭塞，创新意识和国际意识相对欠缺。因此，西部地区高等教育适应教育国际化是大势所趋，进一步加强与国际高等教育的合作和交流，如接收外国来华留学生、聘请外籍教师、派出留学、开展科研合作和交流、引进国外资金等。② 徐小军在《国际化视野下的高等教育本土化发展》一文中提到，高等教育要走国际化与本土化相结合的道路，专业建设"立足本土"，教学内容"凸显本土"，科学研究"服务本土"；教育模式"西为中用"，学习过程"漂洋过海"，实现教育国际化与本土化的有效对接。③ 第七，西部民族地区高等教育的改革与发展。黄胜在《民族地区高等教育改革与发展的策略思考》一文中指出，要发展改革民族类高校，必须对其进行正确的定位，确立自己的特色，充分挖掘自身的潜力，与自身优势相结合，树立以人为本的理念，如设置民族舞蹈、民族声乐之类的特色专业，吸纳当地有声望、有才能的学者破格来学校任教，进一步体现民族化特色。④ 韦国锋在《试论少数民族地区高等教育改革与发展》一文中提及少数民族地区高等教育改革的基本思路：一是科学定位；二是立足实际，强化办学特色。⑤ 正如教育部副部长赵沁平所说："特色型大学是高等教育适应社会发展需要的产物，是又好又快培养社会所需专门人才的产物，是发展行业所需共性技术的产物。"

---

① 洪涛、叶进：《西部地区高等教育投资主体多元化探索》，《商业时代》2008 年第 34 期。
② 孙忠铭、高安京：《高等教育国际化与西部地区高等教育发展研究》，《陕西师范大学学报》（哲社版）2006 年第 3 期。
③ 徐小军：《国际化视野下的高等教育本土化发展》，《高等农业教育》2005 年第 12 期。
④ 黄胜：《民族地区高等教育改革与发展的策略思考》，《贵州民族研究》2006 年第 1 期。
⑤ 韦国锋：《试论少数民族地区高等教育改革与发展》，《右江民族医学院学报》2005 年第 6 期。

第二章

国际高等教育发展战略选择比较

在新的时代背景下重新认识与思考高教强国战略与政策保障时，有必要回眸高等教育高端发展的国家，从它们那里搜索有关未来发展走向的有益的借鉴，作为我们制定行动方略的基本参考。这种有选择地扬弃学习历史或别国经验，对后发国家始终都是一种经济而务实的决策举措。[①] 国际高等教育发展有其共通的规律及改革趋向，建设"高教强国"需要我们的"国际视野"，需要我们不断地借鉴和吸收其他国家高等教育的发展经验及其改革策略。

第一节　美欧及其他国家高等教育发展战略述评

世界银行在 2002 年发布的《建构知识社会：高等教育的新挑战》中指出，高等教育的发展与知识网络和新技术的结合，对提高国家生产力和促进经济增长具有重要作用。世界各国普遍将高等教育的改革与发展作为国际或地区重大发展战略和人才战略。经合组织（OECD）的研究报告指出，"在越来越受知识驱动的全球经济中，人们广泛意识到，高等教育是推动经济竞争力的重要因素，从而空前地重视优质高等教育，高等教育逐步成为备受重视的国家议事日程"。[②] 事实上，世界各国高等教育发展既有共同的趋势与背景，又有各自不同的实际情况与战略定位，对各国高等教育发展战略的梳理与探讨，有助于我们更好地立足国情筹划我国及不同区域高等教育的发展战略。

---

① 吴岩、刘祖良：《世界高等教育高端发展的走向与我国应对战略》，《中国高教研究》2011年第 11 期。

② OECD，Tertiary Education for the Knowledge Society，http：//www.oecd.org/dataoecd/59/21/41314515.pdf，2008/2010.12.

一　美国高等教育发展战略选择

美国的高等教育在数量、质量、功能等方面都引领着世界高等教育的发展潮流。美国拥有世界一流的高等教育，拥有大量的自主知识产权、影响深远的杰出学者和强大的知识经济，真正做到了高教强国。事实上，深化高等教育改革与发展，实现高等教育与社会、市场、政府的良性互动也是美国政府化解社会危机、重塑核心竞争力的内在要求。美国劳工部 21 世纪就业技能调查委员会发表了《21 世纪美国对学校的要求》。该报告归纳了美国各行各业未来对人才素质的要求，并提供对国家调整劳动力市场、指导就业培训的咨询意见，引起了美国各级教育部门的高度重视，被视为迎接 21 世纪挑战、发展美国教育事业的纲领性文件。[①] 进入 21 世纪以来，美国联邦教育部编制并发布了《美国教育部 2002～2007 年战略规划》，指出"9·11"以后美国国内教育战略新走向将主要集中体现在两个方面：一方面，美国教育战略的"国家利益"取向，教育服务于国家利益的一面将更加凸显；另一方面，追求教育的全面卓越。2006 年美国高等教育未来委员会对美国高等教育入学机会、大学成本、财政透明度、学习质量、财政救助及革新六个方面进行了全国范围内的调查，并最终形成了《对领导的检视——美国高等教育未来规划报告》。该报告指出了美国高等教育存在的主要问题，提出了解决问题的主要措施，并进一步对美国高等教育进行了规划。奥巴马政府上台以后，重视发挥高等教育在美国经济社会生活中的重大作用，在高等教育投入、高等教育评估和高等教育公平等方面做出了一系列改革，取得了一定的成效。纵观美国高等教育改革与发展的趋势及特征，其

---

① 孙希波、邢爱国：《国外高等教育发展战略及对中国的启示》，《学术交流》2006 年第 5 期。

高等教育发展战略集中体现在以下几个方面。

1. 在知识经济的时代背景下，全面提升高等教育的战略地位

奥巴马曾强调指出，高等教育的问题就是我们"这个时代的经济问题"，也是美国繁荣昌盛的先决条件，要想保持国家的繁荣和在未来全球的竞争力，美国在未来 10 年就要培养数百万乃至上千万的大学毕业生。在未来的几十年中，仅拥有高中毕业证显然不够，只有拥有更高的学历才能迎接 21 世纪经济发展的挑战。① 奥巴马在全球化情势下所提出的观点，既得到了一些高等教育机构的支持与呼应，也与很多美国高校特别是名校的做法不谋而合。格林斯潘指出，21 世纪有三大力量影响着高等教育的发展：知识爆炸、技术革命和全球化的市场。他还特别阐述了"概念经济"（即知识经济）的出现，使得一个国家的财富在很大程度上是由国民的智力强弱、读写能力、创造力和设计创新能力所决定的，而自然资源和生产能力所占的比例已经变小。基于此，美国面向 21 世纪的高等教育改革框架的核心是，使所有年满 18 岁的美国青年都能享有接受高等教育的机会。为使美国率先在全球普及高等教育，美国政府采取以下战略措施来达到这一目标：第一步是国家采取措施帮助美国学生及其家庭解决高等教育费用问题；第二步是国家全力推动高等教育的普及化，改变高等教育只是让少数青年人接受教育的习俗和观念，使高等教育走进美国的千家万户，使大学与广大美国青年和家庭发生联系。② 《美国教育部 2002～2007 年战略规划》指出，要确保所有青年有接受高质量的中学后教育及高等教育的机会的战略框架。③ 2009 年，奥巴马签署了"美国复苏与再投资计划"，在教育领

① 郭英剑：《美国与亚洲的高等教育》，《科学时报》2011 年 4 月 12 日。
② 张宝昆：《面向 21 世纪的美国高等教育改革》，《高教探索》1999 年第 2 期。
③ U. S. Department of Education, Strategic Plan, 2002 - 2007, http：//www. ed. gov. /pubs/stra-plan 2002 - 2007.

域投资 1000 多亿美元，重拳出击，在重塑美国教育的同时，创造和挽救教育行业的就业机会，直接刺激经济。在高等教育领域，美国提出到2020 年大学入学率达世界第一的目标，提高配额奖学金数额，扩大助学贷款计划，为新就业或就业多年的全体美国公民创造各种形式的高等教育机会。①

2. 提升高等教育质量，促进高等教育公平

2006 年美国高等教育未来委员会在《对领导的检视——美国高等教育未来规划报告》中指出，提升高等教育质量、促进高等教育公平的改革策略主要包括：第一，做好学生的入学准备工作，向更多的学生提供经济援助，使更多的学生能够接受并且负担得起有质量的高等教育。就联邦政府而言，通过提高大学生入学准备、消除非学术障碍及大幅度提高对低收入家庭学生的救助来扩展高等教育入学机会；呼吁商业界和大学一起合作为大学觉醒运动提供资源，为学术提供支持，为大学规划和财政救助提供帮助。第二，整个学生资助体制应该简化、重组，建立激励机制，更好地管理资助经费和对工作进行评估。联邦政府、州政府和高等教育机构应大力提高以需求为基础的学生救助水平，用一个政策导向、结果导向的系统代替目前的系统，为降低大学生产力评估和管理成本评估提供新的激励，满足那些低收入学生的需求。第三，高等教育系统应大力提倡"清晰化、透明化"，辅以大学各项信息数据的更新和公开。高等教育未来委员会认为，目前美国的大学不能提供清楚、详细、公开的信息，包括大学经费开支及大学发展状况的可比数据，这反映了美国大学对学生教育结果和质量的忽视。因此，联邦和州政府应极力主张创造一种高等教育负有责任性和透明

---

① The Wall Street Journal Staff, Obama's Remarks on Education, http://blogs. wsj. com/wash-wire/2009/03/20/obama – remarks – on – education – 2 / tab / article / .

度的强势氛围，建立一个亲消费者的高等教育信息数据库，并提供一个用于权衡和排列高等教育机构效绩的查询引擎。第四，培养一种有利于持续革新和质量提高的氛围，大学应保持持久的创新能力，不断进步。美国大学通过开发读写能力领域的新教学法、课程和改善学习的技术来培养一种有利于持续革新和质量提高的氛围。美国大学应该力求从众多机构（农业部、教育部、能源部、劳工部、国防部、贸易部、国家科学基金会、国家保健协会和美国航空航天局）获得对高等教育革新最广泛的支持，以期与高等教育革新中的联邦投资相呼应。第五，发展终身教育策略，充分认识和理解高等教育对每一个美国人的重要性。联邦政府应制定一个终身教育的全国性战略，帮助所有公民理解在一生中为高等教育做准备和接受高等教育的重要性，重点在于提供革新激励、开发新传输机制、提高高等教育机构间轻松转换学分的能力（在保障教育质量的前提下）以及获得与学位相关学分的能力。第六，联邦投资应集中用于事关美国全球竞争力的领域，如数学、科学和外语等。联邦政府应该对国家全球竞争力至关重要的领域追加投资，并且重新作出承诺来吸引全国以及全世界最优秀的、最有前途的人才进入美国大学。[1]

3. 多层次、多样化的高等教育体系

作为一个多元化经济的国家，为适应多元经济的发展，高等教育体系也应具有多样化的特点。美国高等教育系统分为三类：第一类为研究型大学，以基础性、学术性研究著称，设有庞大的研究生院，能授予博士学位。在这些大学的周围，形成一个个集教学、科研、开发和新兴工业为一体的高新技术产业中心，密切教学与生产的联系。第二类为本科大学，是

---

[1] 杨天平、潘奇：《美国高等教育的"未来规划"及其启示》，《高校教育管理》2009 年第 4 期。

以四年制为主的综合性大学及学院，多为州立大学，培养目标为中级科技、学术及专业人才，修满 4 年授予学士学位。第三类为社区学院，包括两年制的普及学院和技术专科学院，招收高中毕业生中成绩较差和同等学历的学生，毕业时授予协士（副学士）学位。以州立大学和社区学院为主的公立高等教育系统，为大量希望升学者提供了无条件接受高等教育的机会。此外，公私并存的高等教育结构也是美国高等教育发展的重要因素。美国有公立高等院校约 1500 所、私立院校 1600 多所。

依照美国著名的高等教育学家马丁·特罗的观点："在过去一个世纪里，美国高等教育的主要结构变化事实上只是社区学院的创建和扩张。"① 社区学院创立的初衷源于美国人的"高等教育面向所有人开放的承诺"，"社区学院运动开创了向学习型社会的伟大转变。在这样的社会中，每个人只要愿意，就能够在几乎任何地方学习几乎任何科目……美国正成为首先提供普及中学后教育的国家"。② 社区学院扮演着国家快速发展与平等主义的高中、精英主义传统的高级学院以及职业院校与大学之间桥梁的重要角色。现在美国 4356 所高等学校中有 2777 所是两年制社区学院。③

4. 协调高等教育与市场的关系

美国大学与欧洲大学的本质区别在于，与欧洲大学相比，美国大学更偏向于市场，所以美国大学的分层或分化程度明显高于欧洲大学。在市场取向更强烈的美国高等教育领域，位于顶部的大学和位于底端的大学存在非常大的差距。如此也就不难理解，与其他国家的大学相比，为什么美国

---

① 菲利普·G. 阿特巴赫：《为美国高等教育辩护》，中国海洋大学出版社，2007。

② Charles K. Monroe, *Profile of the Community College*, San Francisco: Jossey Bass Publisher, 1977: 9.

③ 丁玲：《20 世纪美国高等教育崛起之道的五处经典》，《黑龙江高教研究》2012 年第 1 期。

大学对于市场变化具有更加灵敏的反应能力，并因此更有热情和办法去追求高等教育的领先地位。[①] 事实上，在这个"知识就是力量"和"知识就是经济价值"的时代，无法剔除市场的影响力，面对挑战，教师、校长、监理人和校董会应该把握好高校与市场的关系，处理好利益与大学所承担义务的冲突，同时保持大学最根本的理念、任务、目标和性质。[②] 以公立研究型大学为例，当前美国公立研究型大学的绝大多数收入来自市场，包括科研投资、专利、销售、服务、捐赠、赞助和学费等。这些收入几乎都不在州政府的控制范围内，而大学要想获得这些收入，显然必须组建有效的机构模式，允许甚至正式授权机构领导者能够以企业家的思维与行动方式开拓教育市场。为了生存与发展，大学必须善于从在校生那里取得学费、从毕业生那里获得捐赠，同时开辟其他财源，诸如寻找科研经费、销售专利或提供有偿服务等。

5. 促进大学科研与社会服务功能的全面实现

第二次世界大战期间，美国在科学和技术方面取得了较大的成功，V. 布什发表了《科学：没有止境的前沿》。这份报告促使联邦政府出于对国家利益的考虑加强了对科研和教育的投入，包括创立国际科学基金会、拨款支持高等学校建立国家实验室等。随即，研究型大学与国家实验室之间建立起"政府拥有，大学代管，实验室相对独立"的关系，这种关系在一定程度上推动了研究型大学积极提高学术能力和科研竞争力，争取大量科研经费，获得大学发展的坚实物质基础。"研究生教育和更高一级教育是大学最重要的使命"，大学的目标是"最自

---

① 戴维·拉伯雷：《复杂结构造就的自主成长：美国高等教育崛起的原因》，《北京大学教育评论》2010 年第 3 期。

② Stanley O. Ikenberry：《美国高等教育面临的挑战和选择——市场力量的视野》，《比较教育研究》2001 年第 9 期。

由地促进一切有用知识的发展；鼓励研究；促进青年的成长；促进那些依靠其能力而献身于科学进步的学者的成长"。① 因此，研究型大学的发展也造就了研究生教育的突破性进步。研究型大学和研究生教育的发展可以说是美国改革和调整大学模式与结构的经典过程。大学通过竞争科研项目，有可能致力于新的交叉学科研究并获得大量的资助，同时还保存了大学原有的核心科系结构。研究生院将人才培养与科研联系起来，提高了大学结构顶层部分的人才培养质量，也实现了他们为国家战略目标服务的职能。②

"大学应向更广泛的社区提供服务"，推动美国高等教育发生了一场革命，使美国传统的高等教育制度发生了重大的变化。一个世纪以前，美国不断强化高等教育的社会服务职能，使得大学将知识的创造、传播和应用有机地统一起来，帮助美国创造了农业奇迹，促进了美国区域经济与工业化的迅速发展。一个世纪以后，这一服务社会的目标成为美国大学相互竞争的核心动力：大学通过服务社会争取政府、企业和社会的大力资助，增加办学经费，提高学术声誉和教育质量。③ 此外，美国高等教育另一个显著的特点是强调大学生创新和创业能力的培养。在美国高等教育发展历程中诞生了一种独特的大学模式——创业型大学，在高等教育领域享有盛誉的 MIT 就是此类大学的典型代表。

6. 高等教育的国际化发展战略

半个世纪以来，在美国对外教育交流的历史长河中，高等教育国际化不仅起着政治控制、经济赢利、外交渗透、文化与教育输出的重要作用，

---

① Rudolph, Frederick, *The American College and University*, New York: Vintage Books Press, 1962: 129.
② 丁玲：《20 世纪美国高等教育崛起之道的五处经典》，《黑龙江高教研究》2012 年第 1 期。
③ 丁玲：《20 世纪美国高等教育崛起之道的五处经典》，《黑龙江高教研究》2012 年第 1 期。

而且还巩固了美国与世界其他各国的战略关系，维护了美国作为世界霸主的战略地位。① 美国高等教育的战略重点在"9·11"后出现转变。2005年，美国高等教育的战略重点由接受国际学生转向促进双向流动，一方面接受全球"国际学生"，谋取经济收益；另一方面设立各种资金和交流项目，大力促进美国学生出国留学，制定了2017年派出100万名美国学生出国留学的战略目标。强化高等教育的国际性，寻求多元与同化之间的创新性发展。"与广泛的世界相联系"，寻求高等教育多元与同化之间的创新性发展，是20世纪美国高等教育发达之道值得回味的经典。虽然，20世纪以后美国高等教育国际教育交流的重心不只是出于学术与科技的考虑，其政治意图和功利性已经极为明显，但它毕竟推进了美国高等教育的发展与改革，成就了当代美国高等教育的"包容万象"与"繁荣兴盛"。高等教育国际化也为美国带来了可观的经济回报。2009～2010学年全美留学生及其家属对美国经济总的贡献值达187.8亿美元。② 具体而言，2004年美国高校规划协会（Society for College and University Planning，SCUP）从人口统计、经济、环境、学习、政策、技术等角度出发，对美国高等教育的国际地位变化、教育类型与学习方式转变、大学事业发展进行了较全面的梳理。研究人员认为，美国高等教育"世界第一"的国际地位呈下降趋势，国际市场份额减少、外国留学生人数下降，美国正在失去其在科学和创新关键领域的统治地位。在高等教育大众化、国际化、市场化和多元化的背景下，美国在入学机会、大学成本及家庭负担能力、财政透明度、学习质量、财政救助以及革新等方面都存在制约其高等教育发展的缺陷。③ 2008

---

① 李梅：《高等教育国际市场：中国学生的全球流动》，上海教育出版社，2008。

② NAFSA, The Economic Benefits of International Education to the United States for the 2009 – 2010 Academic Year, A Statistical Analysis, Washington, D. C. 2010.

③ 杨天平、潘奇：《美国高等教育的"未来规划"及其启示》，《高校教育管理》2009年第4期。

年美国 NAFSA 在《国际教育——公共外交中被忽略的维度：给下一任总统的建议》（*International Education, the Neglected Dimension of Public Diplomacy: Recommendations for the Next President*）中指出，"国际教育成为解决美国面临的诸多挑战的基础，而且也是恢复公共外交不可缺失的组成部分，这些公共外交必须始于对美国全球声誉的重建。然而，如今的美国缺少能意识到国际教育潜能的政策。作为一个国家，该是关注国际教育的时候了，以统一的方式，自觉地将其作为与全世界人民追求共同目标的途径。正是通过国际教育，我们才能与世界其他地区建立持久的对话基础和伙伴关系，并为形成世界和平、安定、幸福的长久局面创造条件"。该建议呼吁下届美国总统发布一项重大的国际教育倡议，以加强美国人民和世界其他各国人民之间合作、互动、理解的伙伴关系，并提出三个战略目标：①美国高等教育国际化集中体现在一个国家计划中，这个计划将海外留学作为美国本科教育的组成部分；②恢复美国往日的地位，以此吸引国外学生和学者、下一代的国际领导人、教师以及变革者；③大幅度加强国际交流和志愿者服务项目，以促进美国国家良好意愿的长期维持。① 2008年，美国国会众议院和参议两院通过了《提高国际开放程度以提高美国国家竞争力法案》。该法案致力于"通过保持并提高美国吸引国际学生、学者、科学研究者和交流访问学者的能力及吸引赴美商务旅行的能力，进一步增强美国的国家安全"。该法案的第三部分明确了国会达成的以下共识，即美国的政策制度应当：①将国际教育交流置于非常重要的地位，以促进领导力、竞争力和安全；②保持美国吸引国际学生、学者、科学研究者和交流访问者的竞争力；③确保美国政府各部门通力协作，在不牺牲国家安

---

① 李梅：《美国高等教育的国际化政策：强国兴邦的工具》，《比较教育研究》2010 年第 10 期。

全的前提下，创造一个欢迎国际学生、学者、科学研究者和交流访问者赴美的环境；④使其签证政策保证美国的安全、繁荣、自由，方式包括采取适当的安全措施、保持美国欢迎外籍人士赴美的姿态；⑤确保美国驻各国领事馆拥有足够资源，以行使其应有职责。①

二　欧盟国家高等教育发展战略选择

高等教育和人力资源的竞争在知识经济时代已经超出了传统的教育领域范畴，成为各国经济实力和国际竞争力的一项重要构成。为了适应知识经济、全球化、信息化社会发展的需要，欧洲各国试图打破国界限制，在欧洲高等教育一体化的整体改革进程中，以提高欧洲整体高等教育质量的方式来增强欧洲高等教育的国际竞争力和吸引力。

1. 从博洛尼亚进程看欧盟国家高等教育发展的战略选择

在新世纪，欧洲各国开始进行高等教育合作改革，期望通过提高欧洲整体高等教育和人力资源水平来增强欧洲对美国的竞争力，这就是欧洲正在进行的博洛尼亚进程（Bologna Process）。博洛尼亚进程作为这一欧洲高等教育改革进程的代名词与欧盟理事会提出的"里斯本战略"相融合，共同致力于为提高欧洲竞争力而建设知识型的欧洲。② 博洛尼亚进程的终极目标是建立一个欧洲高等教育区，其核心就是提高高等教育质量，增强国际竞争力。③ 自1999年《博洛尼亚宣言》发布以来，"博洛尼亚进程"取得了历史性的进展。欧洲资格框架（European Qualification Framework）已经建立，形成了一个以本科和硕士为基础的高等教育体系，进一步扩展为

---

① 110th Congress, 2D Session, S. 2653. in the Senate of the United States, Feb. 24th, 2008.
② 尹毓婷：《欧洲高等教育改革研究》，山东师范大学博士论文，2009。
③ Bologna Declaration：The European Higher Education Area, Joint Declaration of the European Ministers of Education Convened in Bologna on the 19June, 1999.

"3·2·3"三段式学制；创建了欧洲质量保障机构注册机制，以及欧洲质量保障标准与准则；建立了欧洲学分转换及累积制度，同时，采取学历文凭互认，增强高等教育的透明度和认可度，使学生、教师、科研人员的流动更为便利，为欧洲高等教育区的初步形成奠定了良好的基础。在《博洛尼亚宣言》的基础上，欧盟又相继发布《欧洲高等教育机构萨拉曼卡报告》（2001）、《布拉格公报》（2001）、《柏林公报》（2003）、《卑尔根公报》（2005）、《伦教公报》（2007）、《博洛尼亚进程2020年目标》（2009）、《关于欧洲高等教育区的布达佩斯—维也纳宣言》（2010）。可以判定，欧洲将坚定不移地继续探索一条不同于世界其他地区的教育改革和发展的新路，这必将增强欧洲高等教育的国际竞争力，对世界范围的高等教育产生重大影响。① 基于博洛尼亚进程的战略规划，2010年后欧盟将会在以下几个领域继续加强高等教育的改革与发展：第一，教育多样性和统一性。博洛尼亚进程涉及的各个方面的改革将会进一步衔接，目标将会更加明确。欧洲各国将着力加强高等教育的多样化及其系统建设。第二，框架建设和流动性。促进欧洲范围内的学生流动是欧洲高等教育改革的主要目标之一，也是欧洲各国进行高等教育改革的重点。因此，欧盟在高等教育框架建设方面强调院校形象和多样性，旨在促进学生有组织的流动，侧重在学分转化、资格审查和学习制度等方面进行有针对性的改革与协调。②

此外，欧盟于2010年批准旨在指引欧盟发展的"欧洲2020战略"，提出了欧盟未来10年的发展重点和具体目标，即：三大发展重点、五大目标、七大框架计划。三大发展重点包括：实现以发展知识经济为主的智能

---

① 周满生：《推进欧洲内外高等教育战略对话，构建深层次合作的新平台——第二届博洛尼亚政策论坛侧记》，《教育研究》2010年第4期。

② 杨天平、王宪平：《OECD展望：高等教育至2030》，重庆大学出版社，2012。

增长、实现以发展绿色经济为主的可持续增长、实现以提高就业和消除贫困为主的全面增长。五大目标包括：使 20～64 岁的劳动人口就业率达到 75%；增加研发投入，把研发经费在欧盟国内生产总值中所占的比重从目前的 1.9% 提高到 3%；将温室气体排放量在 1990 年的基础上削减 20%，提高可再生能源在欧盟总能源消耗中的比例，使之占到 20%；把未能完成基本教育的人数控制在 10% 以下，将 30～34 岁年轻人获得高等教育文凭的比例从 31% 提高至 40%；将生活在贫困线以下的人数从 8000 万降到 2000 万。七大框架计划则强调：实施智能增长的计划有三个，分别是面向创新的"创新型联盟"计划、面向教育的"流动的青年"计划和面向数字社会的"欧洲数字化议程"；实施可持续增长的计划有两个，分别是面向气候、能源和交通的"能效欧洲"计划和面向提高竞争力的"全球化时代的工作政策"计划；实施全面增长计划有两个，分别是面向提高就业和技能的"新技能和就业议程"、面向消除贫困的"欧洲消除贫困平台"计划。① 对于高等教育而言，该规划明确提出了欧盟未来 10 年把未能完成基本教育的人数控制在 10% 以下，并将 30～34 岁年轻人获得高等教育文凭的比例从 31% 提高至 40%，至少有 20% 的大学毕业生有国外学习或培训经历。欧盟教育经费主要用于以下几个方面：促进高等教育国际交流的"伊拉斯谟计划"、促进职业教育跨国流动的"达·芬奇计划"、促进师资培养的"夸美纽斯计划"以及关注成人教育的"格伦特维计划"，此外，还有旨在提供更多非正式培训机会的"青年在行动计划"和与非欧盟国家开展教育交流的"伊拉斯谟世界计划"。

博洛尼亚进程对提高欧洲高等教育的质量和促进人员的流动起到了重要作用，而且正在逐步实现建立欧洲高等教育区这一目标。但是，博洛尼

---

① 贾凤兰：《欧洲 2020 战略》，《求是》2010 年第 10 期。

亚进程并不是完美无缺的，其在发展过程中也存在一定的阻力。除了在发展过程中自身制度和政策等方面带来的问题之外，更为重要的是各成员国之间在经济发展水平、高等教育发展水平、教育理念以及语言文化方面的差异。[①] 在博洛尼亚进程中，欧洲大学普遍缺乏市场机制，费用在很大程度上依赖于政府资助，因而欧洲大学普遍经费不足，欧盟国家高等教育经费平均只占 GDP 的 1.1%，比美国少一半还多。另外，欧洲大学缺乏灵活性，大学课堂规模大，师生比高，设施陈旧，校园缺乏活力。教授难抵美国大学乃至亚洲大学高薪的诱惑，高水平师资流失严重。尤其是原东欧集团国家体制转轨过程中国家投入不足，虽通过欧盟项目能获得一定的支持，但难以从根本上改善教学和科研条件，东西欧之间教学质量存在巨大差距，文凭难以做到真正等值。[②] 欧洲各国要从根本上解决这一系列问题，除了要大幅度增加公共经费投入外，还必须要进行深层次的体制和机制改革，适当地引入市场灵活、竞争、激励的机制。

2. 欧盟国家高等教育发展战略举措

从 1963 年的《罗宾斯报告》到 1998 年的《迪尔英报告》，再到 2003年的《高等教育未来》白皮书的颁布施行，标志着英国高等教育由双轨制走向单轨制，从精英高等教育走向大众化、普及化的高等教育。进入 21 世纪以来，英国高等教育也面临着诸多挑战。第一，高等教育必须满足人们不断增长的技能要求；第二，进入大学的社会阶层的差距正在扩大；第三，许多竞争对手对高等教育投入更多；第四，大学难以聘用到有才华的学者；第五，学生平均资助水平下降；第六，历史上对研究和教学基础设施的欠账问题严重；第七，大学需要加强与工商业的联系。基于此，《高

① 尹毓婷：《欧洲高等教育改革研究》，山东师范大学博士论文，2009。
② 周满生：《推进欧洲内外高等教育战略对话，构建深层次合作的新平台——第二届博洛尼亚政策论坛侧记》，《教育研究》2010 年第 4 期。

等教育未来》白皮书中明确提出了英国高等教育发展的基本战略举措，即通过加大政府对高等教育的投资力度、加强研究型大学的建设、增进高等教育与工商业的联系，以及扩大入学机会等措施来应对未来社会的挑战和日趋激烈的国际竞争。该白皮书实际上主要讨论了三个问题：一是注重研究型大学和机构的研究工作；二是重视知识的传播和应用，以促进经济发展；三是扩大入学机会，促进社会和谐。[1] 2011 年英国商务、创新和技能部公布了新的高等教育改革白皮书——《高等教育：把学生置于体系中心》（*Higher Education：Students at the Heart of the System*），这是卡梅伦政府继科研之后在教育领域开展的又一革新。该白皮书提出把学生置于消费者中心地位，欢迎任何新的市场供给主体的参与，建立一个新的市场监管体系。该白皮书以全新的视角，赋予教育行为主体（学生、高等教育机构、教育监管部门）市场职能，展示了英国高等教育从"象牙塔"到"市场化"的全然不同的图景。[2]

德国的高等教育曾经一度辉煌，为世界高等教育树立了典范。但进入 20 世纪后，受诸多因素的影响，德国的高等教育出现了许多问题，影响了其进一步的发展。在高等教育国际化和欧洲一体化的背景下，这些问题日益尖锐。提高德国高等教育的质量，重塑德国高等教育的国际形象，更好地发挥高等教育对社会发展的推动器作用，是德国政府进行高等教育改革的目的和宗旨。[3] 德国政府受到各国建设精英教育的启发，在保持教育均衡性的基础上，于 2004 年提出了发展精英大学的计划。2005 年，在各方博弈和妥协中达成一致的"卓越计划"获得通过并于 2006 年开始实施。

---

[1]　徐来群、李俊义、土富强：《面向 2010 年的英国高等教育战略规划评析——〈高等教育未来〉政策的实施及影响》，《大学教育科学》2008 年第 3 期。

[2]　戴建兵、钟仁耀：《英国高等教育改革新动向：市场中心主义》，《现代大学教育》2012年第 4 期。

[3]　刘敏：《当代德国高等教育改革评述》，南京理工大学硕士论文，2007。

"卓越计划"力图通过加大对高校科研项目的经费资助力度，集聚促进国内高校科学研究发展的优质资源，从高等教育均衡发展向追求卓越发展的理念过渡，最终实现德国高等教育领先世界的复兴目标。虽然"卓越计划"在各方博弈及均衡发展的传统观念影响下，存在着经费不足等困扰，但其推动德国高校之间加大竞争力度的战略意义远大于现实意义。① 此外，德国高等教育分流进而影响社会分层流动的经验做法，对于促进我国形成高等教育合理分流以影响社会合理分层流动的良性秩序具有重要的实践意义和参考价值。高等教育是一项分流施教的社会活动，通过"大学生"这个特殊群体作用于社会成员的分层流动，影响着社会的阶层演进和秩序变化。德国联邦政府通过法律政策引导高等教育分流对社会分层流动产生积极影响。在分流过程中，德国高等教育对受教育者实行入学阶段和学习阶段的"两段式"分流——入学阶段将受教育者分流进传统学术性大学、高等专科学校和职业技术学院等不同的教育层次，学习阶段根据学生的专业性将受教育者再次分流进不同的专业方向，有力地促进了人才培养质量的提高，推动了社会个体在社会分层流动中的发展。②

根据法国社会的变革与发展需要，法国高等教育的改革与发展主要包括以下几个方面：第一，提升国民受教育的层次与水平；第二，大学和科研机构有机整合，教学和研究协同发展；第三，高等教育满足社会的人才需求，加强高等学校与市场的联系，发挥高等教育的社会功能；第四，促进高等教育公平，维护弱势群体的高等教育受教育权；第五，加强高等教育的国际化，吸引外国特别是欧洲的留学生和专家来法国学习或工作。2007 年法国高等教育与研究领域又进行了一次创新性改革，推出了一种全

---

① 张新科、刘辕：《从均衡发展到追求卓越——德国高等教育"卓越计划"评析》，《高等教育研究》2011 年第 9 期。

② 陈新忠：《德国高等教育分流的经验及启示》，《国家教育行政学院学报》2013 年第 2 期。

新的组织形式——高等教育与研究集群。集群的出现，突破了法国既有的高等教育与研究体制的局限，成为高等教育国际化背景下，集中教育与科研优势资源、追求卓越、促进创新，提高法国高等教育国际知名度的一项创举，是法国高等教育应对高等教育国际竞争的又一次变革，值得理论与实践层面的高度关注。① 此外，在知识经济发展的要求下，根据博洛尼亚进程所决定的框架，21世纪的法国政府对本国高等教育变革的政策导向主要集中在以下三个方面：推动学生流动，吸引世界各国先进的人力资源；加强对高等教育的监督和管理，提高高等教育质量；密切高等教育与经济部门的联系，提高高等教育毕业生的就业率，为社会经济发展提供合适的人力资源。②

三　日本高等教育发展战略选择

日本早在20世纪60年代就完成了高等教育从"精英型"向"大众型"的过渡，之后经过几十年的平稳发展，成为率先实现高等教育普及化的国家之一。③ 目前，日本已建成独具特色的高等教育体系，制度完善，结构合理。然而，受长期经济不景气，以及国际化、市场化、少子化社会现象和终身教育思想的影响，日本的高等教育发展也面临各种难题与挑战。基于此，日本政府相继推出了一系列旨在解决这些问题的战略规划。

这些战略规划主要有："研究生扩充""21世纪日本教育新生计划""21世纪COE计划"和"留学生30万人计划"。具体而言，第一，"研究

---

① 高迎爽：《从集中到卓越：法国高等教育集群组织研究》，《清华大学教育研究》2012年第1期。
② 尹毓婷：《21世纪法国高等教育改革研究》，《青年记者》2009年第8期。
③ 雷丽平、周嘉：《试论日本历史认识形成的教育及文化因素》，《现代日本经济》2006年第3期。

生扩充"。在国际化、全球化的时代背景下，日本研究生教育经历了一次较快的发展。日本的大学审议会于 1991 年和 1998 年先后发布了《关于大学院量的调整》和《关于 21 世纪大学及今后改革策略——竞争环境中闪耀个性光芒的大学》两个文件，提出了到 2000 年研究生人数达到 20 万人和到 2010 年达到 30 万人的目标。在这些政策的鼓励下，日本研究生教育事业在最近十多年里得到了迅速发展。设有大学院的大学迅速增加，每年的研究生新生数也有了较大幅度的增长。第二，"21 世纪日本教育新生计划"。日本文部科学省于 2001 年 3 月制定了旨在振兴日本教育，实现"日本新生"的计划——"21 世纪日本教育新生计划"，其主要内容包括：学生道德、情感的培养，发展学生个性，研究开发型学校的建设，修改《教育基本法》四个方面。日本在新世纪伊始提出的该计划，必将对日本 21 世纪的教育走向产生战略性影响。第三，"21 世纪 COE（*Center of Excellence*）计划"。2001 年 6 月日本文部科学省提出了"大学结构改革的方针"（又称"远山计划"），其中最主要的是"TOP 30 方案"。该方案要构建 30 所国际一流水准的高等院校（约占高校总数的 5%）。但是，日本社会对所谓"TOP 30"为什么正好只是"前 30 位"表示不满，文部科学省对此进行修改后推出"21 世纪 COE 计划"。"21 世纪 COE 计划"的提出有其经济、政治和社会的背景以及大学自身发展的内在逻辑：重振经济，谋求政治大国地位；解决少子化时代的高等教育生源危机；提升科研水平，促进高校自身发展。COE 评审委员会负责人——诺贝尔奖获得者江崎玲于奈指出，日本的大学在科研方面虽然有战术，但缺乏战略。"21 世纪 COE 计划"可有效提高日本大学的整体战略，使得日本为实现在未来 50 年培养 30 名诺贝尔奖获得者的人才大国目标变得更加清晰。第四，"留学生 30 万人计划"。2008 年 7 月，日本制定了"留学生 30 万人计划"——实现到 2020 年在日本学习的留学生人数增加到 30 万人的目标。作为一项促进大学国际化、吸引外国留学生的策略，政府在 5 年内对 30 所接收留学生的高质量、高水平的试点大学给予必要的经费援助，以保证该计划顺利实施。这就是后来所谓的"国际化基地建设项目 Global 30"（简称"G30"计划）。同"21 世纪 COE 计划"一样，"留学生 30 万人计划"不仅是日本的教育策略，同时也是外交政策和国家战略。它的提出和实施也是有其背景的：社会的劳动力缺口、留学生的发展趋势与特点和高等教育生源危机。①

此外，日本中央教育审议会于 2004 年 12 月 20 日提交了《高等教育未来展望》，该报告构想了 2015～2020 年日本高等教育的状态，并为实现其目标提出了具体的措施。报告指出，随着大城市的过度竞争和地区间差距的扩大，落后地区的教育条件愈加低下，与发达地区在教学方法和教育理念上的差距也逐渐增大。由于人才流动和远程教育的普及，在承认大学的自主性、自律性的同时，应该考虑让地方的高等教育机构积极地扮演区域经济、区域文化"桥头堡"的角色，为当地社会经济的发展做出贡献。因此，日本需要建立一种不同学科领域、不同层次、无论何时任何人都可以通过自由选择进行学习的高等教育体系，实现提供学习机会的"一般途径"，并确保在校学生的学习机会。随着信息通信技术的提高、网络学习的普及，世界各国高等教育机构的国际化得到了进一步发展。日本的高等教育为了适应学习者的各种需求，就必须明确各学校的特色。报告还进一步提出，针对今后社会人才需求的多样化，必须注意高等教育与初等、中等教育的衔接问题。在增加教育投入的同时，各高等教育机构要致力于教育、研究活动的改善和充实，整顿高等教育质量保证体系使其发挥作用。②

---

① 陈曦：《日本高等教育国际化策略——以"留学生 30 万人计划"为例》，《比较教育研究》2010 年第 9 期。
② 孙希波、邢爱国：《国外高等教育发展战略及对中国的启示》，《学术交流》2006 年第 5 期。

四 澳大利亚高等教育发展战略选择

澳大利亚不仅是高等教育大国，也是高等教育强国。澳大利亚高等教育体系主要沿袭英国模式和脉系。伴随 20 世纪 70、80 年代知识经济的兴起，澳大利亚高等教育获得了长足的发展。当前，全澳共有 37 所公立大学、2 所拥有自我认证资格的私立大学、4 所拥有自我认证资格的其他高等教育机构和 100 多所非自我认证类高等教育机构及 1 所外国大学的校区。2011 年澳大利亚在校大学生总数为 114. 271 万人，其中国外留学生约 25 万人。澳大利亚的大学规模和数量虽然不是世界前几位，但是相对 2000 多万的人口总量，其高等教育规模相当巨大，国民受过高等教育的人数占总人口的 34%（仅次于美国的 36%，中国仅占 8.9%）。[1]

澳大利亚高等教育改革的主旨是促进高等教育逐步适应教育市场，政府对高校逐渐放权，在收费和招生名额等方面放松管理，营造竞争和自由选择的环境，使高校根据自身的条件和特点，重新定位，发挥优势，办出特色，使高等教育出现多样化的局面，使澳大利亚更多的大学跻身世界一流大学的行列。[2] 基于此，自 20 世纪 90 年代始，澳大利亚政府在国家战略中明确把高等教育置于优先发展地位，提出了高等教育国际化、产业化，加快研究型大学发展，增强大学办学自主权，实行大学教育质量审计等一系列符合时代发展潮流的新理念和新举措。这些理念和举措使澳大利亚高等教育事业获得突飞猛进的发展，大学办学水平和教育质量显著提升。[3] 具体而言，澳大利亚高等教育发展战略建基于 1988 年发布的联邦政府白皮书——《高等教育：一项政策声明》（*Higher Education*：*A Policy*

---

① 司晓宏、侯佳：《澳大利亚高等教育发展特征探析》，《高等教育研究》2012 年第 3 期。
② 王成云、阎红梅：《澳大利亚高等教育改革的态势分析》，《高教探索》2006 年第 3 期。
③ 司晓宏、侯佳：《澳大利亚高等教育发展特征探析》，《高等教育研究》2012 年第 3 期。

Statement)，由此引发的一系列改革的目标在于增加高等教育的参与机会，使高等教育更好地回应国家在社会与文化，特别是经济方面的要求，为高等教育机构的运行提供一个更具弹性的环境。尽管计划推行至今，政府曾对计划的不同要素做过调整，但其基本原则没有动摇。进入新世纪后，面对经济全球化、科学技术发展及知识社会的挑战，澳大利亚联邦政府意识到，高等教育已经成为影响国际竞争和国家发展的关键因素，因而提出了高等教育未来发展的两个目标：一是某些大学要朝着世界一流大学的方向前进，进入世界的前50名；二是高等教育系统也要完成各种各样为社会服务的使命。[①] 2002年3月开始，澳大利亚联邦教育、科学和培训部对高等教育系统开展了全面的调查和咨询，最终在10月发表了《站在十字路口的高等教育》（*Higher Education at the Crossroads*）。该报告指出，澳大利亚的高等教育面临着来自内外的压力和挑战，突出表现为：在新的时代背景和发展目标下，联邦政府沿用14年的经费拨款和资助制度框架已经变得难以操作，且复杂而不公平。[②] 作为对《站在十字路口的高等教育》的回应，澳大利亚大学校长委员会（AVCC）发布的《2020高等教育远景计划》提出了澳大利亚高等教育发展的中长期目标：第一，澳大利亚应跻身于全世界大学教育水平的前5名。所有澳大利亚人都应有机会接受中学后教育或培训，其中拥有高等教育学历的人应占60%，而研究生比例应达到10%。第二，在每一个重大的学术领域，澳大利亚都应当拥有至少一个得到广泛认可的世界一流的研究中心。澳大利亚每一所大学都应当致力于优秀的研究工作。这些研究需集中于主要的优先领域、广泛的基础学科以及具有创

---

① Commonwealth Department of Education, Science and Training, Higher Education at the Crossroads: An Overview Paper, Canberra: Commonwealth of Australia, 2002, Preface, Preface, 7.

② 祝怀新、李玉静：《澳大利亚高等教育资助制度改革新策略》，《高等教育研究》2005年第3期。

造性的研究方向。第三，高等教育应努力使其资源和服务两项进人澳大利亚出口盈利项目的前 3 名。澳大利亚的教育出口将使澳大利亚在全球教育变革中占据优势地位。第四，澳大利亚的高等教育投资应达到 GDP 的 2% ，政府对高等教育的有效投资将有利于澳大利亚大学增强其国际竞争力。[①] 2003 年由澳大利亚联邦教育部长布兰登·尼尔森博士代表澳大利亚联邦教育、科学与培训部宣布了一个综合性的十年高等教育计划——"我们的大学：支持澳大利亚的未来"。该计划旨在为澳大利亚未来创建一个多样、平等、高质量的高等教育框架，提出了以"可持续性""高质量""公平性"和"多样化"四个基本原则为指导思想。作为国家高等教育改革的蓝图，通过一揽子改革计划确立和支撑了高等教育作为国家优先发展领域的战略地位。[②]

总体而言，澳大利亚高等教育发展战略的核心价值是提升国际竞争力，这种核心价值的一致性使得高等教育发展方向能够在较长时间内保持稳定，同时，体现为在整体规划下的多部门协同推进。为落实高等教育优先发展战略而推行的一揽子改革计划，不仅包括教育政策的变革，更涉及财政、技术移民和科技创新政策的变更，正是在多个部门的支持和推进下教育优先发展地位才得以确立。需要指出的是，澳大利亚政府对高等教育实施了广泛的改革，涉及政府对高校的管理和拨款、高等教育大众化、教育平等和大学自主权等方面，目的是确保高教系统向全澳公民提供高质量的教育产品和服务。[③] 澳大利亚几乎是在高等教育市场化进程中走在最前面的国家，以放松管制和市场机制的引入为基本特征。放松管制使澳大利亚的高等教育机构享有更大的自主权，同时也变得更加自我负责。市场机

---

① 田莉：《澳大利亚高等教育改革政策的发展趋势》，《外国教育研究》2005 年第 12 期。

② 田凌晖：《澳大利亚高等教育发展：战略分析的视角》，《复旦教育论坛》2008 年第 1 期。

③ 王成云、阎红梅：《改革中的澳大利亚高等教育》，《高教探索》2005 年第 6 期。

制的引入，一方面体现在改革进程中凸显出来的消费者导向，另一方面也体现在竞争性资助体系和与工商业更密切的合作关系等准市场或市场方法的运用。① 此外，澳大利亚是近年高等教育国际化推进速度最快的国家之一，教育出口已经上升为澳大利亚第三大服务出口产业。澳大利亚跨国高等教育经历了缓慢起步、对外援助、出口贸易、法制化、国际化等发展历程，如今已成长为世界教育输出大国。这一跨越式发展，彰显出澳大利亚跨国高等教育战略化、产业化、倒置化、超前化的发展特点。②

五 印度高等教育发展战略选择

印度是一个多民族、多宗教、多语言、多文化的发展中国家，是英联邦中第一个非白人的自治领和第一个共和国。印度由 22 个邦（1978 年）和 10 个较小中央直辖区组成。印度的高等教育系统已经成为世界第三大高等教育系统，仅次于美国和中国。除了数量上的进步外，印度高等教育系统也更加开放与自由，2006～2007 学年来自低社会经济地位家庭的学生增加到总入学人数的 30% 以上，女性学生增加到总入学人数的 40.40%。20世纪 90 年代之前，印度高等教育管理部门主要致力于扩大高等教育的绝对数字，即高等教育机构数、教师数以及高等教育入学人数的增加。但是，到了第九个和第十个五年计划期间，国家教育政策的重点放在了教育公平问题上，期望通过教育公平的实现促进高等教育入学率的提高。

自独立以来，印度政府每五年制定一次"国家社会发展总体规划"（简称"五年发展规划"），其中有关高等教育的部分，可以称为"高等教育发展规划"。印度的第九个和第十个五年计划开始于 1997 年，止于 2007

① 田凌晖：《澳大利亚高等教育发展：战略分析的视角》，《复旦教育论坛》2008 年第 1 期。
② 李旭、肖甦：《澳大利亚跨国高等教育跨越式发展历程及其特点、问题述评》，《比较教育研究》2010 年第 11 期。

年，印度高等教育在这十年中取得了飞速发展。2007 年，印度政府完成
《第十一个五年（2007～2012 年）发展计划》。在此之前，印度政府还公
布了《2020 年印度展望报告》（*India 2020 Vision：Report*）。这两份政府文
件明确提出了未来几年印度高等教育发展的具体目标和工作任务。[①] 在未
来几年，印度高等教育发展的主要特征是完成高等教育大众化，不断提高
高等教育质量，实现高等教育公平和正义。UGC（印度拨款委员会）提出
的"十一五"（2007～2012 年）规划拟解决的关键问题和相应的战略目标
包括扩大入学机会、推进高等教育的包容性、提高质量与促进卓越、加强
相关性和价值教育。[②] 具体而言，第一，加快高等教育大众化步伐。在
"国家中长期发展规划"中，印度政府提出一个在校生人数倍增计划，即
争取在 2015 年之前，实现在校生人数 2100 万，毛入学率达到 15%，实现
高等教育大众化；到 2020 年之前，毛入学率达到 50%，争取实现高等教
育普及化的目标。[③] 第二，推进高等教育的包容性。促进社会（种姓）群
体公平、性别公平和地区平衡，对不同能力人群予以资助。第三，提高质
量与促进卓越。在院校、教师和学生三个层面提升高等教育质量，加强硕
士和博士两个阶段的研究生教育，提高研究质量。第四，加强相关性和价
值教育。落实了职业定向专业课程计划，启动了印度思想家思想研究资助
和创新性项目资助。第五，高等教育中的信息传播技术整合。进一步发展
高校层面的电子资源库，通过互联网连接更多的大学和学院，形成校际网
络。第六，高等教育系统的治理与行政。落实大学和学院的电子管理，UGC
及其地区办公机构公务电子化并与大学和学院连接，鼓励大学和学院多方筹

---

① 施晓光：《走向 2020 年的印度高等教育——基于印度"国家中长期发展规划"的考察》，
《中国高教研究》2011 年第 6 期。
② 宋鸿雁：《印度高等教育"十一五"规划述评》，*World Education Information*，2008（02）。
③ 施晓光：《走向 2020 年的印度高等教育》，《中国高教研究》2011 年第 6 期。

集资源，增强国家的研究生储备，资助各邦高等教育委员会开展工作。此外，面对高等教育国际化的趋势，印度正以一种积极的姿态迎接高等教育在国际一体化潮流中的挑战。印度国家战略的总体目标是创造有利的国际环境，以先进科学技术促进发展，用人力资源开发振兴经济，努力增强综合国力，力争使印度在 21 世纪成为世界瞩目的强国，在亚洲、印度洋乃至更大的范围发挥重要作用。因此，印度高等教育国际化的改革举措旨在加强国际教育合作与交流，大力促进科技发展，调整学科结构、构建国际化课程体系，并通过政策制度及管理机制创新来提升印度高等教育的水平与影响力。①

第二节　国际高等教育发展战略着力点及基本趋势

一　全球化与国际化

虽然在高等教育领域，全球化与国际化这两个词联系紧密，被广泛使用和相互替代，但是它们之间有内在的界限与区分。全球化是指"当今世界对高等教育有直接影响并难以避免地与经济、政治、社会、技术和科学产生广泛的联系与互动"，国际化则更多地与"由政府、学术体制和学术机构及各个从事全球化研究的院系所制定的政策和执行的项目"相关。② 全球化作为 21 世纪的一个关键现实已经大大地影响到高等教育，国际化则表现为高等教育本身应对全球化而制定的政策和各种项目的种类。③ 全球

---

① 戴妍、袁利平：《印度高等教育国际化的特点及趋势》，《比较教育研究》2010 年第 9 期。
② Altbach，P. G.，Globalization and the University：Realities in an Unequal World，J. J. F. Forest and P. G. Altbach（eds），International Handbook of Higher Education，Vol. Dordrecht，The Netherlands，Springer.
③ 菲利普·阿特巴赫、利斯·瑞丝伯格、劳拉·拉莫利：《全球高等教育趋势——追踪学术革命趋势》，上海交通大学出版社，2010。

化是不以各国或地区高等教育系统的意志为转移的发展趋势，而国际化则意味着较高程度的自主和首创精神。① 国际化通常是指为了促进学生或教师交流、参加境外合作研究、用英语（或其他语言）开设教育项目或其他众多努力，而由政府、院校系统和高等院校乃至院系承担的政策和项目。② 分校区、境外学术项目、特许经营的学位教育只是高等教育国际化的冰山一角。③ 事实上，高等教育全球化的进程包括"本土国际化"和"海外国际化"两个重要方面，前者一般包含为将国际的特点注入本地大学校园而设计的各种战略和途径，诸如在课程中增加全球视角和比较的视角，或招收国际学生、国际学者和国际教师并发挥其在高等院校中的影响力；后者则要求一个机构与其他国家推广自己及其利益相关者的项目，诸如派遣学生或教师出国学习和交流、建立海外分校或者与其他机构建立合作伙伴关系。④

学生与学者的流动性已经成为世界高等教育全球化趋势的一个重要方面，美国、欧盟、日本、澳大利亚等国家或地区都非常重视学生与学者的国际流动。这既体现了学术劳动力市场的日益全球化，也加剧了国际学术发展的不平衡。日本的"留学生30万人计划"（实现到2020年在日本学习的留学生人数增加到30万人的目标）和"G30"计划，就是促进大学国际化、吸引外国留学生的发展策略，同时也是外交政策和国家战略。⑤

全球化与国际化的发展趋势及其战略选择不仅仅局限于学生与学者的流动，也表现为各种教育机构和项目的国际扩张，如"姐妹（sister）学

① 菲利普·G. 阿特巴赫：《高等教育变革的国际趋势》，北京大学出版社，2009。
② 菲利普·G. 阿特巴赫：《高等教育变革的国际趋势》，北京大学出版社，2009。
③ Altbach, P. G. and Knight, J., "The Internationalization of Higher Education: Motivations and Realities", *Journal of Studies in International Education*, Vol. 11, No. 3 – 4.
④ 菲利普·阿特巴赫、利斯·瑞丝伯格、劳拉·拉莫利：《全球高等教育趋势——追踪学术革命趋势》，上海交通大学出版社，2010。
⑤ 陈曦：《日本高等教育国际化策略——以"留学生30万人计划"为例》，《比较教育研究》2010年第9期。

校"、"海外分校"、海外学习计划或项目及合作办学等形式。英国诺丁汉大学就在中国宁波建立了分校；美国斯坦福大学则提供网上本科和研究生课程，并由毕业生担任当地的导师。总体而言，高等教育全球化与国际化发展战略不仅能够扩展一个国家或地区的教育资源，满足国际教育与科研合作的巨大需求，而且有利于立足于全球视野重新定位和调整本国或本地区的教育方针与政策。高等教育发展全球化与国际化促使各国的高等教育系统调整和扩大自身的教育使命，并着眼于培养具有国际竞争力的全球化公民。当然，全球化与国际化的发展趋势也具有一定的不确定性和利益冲突，"高等教育的商业化"（commercialization of higher education）、"外国学位工厂"（foreign degree mills）、"人才流失"等现象及国际化风险也需引起我们的高度重视。

二 大众化与市场化

高等教育大众化是一个国家和地区社会经济、文化发展的必然产物，也是社会现代化的重要标志。20世纪60年代以来，高等教育大众化、普及化，已经成为世界高等教育发展的趋势。[①] 根据联合国教科文组织公布的数据，北美和西欧地区的高等教育发展水平最高，早就进入了普及化阶段，2007年的入学率达到69.8%；中欧和东欧地区的高等教育发展速度很快，于2003年进入普及化阶段，2007年的入学率达到62.1%，正在接近北美和西欧地区的发展水平；拉美和加勒比地区、中亚地区、东亚和太平洋地区处于大众化发展阶段；而南亚和西亚地区的高等教育发展水平最低，还处于精英发展阶段。从"金砖四国"（巴西、俄罗斯、印度、中国）的比较看，四个国家高等教育的发展差距很大，位于欧洲的俄罗斯已经进

---

① 郝喻：《高等教育大众化——陕西的经验、问题与前景》，高等教育出版社，2004。

入普及化发展阶段；位于拉美地区的巴西和位于东亚地区的中国处于大众化发展阶段；而位于南亚地区的印度尚处于精英发展阶段。这四个国家的高等教育发展阶段都与其所处地区的高等教育发展阶段相一致。① 以美国为例，20 世纪 50 年代初期，美国在校大学生的人数就占到了适龄人口的15%，成为世界上第一个进入大众化高等教育阶段的国家。进入新世纪以来，实现高等教育普及化成为美国高等教育的重大发展战略。美国面向 21 世纪的高等教育改革框架的核心是使所有年满 18 岁的美国青年都能享有接受高等教育的机会，为使美国率先在全球实现普及高等教育，美国政府采取了以下战略措施来达到这一目标：第一步是国家采取措施帮助美国学生及其家庭解决高等教育费用问题；第二步是国家全力推动高等教育的普及化，改变高等教育只是让少数青年人接受教育的习俗和观念，使高等教育走进美国千家万户，使大学与广大美国青年及其家庭发生联系。与普及化发展阶段相对应的是"后大众化"的发展战略及趋势。日本学者有本章在考察日本 20 世纪 90年代高等教育发展轨迹后认为，当高等教育适龄人口入学率增长到一定程度后就会停滞不前，与此相反，非传统的成人学生增长势头甚猛。他把这一现象称为"后大众化"（Post – Massification），其典型特征就是高等教育适龄人口入学率增长在未达到普及化之前就出现了停滞和波动，而非传统的成人学生入学率却持续增长，增长率甚至超过了传统学生，而且这些学生可能多次入学。后大众化即超越大众化的意思，即不再继续大众化，而是走向终身化。马丁·特罗在解释这一现象时认为，这是学习化时代来临的征兆。他把高等教育"普及化"阶段修改为"普遍参与"阶段。这一修正对于人们重新认识高等教育发展规律具有重要的启发意义。②

---

① 岳昌君：《中国高等教育财政投入的国际比较研究》，《比较教育研究》2010 年第 1 期。
② 王洪才、曾艳清：《后大众化与我国高等教育发展战略选择》，《华中师范大学学报（社科版）》2010 年第 3 期。

　　经济合作与发展组织（OECD）给高等教育市场化下了这样一个定义：
"把市场机制引入高等教育中，使高等教育运营至少具有如下一个显著的
市场特征：竞争、选择、价格、分散决策、金钱刺激等。它排除绝对的传
统公有化和绝对的私有化。"[①] 根据 OECD 的界定，高等教育市场化不是绝
对的私有化，也不是绝对的公有化，而是一个引入市场机制的过程，使高
等教育机构更具竞争性、自主性和广泛适应性。高等教育的快速发展归功
于市场化的强劲动力，但市场化是一把"双刃剑"，商业价值和市场标准
在高等教育领域有泛滥的隐忧。市场在高等教育中应该有一席之地，但同
时又必须恪守界限，不能超越自己的底线。美国高等教育领域就因持续加
速的市场化而出现巨变：为竞争精英学生，各大学将自己"品牌化"以增
加吸引力；对学术"超级明星"开出天价薪酬以提高大学的知名度和声
望；由纳税人资助的学术研究变成了有利可图的专利；学术思想以最高的
价格被竞价者买走；在市场经营的压力下，文科逐渐萎缩。[②] 日本新世纪
第三次高等教育改革有其突出特点，也是以市场化为核心。日本高等教育
市场化主要存在着完全市场化和虚拟市场化两种性质完全不同的形式，前
者是指政府完全放手，把高等教育事业的规划和发展完全交给市场调节；
后者则是指在政府对国立大学运营进行直接介入的前提下，有计划地在国
立大学的经营管理中导入一部分市场机制。日本的经验很明确地传达出这
样一个信息：市场化是当前世界高等教育发展的主要趋势之一，任何国家
都不得不认真地对待这种趋势，从而采取和本国高等教育实际情况相符合
的市场化战略。[③] 澳大利亚几乎走在高等教育市场化进程的最前面。市场

---

　　①　李盛兵：《高等教育市场化：欧洲观点》，《高等教育研究》2000 年第 4 期。
　　②　科伯：《高等教育市场化的底线》，北京大学出版社，2009。
　　③　肖俊杰、谢安邦：《日本高等教育市场化改革的趋势、形式和启示》，《江苏高教》2010
　　　　年第 6 期。

机制的引入，一方面体现在澳大利亚高等教育改革进程中凸显出来的消费者导向，另一方面也体现在高等教育领域中竞争性资助体系和与工商业更密切的合作关系等准市场或市场方法的运用。

三 多元化与特色化

世界各国高等教育改革的历程表明，趋同化与同质化是高等教育发展的误区，而多元化与特色化则是高等教育发展的趋势，也是高等教育大众化与市场化的内在要求。"千校一面"，"千军万马过独木桥"，专科升本科、本科升硕士、硕士升博士的现象，就是趋同化和同质化的发展战略及其实现路径。如何立足于本国、本地区的实际情况，如何立足于本校的学科专业优势，走多元化、特色化的发展道路，是新时期高等教育发展的基本战略选择。多元化的系统和体制仍将是全球高等教育的关键，无论从财务、学术还是职业原因来讲，都是必需的。[①] 以欧盟高等教育发展战略为例，"一体化与多元化如何并存是欧洲高等教育区建设必须面对的一个重要问题。从各国的实践看，二者并存的实质是以一体化协调多元化，多元化支撑的一体化不仅方便了国家间的交流与合作，还体现和保留了本国高等教育的特色"。[②] 作为一个多元化经济的国家，美国高等教育系统也呈现出多元的发展格局，研究型大学以基础性、学术性研究著称，本科大学培养目标为中级科技、学术及专业人才，社区学院招收高中毕业生中成绩较差和同等学历的学生。以州立大学和社区学院为主的公立高等教育系统，为大量希望升学者提供了无条件接受高等教育的机会。日本《高等教育未

[①] 菲利普·阿特巴赫、利斯·瑞丝伯格、劳拉·拉莫利：《全球高等教育趋势——追踪学术革命趋势》，上海交通大学出版社，2010。

[②] 王超：《欧洲高等教育区一体化与多元化并存的合理性、实质及其启示》，《外国教育研究》2008 年第 2 期。

来展望》也指出，由于人才流动和远程教育的普及，在承认大学的自主性、自律性的同时，应该考虑让地方的高等教育机构积极地扮演区域经济、区域文化"桥头堡"的角色，为当地社会经济的发展做出贡献。基于此，高等教育的改革与发展需要建立一种不同学科领域、不同层次、无论何时任何人都可以通过自由选择进行学习的高等教育体系，实现提供学习机会的"一般途径"，并确保在校学生的学习机会。

四　学术自由与学校自治

现代学术自由的观念产生于 19 世纪初期德国的威廉·洪堡思想，学术自由极大地推动了各国高等教育的发展。联合国教科文组织发布的《关于高等教育的变革与发展的政策性文件》指出，高等教育的开展与管理获得成功的前提之一是与国家和整个社会有良好的关系。这种关系应当建立在学术自由和学校自治的基础上。要使任何一所高等院校始终成为自由探索的场所，始终在社会上发挥创造、思考及批评作用，没有这两条原则是不行的，虽然国家可以而且应当起到促进及制定规章制度的作用，但应提倡高等院校自治，同时，整个社会和经济环境也迫使高等院校与国家和其他社会部门建立联系并承认其应向社会负责。因此，重视学术自由和学校自治这两条原则是高等院校开展学术活动、发挥作用与发展的基本前提。考虑到有必要在这方面制定普遍接受的标准，教科文组织将与各会员国、非政府高等教育组织、整个学术界进行合作，加强这些原则并提高高等院校教师的地位。

事实上，在知识经济时代，鉴于大众化、商业化和问责制对高等教育形成的压力，我们需要对学术自由进行重新思考。学术自由是指教师享有不受其专长领域所限进行教学、研究和发表成果，以及在公开场合（报纸、互联网等）表达意见的权利。学术自由一般通过终身教职、公务员制度或其他方式来保护教师被聘用并尽可能提供最坚实的担保。[①] 在当前国际高等教育大发展的背景下，学术自由正面临相当大的压力，21 世纪的复杂性要求我们关注学术自由的核心原则，以便能够在日渐困难的环境中对其进行保护。哈佛大学前校长德里克·博克认为，学术自由是维系大学活力的源泉，是实施学术创新的动力，是实现大学使命的保障。没有学术自由，大学就失去了创新的基本前提和基础。世界一流大学在高层次人才队伍建设中，始终坚持学术自由的办学理念。美国高等教育的发展呈现出若干规律性特征：政府不直接管理大学，实行大学自治和学术自由；社会利益相关者参与大学决策和主要治理环节，建立教师和学生的利益保障机制等；学术行政两权分开，各司其职，相辅相成。美国高等教育发展有效地把大学的学术自由、大学自治和社会各方面关系作为核心，理顺大学与政府、大学与社会、大学与大学之间的关系，体现了大学精神特质和大学作为独立法人实体，有其自我发展和自我约束的基本运行机制。2011 年英国公布了新的高等教育白皮书，表明了市场化的走向，但是仍然强调尊重教育机构办学自主权，并将学术自由放在首要位置。英国政府将简化对高校的管理程序，减轻其行政管理负担，采用基于风险的管理方法，对学生管理工作等实行问责制。在此基础上，建立开放、充满活力和可支撑的高等教育系统，保持英国高等教育的高质量和国际声誉。

五 质量、公平与卓越

质量问题（高等教育中各方面的保管人如何保证质量）成为高等教育发展中需优先考虑的问题。[②] 随着全球各国高等教育不断变革，尤其是大

---

① Philip G. Altbach：《学术自由：对现实的评估》，International Higher Education，Boston College，2009。

② 弗兰斯·F. 范富格特：《国际高等教育政策比较研究》，浙江教育出版社，2001。

众化、普及化和市场化的发展趋势，高等教育的质量问题越来越成为被关注的对象，与之相应的质量战略与质量保障机制应运而生。立足多维的动态趋势，高等教育质量战略包括目标定位、组织设计、项目开发、标准评估和环境分析等多个方面。以2006年美国高等教育未来委员会发布的《对领导的检视——美国高等教育未来规划报告》为例，该报告指出了不断提升高等教育质量的重要性及改革策略。美国大学通过开发读写能力领域的新教学法、课程和改善学习的技术来培养一种有利于持续革新和质量提高的氛围。高中后教育基金（The Fund for the Improvement of Post - Secondary Education，FIPSE）应该重新充满活力，并增加其赞助力度。美国大学应该力求从众多机构（农业部、教育部、能源部、劳工部、国防部、贸易部、国家科学基金会、国家保健协会和美国航空航天局）获得对高等教育革新最广泛的支持，以期与高等教育革新中的联邦投资遥相呼应。高等教育机构之间应该共享资源，充分运用信息技术的力量，用远程教育满足农村学生和成人学生的教育需求。州政府和高等教育机构在技术支持、学习者为中心的原则的指导下，应建立课程重新设计工程，开发跨学科科学（服务科学、管理科学和工程学）和课程发展及传输的新模式。对此，联邦和州政府应为开发以信息技术为基础的协作工具提供激励，并对促进所有美国大学增加大学入学机会，加强大学间合作，提高在大学机构、课程和教育理念中共享教育资源的能力进行激励。这些战略举措有力地提升了美国高等教育的质量，促进了美国高等教育的健康发展。

事实上，进入21世纪以来，教育公平已经成为世界高等教育改革与发展的热点与难点问题，尤其是政府与社会层面需要下大力气予以解决的重大战略问题。随着高等教育体系大众化进程的不断推进，一方面的确为公民提供了更多的受教育机会；但另一方面，弱势群体实际享有的受教育机会相对减少，尤其是享受优质教育的机会在逐渐减少。① 高等教育市场化的趋势与特征在一定程度上加剧了教育的不公平。同样以美国《对领导的检视——美国高等教育未来规划报告》为例，该报告指出就联邦政府而言，应该通过提高学生大学入学准备、消除非学术障碍及大幅度提高对来自低收入家庭的学生的救助来扩展高等教育入学机会。各州政府必须选择能够帮助提高大学入学准备的课程，把高中和大学紧密整合在一起。高等教育必须与 k – 12 学校系统合作，确保教师得到足够的训练并保持课程和大学入学标准统一、清晰。各州政府要确保高中文凭的效度，对那些无法达到毕业水平的学生进行有效、及时的干预，并且要重新调整 12 年级的全国教育进步评价考试，以 NEAP（美国国家教育进展评价）熟练标准检测进入大学和参加工作所需要的阅读能力，并为州政府报告提供分类数据。州政府和高等教育机构应该重新检视和修订高校之间学分转换标准，以便能够采用确保教育质量、增加入学机会和减少完成学业时间的精确标准，并且消除进入大学的非学术障碍，帮助学生及家长了解进入大学的步骤。另外，要呼吁商业界和大学加强合作，为大学觉醒运动提供资源，为学术提供支持，为大学规划和财政救助提供帮助。

伴随着高等教育的大众化、普及化或后大众化，高等教育还能保证其优异的质量吗？追求平等与追求优异难免会发生冲突。但是，平等与优异的目标并不冲突，反而能够相辅相成。② 立足质量与公平，追求高等教育的优异与卓越，已经成为世界各国高等教育发展的共同理想与发展目标。根据世界银行公布的关于高等教育促进经济可持续性发展的最新政策报告——《构建知识型社会》，运作良好的高等教育系统应包含各种类型的

---

① 周光礼：《公共政策与高等教育——高等教育政治学引论》，华中科技大学出版社，2010。
② 薛涌：《美国大学原来是这样的》，漓江出版社，2011。

教育机构,不仅有研究型大学,还包括工业学院、文理学院、短期的职业技术学院、社区学院、开放大学等。它们携手共同培养劳动力市场所需的各种各样的熟练工人和雇员。各种类型的高等教育机构各司其职、协调发展是许多政府关心的重点所在。① 因此,追求高等教育的优异与卓越,不仅仅停留在一流大学建设,关键在于高等教育结构的合理布局和分层分类的发展战略及其保障机制。《对领导的检视——美国高等教育未来规划报告》指出,联邦和州应增加对教育和一些重要研究领域的投资,如 STEM 领域、教师、护理、生物医学和其他〔如受美国竞争力计划(American Competitiveness Initiative)、全国自然科学、未雨绸缪报告(Rising Above the Gathering Storm)以及竞争力委员会的全国革新计划等推荐的相关专业〕。联邦政府应鼓励进行合作研究和学科交叉研究,开发跨学科课程,包括开发那些与服务经济相关的研究和课程。联邦政府应从根本上提高美国公民学习外国语的人数,制定鼓励和输送不同群体的合格学生进入理疗保健教育渠道,助其成为医生、护士、牙医、公共医疗工作者等。

---

① Jamil Salmi:《世界一流大学:挑战与途径》,上海交通大学出版社,2009。

第三章

国际高等教育发展政策保障机制的比较与启示

20 世纪 80 年代以来，高等教育的变革与发展越来越受到世界各国的关注与重视，高等教育与国家或地区的发展联系日益紧密。对于高等教育系统而言，世界各国都经历着巨大变化，与之相随的高等教育政策越来越显现其"保驾护航"的功能与价值。下面选取美国、欧盟、日本、澳大利亚和印度的高等教育政策作为比较分析的对象，以期能够为我国提供有益的借鉴。

第一节　美欧及其他国家高等教育改革与发展政策保障机制比较

政策保障机制的成熟与完善是高等教育改革与发展的基本前提与重要组成部分。美欧等国在高等教育改革与发展的进程中，形成了较为完备且各具特色的政策保障机制。分析和探讨美欧等国的高等教育政策保障机制，对于我国高等教育事业的健康发展具有重要的意义。

一　美国高等教育改革与发展政策保障

1. 加强高等教育法律法规与财政投入保障体系建设

1944 年美国国会通过了《军人权利法案》，以法律的形式保障联邦政府向退伍军人提供入学的学费和生活费，也开创了联邦政府对学生资助的先河。美国高等教育委员会在《为美国民主化社会服务的高等教育》中明确提出，"我们的目标是使所有的青年人都有平等接受高等教育的机会"。美国联邦政府从两个方面不断推进保障高等教育公平的工作：一是在立法方面；二是给予经济支持，即资助学生方面。1958 年国会通过的《国防教育法》明确规定，联邦政府对高等教育进行资助是履行国防义务的一部分，由此也正式诞生了第一个联邦学生资助工程——"国防学生贷款工程"。此后，联邦政府又出台了一些学生资助政策，并对《军人权利法案》有关条款作了修订，扩大资助的范围和数额。"高校奖学金服务处"在考察了各高校办学质量和学生的家庭收入之后，制定了一套新的学生资助方案，即：对不同家庭收入的学生和不同办学质量的公立高校实行差额收费。随后，《高等教育法》拓展了美国政府在高等教育财政领域的职能范围，该法被视为美国最重要的高等教育立法。在此法通过之前，政府对大学生的资助仅限于特定对象。《高等教育法》使受益对象扩大至所有学生，是美国政府为实现高等教育机会公平而颁行的首部高校财务资助法案。同时，《高等教育法》和美国其他法律一样并非永久性法律，每隔4～6年必须加以修订，以确保法律内容符合现实需求。因此，该法的历次修订、增补都与高等教育价值理念的演变密切相关，从早期对高等教育入学公平的关注，到20世纪90年代后期强调高等教育机会公平的绩效责任。至2008年第8次修订时，"拓展高等教育的可获取机会""提升学生负担高等教育成本的能力"和"增强大学绩效责任"作为美国高等教育的三大核心价值理念，也成为重要议题。①

当前执政的奥巴马政府对高等教育也非常重视，2010年8月9日奥巴马到得克萨斯大学奥斯汀分校演讲时阐述了一个观点——"21世纪的教育问题，其实就是经济问题"——当然，其所指的主要是高等教育。这个观点在当时引起了人们的广泛关注。其实，无论是教育还是高等教育，离开了经济的实力与经费的支持，无论如何都难以发展。奥巴马认为，高等教育的问题，就是"这个时代的经济问题"，也是美国繁荣昌盛的先决条

---

① Hartle, T., Simmons, C., "Federal Triangle: Congress Focuses On Access, Affordability and Accountability," *New England Journal of Higher Education*, 2003, 18 (2).

件，要想保持国家的繁荣和在未来全球的竞争力，美国在未来 10 年就要培养数百万乃至上千万的大学毕业生。他强调，在未来的几十年中，拥有高中毕业证显然不够，只有拥有更高的学历才能迎接 21 世纪经济发展的挑战。应该说，奥巴马在全球化情势下所提出的观点，既得到了一些高等教育机构的支持与呼应，也与很多美国高校特别是名校的做法不谋而合。奥巴马政府提出的包含有对高等教育给予大量经费支持的《美国复兴与再投资法》，在获得众议院和参议院通过后，于 2009 年 2 月 17 日由总统签署生效。在这个总额为 7870 亿美元的经济刺激方案中有 909 亿美元分配给基础教育和高等教育。媒体普遍认为教育部门是该法案的最大受益者，该法将大大提高联邦政府对高等教育投入的比例。① 经济刺激方案对教育的资金分配大体为：佩尔助学金；联邦工读项目，用于学生在学校的兼职津贴；课税扣除，鼓励学生进入大学学习；储蓄项目，支持学生为取得计算机应用资格的学习；用于在职培训、失业工人培训和成人学习；用于资助与能源和健康科学相关的科学研究；用于教师质量提高和保健工作者培养；用于支持国家的数据系统、公共图书馆和社区学院的计算机中心；等等。②

2. 促进高等教育公平的政策保障

高等教育机会公平是美国教育界长期追求的目标。20 世纪 40 年代以来，美国政府通过各项举措增加学生入学机会、提高信息透明度、抑制学费上涨、改善资助方案、增强学生负担高等教育成本的能力，有效保障各

---

① American Council on Education, Obama Puts Higher Education at the Forefront of Ambitious A-genda, http：//www. acenet. edu/AM/1'emplate. cfm? Section = Home&1'EMPLATE =/CM/ContentDisplay. cfm&CONTENTID = 31420, 2009 – 2 – 25.

② Tara, Obama Administrations Economic Stimulus Bill on Higher Education, http：//www. stateuniver – sity. Com / blog / permalink / Obama – Administrations – Economic Stimulus – Bill – on – Higher – Education. html, 2009 – 3 – 18.

类学生接受高等教育的机会和权利。60 年代，约翰逊政府宣布"向贫穷开战"，采取"教育脱贫"战略，设立了"机会均等助学金"工程（EOGS）、"大学攻读助学"（CWS）等支持和鼓励贫困家庭的子女接受高等教育。1964 年，联邦政府颁布的《经济机会法》规定每年拨款 3 亿美元，用作贫困拨款和为在校学生提供就业机会。1965 年《高等教育法案》是美国历史上第一部主要为学生，特别是为经济贫困的学生提供贷款和资助的法案。1968 年和 1972 年，国会两次通过高等教育修正案，增加了联邦政府对高等教育的资助。20 世纪 70 年代，美国政府将学生的资助转向个人。1972 年的佩尔助学金（Pell Grant）和《高等教育法修正案》以及 1978 年美国国会通过的《中等收入学生助学法》等都要求为来自低收入、中等收入家庭的学生等提供资助。2002 年美国教育部制定的《2002～2007 年战略策划》中的两个目标便是"缩小由种族、社会经济地位不同，身体残疾等原因造成的在大学入学和完成学业方面存在的差距；加强传统的黑人学院和大学、拉丁美洲裔服务机构、部落学院和大学的建设"。美国政府近年来分别通过了《对领导的检测——美国高等教育未来规划报告》、《大学成本降低与入学机会法》与《高等教育机会法》等法案。虽然这些法案强调的重点各有不同，但作为美国高等教育未来发展的重要依据，其主要目标都是针对日益高涨的大学学费提出应对策略，促进高等教育机会公平的实现。①

当前执政的奥巴马政府主张向来自低收入家庭的学生提供大部分学费的佩尔助学金拨款，提高针对此类学生的最高限额，使之跟上生活开支增加的步伐，并成为类似联邦医疗保险（Medicare）和社会安全制度的应有

---

① Lederman, D. 7 years, 1158 Pages and Almost Done, http：//www. insidehighered. com/news, 2008.

权利。这项计划的关键在于统合学生贷款作业，使教育部拥有几近垄断的权力。奥巴马也鼓励大学削减开支、提高毕业率。新计划的目标是让最需要的人更能够念得起大学，因为对于来自较低收入阶层的学生来说，大学或职业训练可能成为决定他们前途的关键。连批评新计划的人都表示，美国的高等教育无法维持现状，学生为了念大学所累积的债务，已相当于房屋贷款；经济衰退导致赖债比率和学生辍学率升高；民办大学面临捐款减少，公立大学面临州预算缩水。为了应对这种学费危机，奥巴马希望终止由民间承办的联邦家庭教育贷款计划。国会预算处指出，把所有贷款权力转移给政府的直接贷款计划，在 10 年内能节省 940 亿美元。奥巴马准备利用这笔钱扩大"佩尔助学金"计划。奥巴马政府也寻求彻底改革，由学校主管，以填补贷款、赠款和奖学金不足的联邦柏金斯贷款（Perkins Loan），把其经费从 10 亿美元提高到 60 亿美元，并把参与学校从当前的 1800 所扩大到全国 4400 所大学院校，使获得贷款的学生增加 270 万人。[①] 政府也希望改变柏金斯贷款的分配模式，优先贷款给更贫困的学生，并奖励控制成本的学校。奥巴马提出的"美国机会税收优待计划"更具创新性，主要着眼于帮助大学生减轻学费负担，但不是提供无偿补助，而是要求受资助的大学生每年从事 100 个小时的无偿社区服务，达到此要求的学生家庭可享受 4000 美元的退税优惠，这笔钱足以支付公立大学 2/3 的学费或大多数社区学院的全部学费。

3. 美国高等教育的问责制

问责制（accountability）是美国高等教育发展过程中一项非常重要的制度安排，"问责"已经成为美国当代教育改革的一个关键词。美国"公立院校本科教育自愿问责制"（Public Universities and Colleges Voluntary Sys-

---

① 亚军：《学贷变革》，《华盛顿观察》2009 年第 17 期。

tem of Accountability for Undergraduate Education）于 2007 年 11 月由美国两大公立院校组织——"美国州立学院及大学协会"（AASCU）和"美国公立及赠地大学协会"（APLU，其前身是 NASULGC）联合发起成立。AASCU 与 APLU 共包括 520 多所公立学院和大学，容纳了 2/3 以上的美国本科生，每年授予的学士学位比例占全美的 70% 以上。[①] "自愿问责制"（VSA）的兴起为美国公立学院和大学改革注入了新的活力，反映了美国公立院校领导层应对新挑战的思考。首先，"自愿问责制"的服务对象定位为预期的学生、家长、教师和校园支持性群体以及公共政策制定者和高等教育的公私资助者。其次，避免政府集权化干预的渗透。大学驾驭变革的自主性和主导性，并形成大规模的战略联盟和联合行动，在内部保持院校群落的"完整性"（integrity），在外部为组织选择新的发展方向。再次，维护多样性。"自愿问责制"的核心就是满足外界对本科生学习经历的透明化要求，并维持不同高等教育机构的多样使命。最后，增强公众对公立院校的理解。通过"自愿问责制"所提供的本科教育信息，使公众对每一所成员院校的重要方面都能够获得一种公平而有益的认识，转变学生和家长的择校观念，增强学生取得成功的信心和对公立院校的信任。

回顾美国高等教育问责制的演化历程可以发现，州政府、联邦政府、授权机构、独立政策团体、大学和学院本身等政策行动者都对高等教育问责制的实施产生了重要影响。我国高等教育问责制日益凸显的种种弊端强化了完善高等教育问责制的动因。我国今后的努力方向在于，实行政府问责与社会问责相结合的、更具包容性的高等教育问责制，特别是

---

① 柳亮：《"自愿问责制"：美国高等教育问责制发展的新动向》，《比较教育研究》2011 年第 2 期。

要准确把握问责的内涵，确立高等教育的公共利益。20 世纪 80 年代以来，美国高等教育改革的重要特征之一就是越来越严格地执行问责制。问责制对美国高校的领导者提出了新的要求和挑战。对于学校而言，问责制是一种基于结果的高风险奖惩机制。富有挑战性的教育目标以及严格的问责措施，使得全美高等学校都处于从未有过的巨大压力之下，而那些不达标情况严重和处在不达标边缘的学校承受的压力更大。在过去30 年中，促进美国高等教育问责制实施的政策动机以多种不同形式存在，它们产生了巨大的影响，其中最值得关注的影响就是高等教育的外部环境发生了变化。与 30 年前相比，高等教育更多地关注其外部公共环境，问责制被看成是外部关注的合法目标。目前，问责制在美国高等教育领域已经十分流行，美国各州普遍采取了一种或几种绩效问责手段，其发展日臻完善。①

总的说来，面向高等教育的"州问责制"，可以简单归纳为"制定目标—设计指标—测量评价—信息报告—结果利用"这样一个管理流程。②问责离不开评价活动，只有通过评价才能在一定程度上考察各教育机构、每位教育工作者的责任落实状况。但是，问责不同于评价的地方就在于其强调"对评价结果的报告和利用"。具体来讲，问责制的内容包括：大学的学科和课程设置、与学生利益密切相关的规章制度、学生获得学位的时间或信用度、教职员工考核指标体系、学生选择学院和专业的自由度、毕业生就业情况、非结构性收入和科研赞助经费使用情况、教师培训和进修制度、学生考试考核成绩等。③

① 姚峥嵘、沈仲丹：《高等教育问责制：美国的经验及启示》，《江海学刊》2012 年第 3 期。
② 王淑娟：《对美国教育语境中问责涵义的考察》，《比较教育研究》2007 年第 2 期。
③ 樊钉、吕小明：《高校问责制：美国公立大学权责关系的分析与借鉴》，《中国高教研究》2005 年第 3 期。

此外，需要指出的是美国的创业教育已被逐步纳入国民教育体系之中，成为贯穿于小学、初中、高中、大学本科、研究生的正规教育，形成了一个完整的社会体系和教学研究体系。尤其是 20 世纪 80 年代以后，创业学成为美国大学，尤其是商学院和工程学院发展最快的学科领域。在美国高校多样化的创业教育途径中，开设创业教育课程是创业教育的基本方式。创业教育项目扮演着创业教育的"推手"角色，各种创业教育活动向学生提供了接受创业教育的现实实践场所，基于问题、行动、权变、体验的创业教育方法则支撑起创业教育的隐形根基。到 2005 年初，美国已有 1600 多所高等院校开设了创业学课程。①

4. 提升高等教育质量的政策保障

20 世纪 80 年代以来，针对高等教育大众化与高校数量增加所带来的高等教育质量下降的问题，联邦教育部经过调查，发布了《国家处在危险之中：教育改革势在必行》和《投身学习——发挥美国高等教育的潜力》两份报告，旨在提高高等教育的质量。《国家处在危险之中：教育改革势在必行》陈列了美国教育中现存的种种学生质量危机，要求提高学生质量，并提出了一些建议。《投身学习——发挥美国高等教育的潜力》指出，"由于目前许多美国人所受的教育还不足以发挥其潜力，接受高等教育的人数要增加，所占人口比例也要不断增加……但是若学院、社区学院和大学不能向学生提供高质量的专业计划，接受高等教育的人数再多也是没有意义的。真正的平等要求全体美国公民都能够接受高质量的高等教育"。在联邦政府和社会舆论的压力下，美国许多高校都采取措施提高教育质量。1991 年乔治·布什在《美国 2000 年教育战略》中要求以"新的世界

---

① 游振声、徐辉：《多样化推进：美国高等学校创业教育途径探析》，《比较教育研究》2010 年第 10 期。

标准"作为衡量学生及其学业成就的基准。乔治·布什责成高校与国家教育目标小组设计"全美成绩测验",用于大学新生的录取,以期美国高等教育达到国际标准化。1993 年克林顿总统签署了《2000 目标:美国教育法》。克林顿总统认为国家的职责就是让每一个美国公民拥有更多的受教育机会,他说:"展望未来,至关重要的一件事是保证每个公民拥有世界上最好的教育。这是我们目前在发展道路上必须跨越的一道最高的门槛,也是我在未来 4 年中最关心的头等大事。"小布什政府于2002 年初签署《不让一个孩子掉队法》,旨在提高美国公立中小学教育质量,使义务教育在新世纪上一个台阶,也为高等教育公平性提供前提保障。

三 欧盟高等教育改革与发展政策保障

欧共体 1974 年成立了第一个教育机构,与科学有机结合起来。1976年的欧洲行动计划中第一次出现了关于高等教育的措施,包括"联合学习计划""短期学习访问""教育行政人员计划"等。① 1987 年《欧洲单一法案》生效,该法案确立了教育在欧共体科技与人力资源技能和潜能方面的作用,成为欧洲制定教育政策的核心目标。1992 年签署的《欧洲联盟条约》从制度上规定了欧盟社会基金的权能范围,欧盟通过社会基金顺利介入和参与成员国的教育活动。欧盟委员会通过苏格拉底计划委员会和莱昂纳多计划委员会的辅助来实施及共同管理高等教育计划。② 1999 年《博洛尼亚宣言》强调"通过课程开发、校际合作、流动计划、整合学习计划、

---

① Hans de wit, European Integration in Higher Education: The Bologna Process Towards A European Higher Education Area, International Handbook of Higher Education (B) , Springer, 2006. 463 – 465.

② Treaty on European Union, http: //eur – lex. europa. eu/en/treaties/dat/11992M/htm/ 11992M.

培训和研究等措施，发展'欧洲维度高等教育'"。《博洛尼亚宣言》目前已进人第 10 个年头并取得了举世瞩目的成绩，先后召开了 6 次部长级会议，签署国达 46 个，在不同建设阶段明确了不同的目标，实施了以下高等教育的重大改革与创新：第一，改革欧洲高等教育体制。建立了本科、硕士、博士三层次结构的国际通用高等教育体系。第二，开辟欧洲高等教育区和研究区。把教育与研究相结合，把博士生培养纳入高等教育体系，作为继本科和硕士后的第三级体系。第三，建立并实施了欧洲学分转换累积系统与文凭补充。保证了欧洲学生的流动效率与就业率。第四，制定了欧盟质量保证（ENQA）、网络质量保证标准和方针，明确进程的定期评估制度。第五，建立了"欧洲高等教育质量保证注册机构"和协商论坛等。①

欧盟委员会发表声明，呼吁成员国加快高等教育体制改革，增强各国高校在教育、科研和创新等领域的自主权和责任感，从增加资金投入、优化课程设置、完善学历认证体系、密切学术界和企业界联系等 9 个方面实现欧盟高等教育体制的现代化改革。目前，欧盟至少有 4000 所高校 1700 万名在校大学生和 43.5 万名科研人员，如此庞大的教育和科研队伍，对促进经济增长和就业却未能发挥应有的作用。欧盟 57% 的 20～24 岁年轻人接受了高等教育，而这一比例在美国已经达到 81%，要缩小这种差距，欧盟需每年为每位大学生增加投入 1 万欧元。为使欧盟拥有"更为现代化的高等教育"，欧盟委员会制定了高校体制改革的优先领域，包括鼓励高校毕业生在企业或海外至少进行一学期的实习或学习、允许大学生使用国家贷款、吸引大龄学生进入高校以应对人口老龄化问题、重审各国学费和资助计划，保证优秀学生接受高等教育和从事科研工作的机会；改革高等教

---

① London Communique（EB/OL），http：//eo. europaeu/bology coredocument. lasso. 2007 – OS – 18.

育基金系统，促使高校自主筹措科研资金；给高校更多自主权等。①

此外，21 世纪伊始，欧盟以"里斯本战略"目标为核心，在高等教育领域出台了一系列政策：强调高等教育的重要作用；提出将欧洲大学办成具有世界参照意义的大学；进一步对外开放，提高欧洲高等教育的吸引力；实施"博洛尼亚进程"，协调欧洲高等教育系统；进行大学现代化改革；进一步提高高等教育的质量。这些政策的出台，一方面体现了欧盟希冀重塑其世界学术中心地位的主观愿望，另一方面反映出随着欧盟经济一体化的深入发展，客观上对高等教育领域的进一步合作提出了要求。②

三　日本高等教育改革与发展政策保障

日本的高等教育政策在推进高等教育事业发展方面成效显著，主要集中在财政经费政策，重点大学建设政策，私立大学政策，关于大众化、少子化、国际化的高教政策，研究生教育政策和终身教育政策等几个方面。具体而言，第一，高等教育财政经费政策。高等教育的发展离不开财政经费政策的支持和保障。日本国立高等院校的经费由国家负担，以租税为主要来源，另外还有学费、入学金、审查费和医院收入等学校自筹资金；公立高等院校的经费由地方政府负担，国家通过地方自治体会计制度向公立高等院校支付一定的补助金；私立高等院校的经费由学校法人负担，以学费为主要来源，并接受国家给予的经常费用补助金。③ 日本私立高等教育之所以能够获得巨大的发展，与日本政府的政策密不可分。政府经费资助是私立高等教育重要的经费来源。日本有对私立高等教育的补助金制度，

---

① http://www.ed.gov/.
② 赵叶珠：《新世纪欧盟高等教育改革与发展政策动向》，《高等教育研究》2011 年第 6 期。
③ 田志龙、秦惠敏：《日本教育财政政策对我国的启示》，《吉林教育》2007 年第 2 期。

政府向私立高校提供长期低息贷款，对私立高校法人在税收方面提供优惠政策。日本私立大学的学杂费保持较高水平，造成一些学生家庭经济负担沉重。① 第二，重点大学建设政策。20 世纪 90 年代日本开始实施重点大学建设政策。该政策经历了"研究生院重点化""TOP30""COE 计划"三个阶段，主要内容包括基地评审与经费配置。通过实施该项政策，一方面极大地提升了日本大学的竞争力，另一方面也加速了日本大学管理体制改革，使日本大学结构更趋合理，办学特色更加鲜明。② 第三，私立高等教育政策。日本政府出台的《私立学校法》明确了私立高等学校及其在国家经济发展中的作用。该法明确规定，国家承认私立高等学校的毕业证书，具有与国立、公立大学同等的效力。③ 国家政策的扶持是促使日本成为世界上私立高等教育发达国家的重要原因。第四，关于大众化、少子化、国际化政策。"日本高等教育大众化主要是由于国家采取了两项政策，即在国民所得倍增计划期间提出的增加招收理工科学生的政策，以及为适应人口高峰的到来而提出的大学扩大招生的对策。这两项政策对高等教育大众化进程起到了推动作用"。④ 高等教育大众化的实现是以初等、中等教育为基础，与经济发展水平相适应。如果高等教育发展大大超过经济发展的需求和接纳程度，就会带来严重的负面影响。日本的高等教育国际化政策有加强国际交流与合作、提高自身教育质量与国际竞争力、培养具有国际视野的人才的目的。除此之外，还是日本政治大国战略的重要内容，更是解决国内国际问题的有效途径。日本高等教育国际化政策经历了三个时期：缓慢发展时期（第二次世界大战后至 80 年代），蓬勃发展时期（80 ~ 90 年

---

① 张俊：《日本私立高等教育的经费政策及启示》，《科技广场》2009 年第 2 期。
② 胡炳仙：《日本重点大学建设政策：过程分析与启示》，《高等教育研究》2006 年第 8 期。
③ 安乔治：《日本高等教育改革最新研究动态》，《河北大学学报（哲学社会科学版）》2009 年第 6 期。
④ 斋藤谛淳：《文教行政にみる政策形成程の研究》，ぎょうせい，1984。

代），不断调整、充实与完善时期（90 年代至今）。① 第五，研究生教育政策。20 世纪 80 年代中期，日本的经济"泡沫"开始破灭，持续的不景气促使人们进行深刻反思。日本的高等教育由此进入了一个新的改革发展时期，而研究生教育改革则是其中的一个突出方面。大学审议会把研究生教育的调整和充实作为最优先的课题，相继出台了一系列政策和措施，提出到 2000 年研究生人数增加到 20 万人和到 2010 年增加到 30 万人的目标。在这些政策鼓励下，日本研究生教育事业在最近十多年得到了迅速发展，同时也引发了一些问题。②

四　澳大利亚高等教育改革与发展政策保障

澳大利亚高等教育政策经历了两次重大变化。第一次是从 20 世纪 80 年代中期以前高等教育被视为具有广泛的社会、经济和文化功能变化为 80 年代中后期开始强调高等教育规模扩张、市场化和竞争。第二次是从 2003 年开始，大学被视为全球高等教育市场中的商业竞争者，私有化改革和减少控制是至关重要的举措。③ 2003 年 12 月，澳大利亚联邦政府通过了《2003 年高等教育支持法案》，全面取代《1988 年高等教育拨款法案》。新的法案对 HECS 学费和助学贷款都进行了一些重要改革。在助学贷款方面，由联邦高等教育成本分担计划—高等教育贷款计划（HECS – HELP）取代原有的"高等教育成本分担计划"（HECS），并设立了两项新的贷款计划，即帮助公立和有资格的私立高等院校的全额付费学生的"全额自费—高等教育贷款计划"（FEE – HELP）和帮助希望在国外学习以取得学位的学生

①　王晓霞：《日本高等教育国际化政策的历史演进及其发展趋势》，《宁波教育学院学报》2004 年第 4 期。

②　熊庆年：《日本研究生教育改革十五年》，《学位与研究生教育》2004 年第 1 期。

③　Pick，D，"The Re-framing of Australian Higher Education"，*Higher Education Quarterly*，2006，60（3）：229 – 241.

的"海外学习—高等教育贷款计划"（OS – HELP）。澳大利亚联邦教育、科学和培训部在 2002 年 3 ~ 10 月对澳大利亚高等教育体系开展了一次全面的调查咨询和评估，最终发表了《高等教育站在十字路口》的调查报告。该报告指出，澳大利亚高等教育面临着来自内外的压力和挑战，现行的高等教育制度存在着若干问题。例如，高等教育成本显著增加，某些专业课程设置重复，而许多专业的学生人数又过少，高等院校中来自低收入家庭的学生比例较低，高等教育经费投入不足，等等。突出表现为在新的时代背景和发展目标下，联邦政府沿用 14 年的高等教育计划存在着一些问题亟待解决。针对调查评估所反映出的种种问题，澳大利亚联邦教育、科学与培训部于 2003 年 5 月发表了题为《大学支撑澳大利亚的未来》的研究报告，指出澳大利亚高等教育制度需要进一步自由化，赋予各高等院校更多的自主权，改革学生资助制度，确保获得高等教育的机会公平均等，同时加大对弱势群体的支持力度，鼓励各高等院校发展各自优势，积极鼓励多样化，等等。为此，联邦政府将在未来 10 年里追加高等教育投资 100 多亿澳元，其中 69 亿澳元用于完善高等教育体系，37 亿澳元用于满足新的学生助学贷款。为了更好地发挥高等教育对经济发展的促进作用，澳大利亚政府既增加对大学的投入，也放宽了大学的收入政策以增加其收入，同时对大学的控制也在逐渐加强，政府将高等教育改革纳入国家整体发展的欲望越来越强烈。①

　　随着高等教育国际化趋势的加强，澳大利亚成为主要的高等教育服务输出国之一，提高教学质量成为其增强高等教育国际竞争力的重要方面。由联邦政府、州与地方政府、大学、大学质量保证署、澳大利亚大学学历资格评定框架署五方组成一个质量保证机制，明确各方

---

　　① 田莉：《澳大利亚高等教育改革政策的发展趋势》，《外国教育研究》2005 年第 12 期。

职能，既分工又合作，在保持大学多样化的同时，实现更大程度的标准化和统一化。联邦政府负责向大学提供资金，公开大学调查报告，以此提升大学的质量。大学要向联邦政府提供质量保证计划和研究计划。州和地方政府根据有关规定负责所属大学的资格认定。[①] 大学负责自身的内部管理和质量保证。建立专门的校级保障机构、吸纳学生参与、引入外部评估主体和规范考核程序是澳大利亚高等教育建立内部质量保障体系的主要举措。[②]

此外，澳大利亚制定了较为完善的政策框架，为高等教育公平战略的实施提供了保障。该政策框架最大的特点是以六个"公平群体"（"贫困群体""女性群体""原住民群体""无英语语言背景群体""残疾人群体""农村和偏远地区群体代贫困群体"）为核心，为其提供更多接受高等教育的机会，并提高其所受教育质量。具体而言，第一，大学之间需要加强学分认可和互换进程；第二，各大学和就业、教育与培训部要开设多种项目为"公平群体"学生入学提供条件；第三，为六个"公平群体"的学生提供更有针对性的课程，使课程结构更灵活；第四，为这些学生提供必要的咨询服务和指导；第五，改革大学结构；第六，对学校所有教职员工进行公平意识与政策知识的教育。[③]

五　印度高等教育改革与发展政策保障

印度高等教育政策基本上是围绕印度经济建设和高等教育发展需要而制定的，许多政策既体现了对殖民时期高等教育传统的继承，也反映出对

---

① 侯威、许明：《澳大利亚高等教育质量保证机制概述》，《比较教育研究》2002 年第 3 期。

② 荣军、李岩：《澳大利亚高等教育内部质量保障体系的构建与启示》，《现代教育管理》2012 年第 6 期。

③ 黄艳霞：《澳大利亚高等教育公平政策框架简述》，《国家教育行政学院学报》2010 年第 7 期。

传统的改造和扬弃。1966 年印度教育委员会发表了关于印度教育发展 20 年远景规划的《教育与国家发展》，全面阐述了印度国家教育发展问题，其中包括大学教育的改革与发展，尤其是针对研究生教育和科学研究等问题提出了具体的建议。1968 年颁布的具有法律依据的《国家教育政策》，为印度高等教育发展的制度化、规范化和国际化提供了科学依据和法律保障。1978 年人民党公布的《印度高等教育发展的框架》，提出了高等教育发展计划，1979 年公布了发展各级各类教育的《国家教育政策草案》。20 世纪 80 年代，世界各国都在进行教育改革，印度也不例外。1985 年，联邦教育部提交了《教育的挑战——政策透视》，旨在反映印度教育现状，引起全社会关注教育改革。次年，印度政府又公布了经议会通过的以追求教育优质和教育机会平等为主导思想的《国家教育政策和实施细则》，这些政策的颁布与实施，对印度高等教育的发展和改革有很大影响。① 90 年代印度《国家教育政策修正案》及新的《行动计划》提出了"成立各邦高等教育咨询委员会发展自治学院，以及促进教师和学生流动"等措施。2005 年 6 月，印度政府成立了一个总理高级咨询机构——国家知识委员会（NKC）。NKC 的主要使命就是在国家核心领域（如教育、科学技术、农业、工业和电子政府等）帮助政府制定政策和指导实施。目前该委员会所颁布的报告已经成为印度高等教育改革与发展最重要的政策依据。这个时期高等教育政策主要是为配合印度经济社会从计划经济模式向市场化模式转变需要而制定的，许多政策是对原有的高等教育政策进行修订和调整，是针对印度高等教育领域出现的新现象和新情况而制定的新政策。②

---

① 戴妍、袁利平：《印度高等教育国际化的特点及趋势》，《比较教育研究》2010 年第 9 期。
② 施晓光：《印度高等教育政策的回顾与展望》，《北京大学教育评论》2009 年第 2 期。

印度政府自 80 年代以来就一直关注高等教育的质量问题。1986 年《国家教育政策》提出要正式成立一个鉴定委员会以进行强制的定期评价。1987 年成立的质量鉴定与评估委员会专门负责检查和鉴定高等教育的质量。该委员会将制定评估标准和方法并对高等院校及其课程计划进行分析和评价。印度政府于 90 年代成立了"私立高等学校认可委员会",以加强对私立学院的审查和认可工作。[1] 1994 年大学拨款委员会倡导建立了国家评估与认证委员会（NAAC），对高等教育机构和课程进行评定，帮助大学实现其目标，提升教学科研质量，并进行其他改革。NAAC 的主要任务是对高等院校进行评估和认证，对院校的教育质量进行评估。NAAC 虚心向其他国家学习，制定了适合印度国情的评估模式，并逐渐完善其评级体系。NAAC 制定了一个包括三个阶段的评估与认证过程：第一阶段是院校递交自评报告（院校按照先定的、公开的标准准备自评报告）；第二阶段是同行专家组实地考察，验证院校自评报告，同行专家组根据院校总的评分等级作出评估报告；第三阶段是 NAAC 根据同行专家组建议和公布的评估结果作出最后决定（院校总的评分等级和详细的评估报告），其有效期为 5 年。[2]

此外，实现高等教育大众化是印度政府提出的政策目标，目的在于改变印度高等教育发展的落后局面。印度政府提出高等教育体系扩张计划，加快高等院校建设速度，具体举措包括：第一，增加中央政府教育投入；第二，鉴于公共经费投入的有限性，鼓励大学寻找其他增加办学经费的途径；第三，扩大教师队伍，及时弥补因规模扩充而造成的师资力量不足。[3]

① 易红郡、王晨曦：《印度高等教育发展中的问题、对策及启示》，《清华大学教育研究》2002 年第 5 期。
② 郭斌：《印度高等教育外部质量保障——15 年发展的经验、问题及启示》，《现代教育科学》2009 年第 6 期。
③ 施晓光：《走向 2020 年的印度高等教育》，《中国高教研究》2011 年第 6 期。

第二节　国际高等教育政策保障机制的启示与借鉴

国际高等教育发展战略的关键在于协调好高等教育与政府、市场及学术权威三种力量的影响，在市场机制下完善内部治理结构，重构大学、政府与社会之间的关系，实现学术自治与学术自由。高等教育发展战略的部署与实施，只能通过国家高等教育政策的重新评估和学校的改革来实现。高等教育政策的最重要目标之一必须是使这些院校能够对社会的变革和发展适当地作出反应。[①]

一　以立足长远、谋求卓越为目标的高等教育经费投入机制

衡量一国政府对教育的"努力程度"的一个重要指标是其对公共教育的投资比例，相似地，我们可以用财政性高等教育经费占 GDP 的比例（以下简称"公共高等教育投资比例"）来衡量一国政府对高等教育的"努力程度"。[②] 发达国家的教育公共投入占 GDP 的比重为 5.1%，欠发达国家的教育公共投入占 GDP 的比重为 3.84%。[③] 基于此，各国政府都通过多种途径不断加大对高等教育的投入力度，提升高等教育经费的使用效率。以美国为例，美国联邦与州政府的教育经费投入，不管在比重上呈现怎样的此起彼伏，但在绝对金额上都保持了持续的增长。同时，美国十分强调教育立法，通过法律手段对高等教育进行宏观调节与控制。美国联邦议

---

①　弗兰斯·F.范富格特：《国际高等教育享策比较研究》，浙江教育出版社，2001。

②　岳昌君：《中国高等教育财政投入的国际比较研究》，《比较教育研究》2010 年第 1 期。

③　孙希波、邢爱国：《国外高等教育发展战略及对中国的启示》，《学术交流》2006 年第 5 期。

会制定了一些与高等教育有关的法案，而这些法案主要涉及联邦政府如何向高等学校提供财政资助、如何向大学生提供奖学金，以及重点发展哪些特定的学科。① 奥巴马政府寻求彻底改革，由学校主管，以填补贷款、赠款和奖学金不足的联邦柏金斯贷款，把其经费从 10 亿美元提高到 60 亿美元，并把参与学校从当前的 1800 所扩大到全国 4400 所大学院校，使获得贷款的学生增加 270 万人。奥巴马政府希望改变柏金斯贷款的分配模式，优先贷款给更贫困的学生，并奖励控制成本的学校。奥巴马提出的"美国机会税收优待计划"，主要着眼于帮助大学生减轻学费负担，但不提供无偿补助，而是要求受资助的大学生每年从事 100 个小时的无偿社区服务，达到此要求的学生的家庭可享受 4000 美元的退税优惠。这笔钱足以支付公立大学 2/3 的学费或大多数社区学院的全部学费。澳大利亚发布的《大学支撑澳大利亚的未来》要求澳大利亚高等教育制度进一步自由化，赋予各高等院校更多的自主权，改革学生资助制度，确保获得高等教育的机会公平均等，同时加大对弱势群体的支持力度，鼓励高等院校发展各自的优势，积极鼓励多样化，等等。为此，澳大利亚联邦政府将在未来 10 年里追加高等教育投资 100 多亿澳元，其中 69 亿澳元用于完善高等教育体系，37 亿澳元用于资助新的学生助学贷款。印度政府在《2020 年印度展望报告》中明确提出，增加中央政府教育投入，教育经费总投入 26200 亿卢比（约合 570 亿美元），比"十一"期间的 4200 亿卢比（约合 91 亿美元）增加约 5 倍。高等教育经费投入为 8500 亿卢比（约合 185 亿美元），其中普通类高等教育为 4644.9 亿卢比（约合 101 亿美元），技术类高等教育为 3855.1 亿卢比（约合 84 亿美元），

---

① 孙阳春、尹晓丽：《美国两级政府高等教育经费投入演变分析》，《教育与经济》2012 年第 3 期。

这样将使高等教育经费投入达到 GDP 的 1. 5% （整个教育经费达到 GDP 的 6%）。① 此外，高等教育投入机制的改革与创新也是世界各国高等教育改革的重要内容。以德国为例，德国自 20 世纪 90 年代中期开始便积极试行绩效拨款制这一独具特色的产出导向拨款制。与传统的“投入导向拨款制”不同，绩效拨款制依托于责任制、评价机制和经费划拨机制三者的联动和耦合。德国政府部门的拨款机构依据高等教育机构先前确定的行动目标及实际工作中的目标达成度对高等教育机构进行绩效评价，并依据评价结果进行拨款。绩效拨款具有两个显著的功能：其一，通过公开的绩效评价使得拨款过程和结果更为公开透明，拨款过程和方法更易于接受专业人员和公众的监督和检查；其二，通过将评价结果与拨款额度挂钩，发挥州政府的政策导向作用，有利于高等教育机构更好地适应政策要求。德国各州在推行绩效拨款制上不遗余力、特色纷呈，实现了德国高等教育经费使用效益的最大化，对德国高等教育发展的优质化产生了巨大的推动作用，这些政策举措值得我们思考与借鉴。②

二　以质量保障为核心的高等教育评估机制

全面提高高等教育质量是一项复杂的系统工程，涉及理念思路的更新、体制模式的创新、评价机制的引导、基础能力的保障、社会环境的营造等，必须以人才培养为核心，科学研究为基础，社会服务为方向，文化传承创新为引领，形成大学各项功能相互促进、相互支撑、办学质量整体提升的新格局。③ 在高等教育全球化、国际化的背景下，各国高等教育质

---

① Lal R. & Sinha G. N. , Development of Indian Education and Its Problems, Vinay Rakheja C/o R. Lall Book Depot, Meerut, 2007：193.

② 赵凌：《德国高等教育绩效拨款制透视》，《高教探索》2012 年第 1 期。

③ 刘延东：《提高质量是高等教育生命线要全力以赴》，http：//www. chinanews. com/edu/ 2011/08 - 15/3259524. shtml，最后访问日期：2011 年 8 月 15 日。

量保证体系呈现出一些共同的特征与走势。具体而言，第一，权力结构均衡化。高等教育质量保证中的三种基本力量（即国家权力、市场和院校自治）逐步走向相互制约与平衡。第二，质量保证主体多元化。以自我评估为核心的院校内部质量保证在整个高等教育质量保证中处于基础地位。国家将质量保证作为推进高等教育改革的政策工具和维持国家对高等教育影响力的重要手段。多种社会力量在高等教育质量保证中发挥日益重要的作用。第三，质量保证机构的专业化与系统化。在政府中枢决策范围之外建立一种相对独立的中介机构对高等教育实施质量监控的做法被越来越多的国家所采用。第四，质量保证内容：输入、过程、输出多个环节并重。高等教育的质量保证由内、外部保证两部分构成，院校内部质量保证主要是对院校教学、科研和社会服务状况进行自我评价，促使学校积极参与质量保证活动。[①] 外部质量保证多通过同行评议、雇主调查、学生反馈及新闻界排行等来评估学校的整体质量状况，尤其是学生的综合素质的评估。第五，质量保证程序与方法日趋成熟与稳定。通常按照"被评院校的自我评估—外部同行评价和专家现场访问—研究评估信息、作出评估结论—发表评估报告"的一般程序进行。事实上，英国、法国、美国等国高等教育质量评估与保障框架和运行机制显示，不同的高等教育体制、传统文化和社会背景对质量保障运行机制都会产生影响，院校内部自律为主、内外保障有机结合的模式是高等教育质量保障的发展趋势。[②] 例如，美国的《对领导能力的考验——规划美国高等教育的未来》就指出，为了保持较高的质量标准，高校应当建立一种机制，研究如

---

① 田恩舜：《从一元控制到多元治理：世界高等教育质量保证发展趋势探析》，《新华文摘》2007 年第 7 期。

② 林梦泉、常凯、巩乐：《国外高等教育外部质量保障框架的运行机制及其对研究生教育的启示》，《高等教育研究》2010 年第 10 期。

何满足社会的需求，对自身的实力、不足和机会进行系统分析，充分利用能够掌握的资源，不断改革和更新课程内容与教学方法，建立有效的评价机制及教师专业培训制度，最终促进学生学习能力的提升。

三　以多样性与多元化为特征的高等教育分类保障机制

由于高等教育的类别与层次不同，发展战略及保障机制需要有针对性地区别对待。多样性与多元化保障机制的关键在于高等教育的类型与层次的划分，关键在于如何依据合理的分类进行配套改革。菲利普·G.阿特巴赫就强调说："任何一个学术系统都是一座金字塔，在这一金字塔中有少数顶尖，为数众多的是服务于各种需要的其他高校。"[①] 联合国教科文组织的《国际教育分类法》中关于高等教育的分类，主要是根据人才类型和培养目标，将高等教育第 5 级的教育分为研究型、应用型、实用型三种类型，[②] 具体而言，一是具有较高学术水平和较强科研能力，教学与科研并重，本科教育和研究生教育并重的研究型大学；二是以教学为主，以本科生为主的一般高等学校；三是以培养应用型、技艺型人才为主的专科学校、社区学院和职业技术学院等。事实上，研究型大学也需要分层与分类，研究型大学实行分类指导、分层次管理是发达国家高等教育管理的一贯做法，不同类型、不同层次的高等学校有不同的分工，不同的发展目标、重点和特色，呈现出互补关系，彼此不可代替。[③] 美国卡内基教育分类法则主要是按照培养人才的层次、授予学位的高低进行分类。将全美高

---

① 菲利普·G.阿特巴赫：《比较高等教育——知识、大学和发展》，人民教育出版社，2001。

② 潘懋元：《高等学校分类与定位问题》，《复旦教育论坛》2003 年第 3 期。

③ 伯顿·克拉克：《探究的场所——现代大学的科研和研究生教育》，浙江教育出版社，2005。

等教育机构分为 6 类（或层次），分别为：①博士学位授予院校；②硕士学位授予院校；③学士学位授予院校；④副学士学位授予院校；⑤专门机构（指层次不太分明，集中于某一领域的教育机构，如宗教学院、军事学院等）；⑥族群学院及大学（指专为美国原住民提供高等教育及社区服务的机构）。① 美国高等教育尊重不同层次、不同类型院校的办学使命和发展目标，对高校进行分类评估。根据高校的实际情况和办学定位，分别采用审核、随机评估、认证等方式，实行全国性或区域性的质量评估。如在分类的基础上，对不同类别的院校选用不同的评估方式和指标体系，对高水平大学的质量目标、保障体系进行审核，对有一定办学历史和教学、科研实力的高校实行随机评估，对新办院校、独立学院、民办院校定期开展质量认证。此外，根据不同类型高校的特点，确定各不相同的评估周期。② 美国加州高等教育系统最显著和恒定的特点就是院校的层次性：第一层次的加州大学（UC）拥有 9 个校区，在校生人数超过 16 万，"重点进行研究生与专业教育"，是加州唯一的"由州政府资助的研究"学术实体，其中不乏伯克利分校、洛杉矶分校等世界顶尖级大学；第二层次的加州州立大学（CSU）是由独立学院融合而成的四年制高等教育系统，有 23 个分校，34 万名正式注册学生，重点进行本科学术教育及部分专业的硕士教育；第三层次的加州社区学院是最大、最混杂的中学后院校群，有 140 多万名学生，其职责是为不同需求的学生提供计学分或不计学分的课程和培训，进行多种形式的职业技术或通识教育。虽然加州高等教育系统本身并非十全十美，但它为公立高等教育系统树立起"规划型分类"的典型。这种分类通过法律约束或政府推动，建立起了对不同高等教育机构功能分化有指导

---

① 戴荣光：《美国〈卡内基高等院校〉2000 版简介》，《世界教育信息》2002 年第 10 期。
② 钟秉林、周海涛：《国际高等教育质量评估发展的新特点、影响及启示》，《高等教育研究》2009 年第 1 期。

性和约束力的规则与秩序。①

四 以改善内外部结构为基本要求的高等教育治理机制

在高等教育领域推行治理，已成为许多国家高等教育改革追求的目标。高等教育的治理，首先意味着政府的角色或功能将发生重大变化，政府不再是高等教育产品的唯一提供者，政府对高校的管理由"政府控制模式"向"政府监督模式"转变，在资源配置方面，将更多地引入市场机制，政府、学校和社会之间存在着权力的依赖和互动，它们之间的关系将发生重组。② 伯顿·R.克拉克认为，高等教育发展主要受政府、市场及学术权威三种力量的整合影响。③ 高等教育发展需要在市场机制下完善内部治理结构，重构大学、政府与社会之间的关系，实现学术自治与学术自由。高等教育治理意味着高等院校作出决策和采取行动所遵循的正式和非正式的安排，包括外部治理和内部治理两部分。内部治理结构主要是指大学内部利益相关者之间各种权力的分配、制约与利益实现的制度规定、体制安排和机制设计，集中体现大学管理的结构、运行及其规制的主要特征和基本要求。④ 大学内部治理首先需要制定大学章程，按照章程来实行治理，确定内部治理结构。内部治理要处理好高校内部学术力量与行政力量的辩证关系，充分尊重教授在治学中的重要作用，强调教授治学，营造学术自由的氛围，实行民主管理。高等教育外部治理的关键在于重构大学与政府、大学与社会的关系。政府和大学是两种不同性质的机构，大学不是

---

① 顾秉林：《国外大学的管理改革及其启示》，《中国高等教育》2007 年第 1 期。
② 盛冰：《高等教育的治理：重构政府、高校、社会之间的关系》，《高等教育研究》2003 年第 8 期。
③ 伯顿·R.克拉克：《高等教育系统：学术组织的跨国研究》，杭州大学出版社，1994。
④ 顾海良：《完善内部治理结构，建设现代大学制度》，《高等工程教育研究》2010 年第 3 期。

行政机构，不是政府的附属机构，具有办学的自主性。通过重构大学与政府的关系，政府不再垄断高等教育这种准公共产品，允许非政府部门和市场提供高等教育，政府、学校、社会应当进行合作、协商和谈判，以更好地提供高等教育准公共产品或服务。现代大学制度在重构大学与社会的关系方面，需要围绕两个基本问题展开：一是如何促进大学组织的高度社会化，使大学与社会之间形成有机的互动机制；二是如何解决好大学自身的发展逻辑与直接服务社会的冲突，确保大学的健康发展。①

五　以促进世界一流大学建设为主要标志的政策保障机制

世界一流的高水平大学是一个国家综合国力和科学文化水平的重要标志，在引领国家未来发展走向中发挥着关键作用，是国家核心竞争力的重要支撑，是国家强盛长久持续的巨大推动力，是提升国家软实力的重要依托。② 因此，许多国家都将建设世界一流大学作为国家战略，而各个大学自身也在为落实这一战略而付出努力。质量保证和追求卓越是世界一流大学至关重要的两个特性，世界银行高等教育负责人 Jamil Salmi 博士从世界银行的角度探讨了建设世界一流大学所面临的挑战。在对世界一流大学进行界定的基础上，他认为政府可以通过提高现有大学的质量、合并现有的大学和创建新大学等三种方法来建设世界一流大学，而大学自身则可以通过强有力的领导和制定大胆的策略愿景、有序建设和全球化等措施来创建世界一流大学。③ 世界一流大学建设需要考虑内外两个互为补充的层面。外部层面即政府层面，关注国家、州、省各级政府的作用，以及可以提供

---

① 盛冰：《高等教育的治理：重构政府、高校、社会之间的关系》，《高等教育研究》2003年第 3 期。

② 唐景莉：《高等教育：从"211 工程"到"2011 计划"——党的十六大以来教育改革发展成就述评》，《中国教育报》2012 年 10 月 26 日。

③ Jamil Salmi：《世界一流大学：挑战与途径》，上海交通大学出版社，2009。

给高校用于提升水平的资源；内部层面即学校层面，涉及学校为了实现创建世界一流大学的目标而进行的改革和采取的措施。

高水平大学一般是以知识的传播、生产和应用为中心，以产生高水平的科研成果和培养高层次精英人才为目标，在社会发展、经济建设、科技进步、文化繁荣、国家安全等方面发挥重要作用的大学。其中，研究型大学是高水平大学建设的主要组成部分，其建设需要从投入、运行、产出三个方面看，应该具有以下特征：第一，聚集着一流学术人才，吸引高质量的生源，有充足科研经费与完善的教学和研究设施；第二，给研究以较高优先地位，开展研究性教学，拥有一流学科和学科成长能力，并具有良好的氛围；第三，产出高水平的科研成果，培养高层次社会精英，促成高科技转移，促进高科技园区繁荣，构成国家创新体系的重要组成部分，具备很高的学术声誉和广泛的社会影响力。承担着培养政治、经济、文化、科技等领域领袖的重任。[1] 事实上，研究型大学位于高等教育系统的顶端，提供进入国际学术研究的可能性，产生对全球知识增长或本土经济都有利的研究成果。在发展中国家，研究型大学扮演着特殊的角色，对于该国或该地区高等教育系统的成功极为重要，是建设一流大学的必由之路。研究型大学的建设与可持续发展需要创建并保持学科团体，建立科研、教学与本国社会、企业之间的关系，促进文化和社会的发展并对其批判，采用本国语言研究和分析问题，培育新一代的科学家、学者和技术专家。[2]

---

[1]　朱振国：《如何建设研究型大学》，http：//news. sina. com. cn/c/2003 - 12 - 25/09321427765s. shtml，最后访问日期：2003 年 12 月 25 日。

[2]　菲利普·阿特巴赫：《世界一流大学：亚洲和拉美国家的实践》，上海交通大学出版社，2008。

第四章

建设"高教强国"背景下的高等教育改革与发展

人力资源强国的前提是教育强国，人才强国必先高等教育强国。在高等教育事业蓬勃发展的今天，由高等教育大国向高等教育强国转变，是中国高等教育发展的必然，也是不断完善我国现代化高等教育体系的需要。高等教育强国战略既是贯彻落实"科教兴国、人才强国"战略的具体措施，是加快建设小康社会的必然要求，也是增强我国自主创新能力和综合国力的必然要求。随着《国家中长期教育改革和发展规划纲要（2010～2020年)》的颁布，如何建设高等教育强国，必将会对中国经济社会尤其是教育的发展产生至关重要的影响。事实上，建设高等教育强国是一项极其复杂的系统工程，涉及为什么要建设高等教育、什么是高等教育强国、怎样建设高等教育强国等一系列理论与实践命题。"高教强国"作为一个多向量的综合性概念，不仅蕴含着深刻的数量关系和质量内涵，而且渗透着结构优化和功能耦合的内外部规定性，它的形成与发展离不开社会整体现代化的支撑，需要与政治、经济、文化、科技等社会子系统在功能耦合中互生共长和统合发展，要通过超循环运转来实现。①

第一节　建设"高教强国"的历史背景、
内涵特征及其现实意义

我国建设高等教育强国的背景是国家综合实力不断增强，国际地位不断提高，正在由人口大国、经济大国向世界强国迈进，但同时也面临错综复杂的国际国内环境和日益激烈的国际竞争。在国家"和平崛起"总体战

---

① 黎琳、李㝉鹰：《高等教育强国的基本特征与发生机制》，《现代大学教育》2009年第5期。

略目标的指引下，实施"科教兴国"和"人才强国"战略，提升核心竞争力，已经成为国家发展的关键任务。[①] 高等教育的改革与创新在社会发展中扮演着极为重要的角色，需要回应不同时期、不同地区社会生产力与上层建筑的人才需求，需要实现与地方社会的良性互动。因此，建设"高教强国"是全面实施"科教兴国"和"人才强国"战略的重要组成部分，也是顺应高等教育发展趋势的内在要求。

一　建设"高教强国"的历史背景

世界范围内的综合国力竞争，归根到底是人力资源的核心竞争力，是人才培养的规格与质量。正如人力资本经典理论学家舒尔茨所说："人类的未来不是预先由空间、能源和耕地所决定，而是要由人类的知识发展来决定。"[②]《2006～2007 全球竞争力报告——创建良好的企业环境》指出："国家的繁荣最终取决于竞争力，而竞争力则表现为一个国家借以利用其人力、资本和自然资源的生产力。"[③] 人力资源强国战略的核心在于全面提升国民素质、提高人才培养的规格与质量，高等教育的改革与发展在其中所起到的作用与发挥的社会价值不言而喻。然而，在国民整体素质与高层次人才竞争力的国际比较中，我们与世界高等教育强国的差距仍然十分明显。世界经济论坛（World Economic Froum，WEF）发布的《世界竞争力报告（2012～2013)》指出，"中国高等教育与培训"的国际竞争力持续不断提升，尤其在 2005 年以后，提升幅度较为显著。但是，"中国高等教育与培训"所涉及的 8 项具体指标的国际排名情况不容乐观、整体落后。我

---

① 陈学飞、沈文钦：《建设高等教育强国的背景与条件分析》，《中国高教研究》2011 年第 11 期。

② 西奥多·舒尔茨：《论人力资源投资》，北京经济学院出版社，1990。

③ 世界经济论坛：《2006～2007 全球竞争力报告——创建良好的企业环境》，经济管理出版社，2007。

国高等教育的发展水平与世界高等教育强国相比仍有相当大的差距。因此，全面建设高等教育强国既是我国高等教育从 "大发展" 迈向 "大提高" 的内在要求，也是缩小与世界高等教育强国之间差距的现实需求，更是实现人力资源强国建设目标的关键所在。

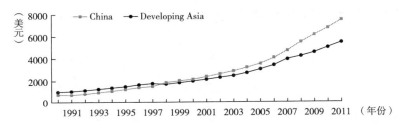

图 4 - 1 中国高等教育与培训的竞争力

表 4 - 1 中国高等教育与培训的排名情况

指标序号	指标名称	2010 ~ 2011 年排名	2012 ~ 2013 年排名	位次变化
5.01	中学教育入学率	92	90	2
5.02	高等教育入学率	88	79	9
5.03	教育系统质量	53	57	- 4
5.04	数学科学教育质量	33	33	0
5.05	管理学院质量	63	68	- 5
5.06	学校互联网接入	22	31	- 9
5.07	本地专业研究培训	50	55	- 5
5.08	职工培训范围	57	45	12

中国要实现人力资源强国建设目标，从人口大国转向人力资源强国，从经济大国转向经济强国，全面建设高等教育强国是基本的前提与保障。纵观世界一流强国，无不拥有体系完备、结构合理、规模与质量协调发展的高等教育。通过发展高等教育，全面提升综合国力和国际竞争力，已经成为当今发达国家和经济发展较快的发展中国家的既定国策。事实上，我国高等教育经历了 "积极发展" 阶段，高等教育规模扩大为我国奠定了建设高等教育强国的规模基础，而高等教育质量不断提升，科研成果不断涌现，为建设高

等教育强国奠定了坚实的质量基础。我国高等教育的改革与发展为现代化建设提供了强有力的人才支撑，奠定了我国从人口大国转向人力资源强国的坚实基础。① 因此，建设高等教育强国，既是新时期国家发展的重点战略决策，也是我国高等教育改革与发展的大势所趋与内在要求。

二 建设"高教强国"的内涵特征

高等教育强国是一个综合性概念，评价指标是系统而多元的，可以从高等教育的总体规模、普及程度、整体质量、开放程度、体制和制度、办学思想和观念和高等教育的数量、质量、结构、效益的协调性以及高等教育对经济社会发展的贡献程度等综合指标来理解和判定。周远清提出，建设高等教育强国要从规模、质量、结构、效益、思想五个方面来努力。② 陈至立提出，高等教育强国建设方向应从高等教育的布局、层次、类型和学科结构优化，质量全面提高，有国际竞争力的教学科研队伍、世界一流大学和重大影响科研成果、一流高等教育服务、一流高校管理等方面努力。③ 清华大学校长顾秉林认为，要把我国建设成高等教育强国，就必须搞清楚高等教育强国的基本特征。第一，应该拥有较大的高等教育规模，较高的高等教育普及率。第二，高等教育体系应该形成适应经济社会发展需求的良性结构。第三，高等教育的总体质量应该居于世界领先行列。第四，要有一批高水平大学跻身世界优秀大学的群体。第五，要产生具有世界影响力的办学理念和办学模式。④ 四川大学校长谢和平认为，"高等教育

---

① 周其凤、王战军、郭樑、翟亚军：《研究型大学与高等教育强国》，科学出版社，2009。
② 周远清：《建设高等教育强国：应对全面建设小康社会》，《清华大学教育研究》2003 年第 5 期。
③ 陈至立：《以提高质量为核心，加快从高等教育大国向高等教育强国迈进》，《中国教育报》2007 年 12 月 28 日。
④ 顾秉林：《研究型大学在建设高等教育强国中的使命和作用》，《中国高等教育》2008 年第 1 期。

强国必须是高等教育普及程度很高的国家；具有很高的办学质量；具有若干所世界一流大学和一批高水平大学作为国家教育体系的骨干支撑；高等教育对经济发展和社会进步具有很高的贡献率；有很强的国际吸引力；有一个强有力的教育保障体系"。[1] 还有些研究者提出了高等教育强国显著成效指标：若干所世界一流大学，一批在国际上有影响力的大学；一批占领世界学术前沿的重点学科；一批在国际科教舞台上具有竞争力、在世界科技教育发展前沿工作的专家和企业家；一批能在国际舞台上发挥作用的专家、活动家；高校在知识科技创新及成果转化中有很强实力，为国民经济和社会发展做出突出贡献；高等教育普及率达到 40% ~ 50%，每百万人口中的科学家和工程师达到 3000 人。[2] 总体而言，建设高等教育强国是加快从教育大国向教育强国、从人力资源大国向人力资源强国迈进的重大战略部署和国家行动，其战略转变的关键在于创新型人才培养的规模与质量、科学研究和社会服务的层次与水平。围绕创新型人才培养、科学研究和社会服务整体水平的全面提升，建成一批国际知名、有特色、高水平的高等学校，若干所大学达到或接近世界一流水平；建设一批高水平学科专业，建设一批高水平创新平台（大学科技园和专业园、重点实验室、工程技术研究中心、产学研平台和科技创新平台），建设一批高水平人文社科基地，培育一批以高水平领军人才为核心的创新团队；高等教育国际化水平不断提升，国际竞争力显著增强，促进国家综合实力和竞争力的整体提升。

事实上，建设高等教育强国是我国人力资源强国、人才强国和创新型国家的必然要求，意味着我国高等教育发展战略的重大转变，即由重点建

---

① 《建设高教强国：新起点的时代命题——教育部直属高校工作咨询委员会第 18 次全体会议综述》，《中国教育报》2007 年 12 月 24 日。

② 中国高等教育改革与发展网，2008 年 11 月 11 日。

设向全面发展战略的转变。① 所谓全面发展战略，就是要建立世界一流的现代高等教育体系，推进研究型大学与教学型高校、高等职业技术院校的协调发展，推进全日制高等教育体系与继续教育、终身教育的协调发展，推进区域高等教育的协调发展，推进中央高校与地方高校的协调发展，实现高等教育的全面腾飞。此外，在我国经济区域化格局日益清晰、高等教育与经济一体化发展趋势日益明显的背景下，以高等教育区域中心建设为载体，充分发挥其资源集聚、资源辐射、资源配置与协同发展的功能，打造与国家经济发展区域大格局相适应、相匹配的高等教育区域空间新布局，是实现高等教育整体发展、建设高等教育强国的重要途径和载体。②

就"高教强国"的战略内涵而言，高等教育一头连着社会进步，一头连着个人发展。理想的高等教育是能够在个人资质的基础上使每个人都得到最佳的发展，而这种个人的发展又是社会所需要的。因此，建设"高教强国"和"人力资源强国"，办人民满意的大学教育，就需要在个体发展和社会发展之间寻求一种和谐，这种和谐的前提就是高等教育事业的科学发展，即内涵发展、全面发展、均衡发展、特色发展。高等教育事业科学发展的关键是教育质量的全面提升、教育公平的全面实现、教育水平的不断超越。有质量的高等教育人民才会满意，公平的高等教育人民才会满意，追求卓越的高等教育人民才会满意。没有"教育质量、教育公平和教育的卓越追求"，如何建设"高教强国"和"人力资源强国"。因此，"质量、公平、卓越"应该是我们实现教育事业科学发展的关键词，这就要求我们深入贯彻落实科学发展观，全力推动高等教育事业的协调发展、内涵

---

① 李立国：《从一流大学到高等教育强国：我国高等教育发展战略的转变》，《复旦教育论坛》2010 年第 3 期。

② 魏小鹏：《高等教育强国目标下的高等教育区域中心建设》，《中国高教研究》2010 年第 8 期。

发展、特色发展、创新发展、开放发展和可持续发展，更好地发挥高等教育人才培养、科学研究、社会服务和文化传承创新的四大功能，为国家现代化建设事业提供强有力的人才保障和智力支撑。坚持走内涵式发展道路，要求高等学校切实转变发展观念，树立科学的质量观，把人才培养作为根本任务和首要职责，把人才队伍作为持续发展的第一资源，把质量特色作为竞争取胜的发展主线，把国家战略需求和区域经济社会发展需要作为创新发展的动力源泉，把学科交叉融合作为品质提升的战略选择，把产学研结合作为服务社会的必然要求。

此外，随着经济全球化空前高涨，高科技知识日新月异，综合国力竞争日趋激烈。在我国从人力资源大国迈向人力资源强国的新世纪，如何培养具有创新精神和创新能力的各方面领军人才，这不仅关系到国家发展的根本性战略，也是建设高等教育强国的客观要求。[①] 因此，将我国建设成为高等教育强国，应该以培养创新人才为中心，以大力加强人文教育和学术教育为"两翼"，在中国教育的历史中寻找人文教育之根，同时积极吸收西方学术教育的文化资源，以世界文明成果丰富我国大学教育理念。[②] 在创新型人才培养的前提下，实现从教育大国向教育强国转变、从人力资源大国向人力资源强国转变，规模是基础，质量是关键。追求规模、搞外延扩张而对教育质量重视不够，成为我国教育事业科学发展面临的突出问题之一。对于高等教育而言，提高质量是立足我国现代化建设阶段性特征和世界教育发展潮流提出的深刻命题，是当前我国高等教育改革发展最核心、最紧迫的任务。[③]

---

① 刘献君、周进：《建设高等教育强国：六十年的理念变迁及其启示》，《高等工程教育研究》2009 年第 5 期。

② 周光礼：《走向高等教育强国：发达国家教育理念的传承与创新》，《高等工程教育研究》2010 年第 3 期。

③ 《跨越式发展向教育强国迈进——论十六大以来中国的教育改革与发展》，《人民日报》2012 年 10 月 18 日。

三　建设"高教强国"的现实意义

建设高等教育强国是建设人力资源强国的本质要求，是国家发展的重要战略任务，是教育强国的重要特征，是大国崛起、民族复兴、实现"中国梦"的现实需要。国家强盛、民族复兴的关键在于高质量的人才培养和智力支持，高等教育的发展必然会促进国家的强大与民族的振兴。究其原因，高等教育具有人才培养、科学研究、社会服务和文化创新等多项功能与使命，高等教育质量与水平直接影响着一个国家的繁荣富强，影响着国家的核心竞争力。高等教育事业的持续健康发展能够推动社会的政治文明、经济与文化繁荣。因此，我国高等教育事业的持续健康发展既是国家重大发展战略的重要组成部分，同时也需要我们在国际视野下立足高等教育改革与发展的现状、问题、机遇和挑战，明确自身的发展战略与举措，实现"高教大国"向"高教强国"的重大转变。

建设高等教育强国是重要的历史转变，是为知识经济社会的到来奠定基础。应根据当前我国社会发展的基本国情和高等教育改革与发展的实际状况，全面加强和落实"高教强国"的各项战略举措，实现我国高等教育事业的持续健康发展。在全面建设小康社会的历史进程中，我国正在实施创新型国家建设战略与人力资源强国战略。到 2020 年，经济增长的科技进步贡献率要从 39% 提高到 60% 以上，全社会的研发投入占 GDP 比重要从 1.35% 提高到 2.5% ;① 对外技术依存度降低到 30% 以下，本国人发明专利年度授权量和国际科学论文被引用数均进入世界前 5 位。② 国家战略的

---

① 《胡锦涛在全国科学技术大会上的讲话》，新华网，2006 年 1 月 9 日。
② 《国家中长期科学和技术发展规划纲要（2006～2020）》，新华社，2006 年 2 月 9 日。

实施，需要大量的高素养人才，而高等教育正是培养高素养人才的基本途径，高等教育发展必须由大到强。① 1999 年时任教育部副部长的周远清在接受《中国高等教育》记者采访时首次提出"建设高等教育强国"，并指出建设高等教育强国，须强化"三个意识"，即素质意识、国际意识和改革意识。② 党的十六大以来，我国高等教育在规模上实现重大突破，建立了世界上最大规模的高等教育体系，实现了高等教育的大众化，为更多的城乡青年提供了接受高等教育的机会，同时以"211 工程""985 工程"和"2011 计划"为抓手，通过重点建设带动高等教育整体质量的全面提升，加快了我国由人口大国向人力资源强国转变的步伐。2007 年 12 月，国务委员陈至立在《加快向高等教育强国迈进的步伐》中明确提出，"要加快从高等教育大国向高等教育强国迈进"。伴随着经济的快速发展和持续十年的高等教育扩招，我国已经成为世界高等教育大国，其标志就是我国高等学校在校生规模已经跃居世界第一。③ 2007 年中国高等教育的毛入学率达到 23%，进入世界上公认的高等教育大众化的阶段。④ 南京、上海、北京的高等教育毛入学率都超过 50%，成为全国率先进入高等教育普及化阶段的城市。⑤ 高等教育大众化是成为高等教育强国的基础和条件，如何实现"由大变强"，已经成为我国高等教育发展战略的必然选择。综上所述，建设高等教育强国对于社会主义现代化建设，提高综合国力与国际核心竞争力，实现中华民族伟大复兴的"中国梦"具有重大的战略意义。

---

① 苏竣、薛二勇：《快迈向高等教育强国的步伐——中国建设高等教育强国路线图研究》，《中国高教研究》2010 年第 4 期。

② 思华：《建设高等教育强国——教育部副部长周远清访谈》，《中国高等教育》1999 年第 17 期。

③ 邬大光：《建设高等教育强国的战略意义》，《教育发展研究》2008 年第 19 期。

④ 中华人民共和国教育部：《教育部 2007 年全国教育事业发展统计公报》，《中国教育报》2008 年 5 月 5 日。

⑤ http：//www.educhn.net2008/03/23.

然而，在高等教育强国建设的历程中，我们依然面临着许多难题与挑战，如在高等教育体制改革中如何转变政府职能、扩大高校办学自主权，在高等教育的结构布局调整中如何优化学科专业设置、克服高等学校趋同化现象，在高等教育教师队伍建设中如何加强中青年教师的培养和发展、形成大师级的领军人物和高水平教学科研团队，在高等教育质量建设中如何培养拔尖创新人才、培养具有实践能力的复合型人才，在高等教育科研工作中如何实现"政产学研"的有机结合、实现教学与科研的融合共生等。

第二节　建设"高教强国"背景下的高等教育改革举措

一　中国特色的高等教育理论体系建设及其改革实践

构建中国特色高等教育思想体系是我国高等教育迈向新的发展阶段的必然要求，也是我国高等教育理论研究领域为之奋斗的目标。纵观世界高等教育发展的历史，世界高等教育中心的转移都起源于高等教育理念的创新，教育理念作为高等教育改革发展的先导，其所起到的引领作用是推动高等教育强盛的前提性因素。[①] 经过一个多世纪的发展，我国高等教育已经形成了一些自己的特点和教育思想，如非常重视产学研结合、高度重视本科教育、有中华民族的优秀文化传统、有明确的教育方针等。除了素质教育，这些思想和理念都是值得我们探索、总结、提炼的，建立中国特色高等教育理论体系的条件已经具备，我们要发扬这些特色，树立信心，博采各国所长，吸收成熟经验，高校领导、教育专家也应把研究和探索具有

---

① 王小梅：《构建中国特色高等教育思想体系的实践探索》，《中国高教研究》2011 年第 8 期。

中国特色的教育理念和教育思想作为自己应尽的责任，加速中国特色高等教育发展道路的探索，加速中国特色的高等教育理论体系的探索、研究和建立。① 刘延东同志在 2010 年 7 月教育部直属高校工作咨询委员会第 20 次全体会议上强调，要加快建设中国特色现代高等教育。我们党的指导思想是中国特色社会主义理论体系，我们坚持的是中国特色的社会主义道路，所以我们的高等教育应该是中国特色的高等教育。范文曜研究员结合《国家中长期教育改革和发展规划纲要 （2010～2020 年）》深刻地阐述了 "中国特色高等教育思想体系" 的内涵：第一，中国特色高等教育思想体系，是具有一定引领作用的思想体系，应当充分反映经济社会发展方向。中国特色高等教育思想体系的建设与完善需要回应建设创新型国家、推动新兴经济与产业发展、提升人力资源发展水平、缩小区域发展差距、促进社会公平正义等方面的现实问题。第二，中国特色高等教育思想体系，应当具有国际视野，反映教育规律，应是一种开放包容的思想体系。中国特色高等教育思想体系应当积极吸纳国际高等教育发展的有益经验，体现因地制宜、多样发展的理念，加强对教育发展规律的把握，建立一种开放包容的思想体系。第三，中国特色高等教育思想体系，应当是新中国 60 年和改革开放 30 年优秀传统的继承和发扬，是中国元素鲜明的思想体系。中国特色高等教育思想体系应当在巩固已经取得的成绩和总结成功经验的基础上，形成适应中国国情的发展理念和中国特色的发展道路。第四，中国特色高等教育思想体系，应当随着国家现代化进程而有所发展和创新，是不断发展和前进的思想体系。② 事实上，构建中国特色高等教育思想体系既是

---

① 马海泉、吕东伟、周远清：《加速构建具有中国特色的高等教育思想理论体系——访中国高等教育学会会长周远清》，《中国高等教育》2006 年第 9 期。

② 范文曜：《更新发展理念构建中国特色高等教育思想体系》，《中国高教研究》2010 年第 12 期。

"高教强国"战略的学理探讨，也是"高教强国"战略的本土化探索，更是全面建设"高等教育强国"和"人力资源强国"的"头脑风暴"与"路径指引"。

二　全球化、国际化视野下的高等教育"扩大开放"

在全球化、国际化和信息化的发展背景下，建设高等教育强国，需要不断提高我国高等教育的对外交流与合作水平，通过推进高等教育的国际化发展，全面提升我国高等教育的质量与水平，增强高等教育的影响力和世界竞争力。尤其是进入新世纪以来，发达国家的高等教育机构以强劲势头进入我国市场，我国面临着来自发达国家高等教育与人才竞争的全面挑战。这对我国高等教育的发展既带来了压力，但也提供了机遇。在高等教育国际化进程中如何探索和坚持中国道路？如何弘扬、提升本民族文化，并向世界展示本民族文化，同时防止故步自封的保守思想和狭隘民族主义，这都将对我国高等教育的改革开放、我国高等教育政策的制定和调整产生重要影响。[1] 作为我国对外开放的重要组成部分，如何在高等教育领域拓展对外开放的广度和深度，提高高等教育现代化水平及其发展质量和效益，这是高等教育对外开放面临的新课题。高等教育的全球化与国际化，就是要加强国际高等教育的交流与合作；积极向各国开放国内教育市场，并充分利用国际教育市场；在教育内容、教育方法上适应国际交往和发展的需要；培养有国际意识、国际交往能力、国际竞争能力的人才。[2] 基于此，我们要站在全球视野的高度，坚持推进高等教育的"扩大开发"

---

① 王小梅：《构建中国特色高等教育思想体系的实践探索》，《中国高教研究》2011 年第 8 期。

② 王革、申纪云：《经济全球化与高等教育——2001 年高等教育国际论坛文集》，湖南师范大学出版社，2006。

发展战略。具体而言，第一，加强人才培养的国际交流与合作，提高我国高等学校人才培养质量。学习和借鉴国外先进教学理念、教学制度、教学模式、教学内容和方法，充分利用国际优质教育资源，提高我国人才培养水平。推进与国际知名大学联合培养本科生、研究生的工作，积极鼓励和支持我国学生到境外学习或实习，让更多的学生获得境外学习经历。加大对来华留学生的资助力度，设立面向境外的国家奖学金，吸引境外优质生源，优化生源国别结构，扩大来华留学生规模，并不断提高攻读学位留学生的比例。第二，加强科学研究的国际交流与合作，充分利用优质国际科研资源。支持高等学校参与全球或区域性的双边、多边科研合作计划和人员交流，及时把握科学研究前沿，分享先进的研究开发条件和最新科研成果。培养在国际学术舞台上更具竞争力的中国学者，扩大中国学者在国际学术交流中的影响。面向国家重大需求领域，持续选派高层次人才到境外高水平教育和科研机构进行学术交流和科研合作。设立面向境外的科研项目，吸引境外优秀人才来华开展高水平的科学研究。第三，鼓励我国高校与境外大学强强合作。营造互惠互利的环境，鼓励在优势学科和研究领域与境外大学开展教学、科研方面的国际交流与合作。有针对性地向世界各国的名校、名实验室、名导师派出留学人员，借鉴国外先进的办学经验。第四，加大吸引优秀留学人员学成回国的力度。加强文化交流与合作，促进文明对话和思想交流。充分发挥高等学校在国际文化交流中的桥梁作用，积极扩大高等学校与各国的文化交流，吸收国外优秀文化成果。推动高校优秀成果走向世界，传播中国优秀文化，提升中国文化的国际影响力。

三　高等教育的结构优化及其政策保障

结构优化、类型多样是当前高等教育结构性调整的基本战略之一。在高等教育大众化的发展背景下，我国高等教育结构，无论是层次结构、科类结构，还是布局结构，都发生了深刻变化。高等教育扩招以后，适龄人口的毛入学率、普通高校的机构数量、普通高校在校生数量、高等网络教育在校生数量等开始急速增长。我国高等教育在快速发展过程中也暴露出一系列的结构问题，如高等教育资源地区分布问题、高校对区域经济发展的支撑力度问题、社会需求与学科专业建设问题、人才培养的关系问题、高等教育机会公平问题等。这些问题的产生，一方面是我国经济社会、科学技术的快速发展与高等教育自身的周期性、滞后性等特点共同作用的结果；另一方面也体现出我国大学、政府、市场之间的协调机制还没有健全和完善。高等教育结构问题已经成为制约和影响我国高等教育改革与发展的根本性问题。[①] 高等教育的结构布局需要进一步调整，学科专业设置不适应经济社会发展需要的状况亟待改变，高等学校办学模式单一、趋同化的问题迫切需要解决。因此，高等教育结构的优化需要应对高等教育大众化、市场化的发展趋势，处理好规模与质量的辩证关系，实现层次结构、科类结构和布局结构等方面的均衡发展与可持续发展，并克服同质化的发展误区，实现多元、合理的高等教育结构性调整与优化战略。具体而言，第一，稳步扩大高等教育规模。到2020年，高等教育在学人数年均增长率控制在2%以内，在学总人数达到3360万人左右，毛入学率达到40%；其中，研究生在学人数达到190万人左右，普通本、专科生在学人数达到2750万人左右，其他高等学历教育的在学人数达到420万人左右。第二，优化高等教育结构布局。优化层次结构，大力发展高等职业教育，稳步发展本科生和硕士研究生教育，相对稳定博士研究生教育规模，积极发展专业学位研究生教育。优化科类结构，根据国家经济社会

---

① 中国高等教育改革与发展网，2008年11月11日。

发展需要和科学技术发展趋势调整专业设置和学科布局。优化区域布局,支持西部和中部高等教育发展,重视长三角、珠三角、环渤海等主体功能区发展对高等教育的新需求,促进高等教育与区域经济社会协调发展。加强区域间高等教育协作和高等学校间的合作,提高高等教育整体水平。第三,积极探索普通高等学校的分类管理与分类发展的新机制。加强对高等学校的分类指导和管理,引导高等学校科学定位、分类发展、办出特色、办出水平。

四 高等教育质量与水平双重提升及其政策保障

胡锦涛总书记在庆祝清华大学建校 100 周年大会上发表了重要讲话,明确提出全面提高高等教育质量的战略思路。全面提高高等教育质量,必须大力提升人才培养水平,增强科学研究能力,服务经济社会发展,推进文化传承创新。把文化传承创新作为基本任务之一,是对大学功能认识的新发展。《国家中长期教育改革和发展规划纲要 (2010～2020 年)》也明确指出,把提高质量作为教育改革发展的核心任务。树立科学的质量观,把促进人的全面发展、适应社会需要作为衡量教育质量的根本标准。树立以提高质量为核心的教育发展观,注重教育内涵发展,鼓励学校办出特色、办出水平,出名师、育英才。建立以提高教育质量为导向的管理制度和工作机制,把教育资源配置和学校工作重点集中到强化教学环节、提高教育质量上来。"质量与水平的双重提升"也是今后一段时期我国高等教育改革与发展的战略重点。我国高等教育在经过多年的快速发展之后,实现了历史性的跨越,进入了高等教育大众化阶段。然而,要实现高等教育"质"的飞跃,还需要紧紧抓住"质量与水平"这个核心问题。长期以来,我国在提高高等教育质量方面做出了不懈努力,并取得了较大的发展成就。但是,相比世界其他高等教育比较发达的国家,我国高等教育的总体发展质量和发展水平仍然明显偏低。① 因此，我们需要立足于人才培养模式的改革与创新，在教学与科研活动中，不断提升高等教育的质量与水平。事实上，高等教育质量是一个多维概念，涵盖高等教育的所有功能和活动，教学与学术研究、学生和教职工、设施和学术环境等。② "质量与水平的双重提升"战略需要体现在高等教育的课程教学实践、科学研究、社会服务、师资队伍建设、高校信息化及校园文化建设等多方面，切实将高等教育质量工程与日常工作有机结合。

五　建设高水平大学及其政策保障

建设高等教育强国、高水平大学是一项长期而艰巨的任务，需要站在国家发展与现代化建设全局的战略高度，深刻认识高水平大学在社会经济发展中的重要地位和关键作用。胡锦涛在庆祝清华大学建校 100 周年大会上强调要以重点学科建设为基础，以体制机制改革为重点，以创新能力提高为突破口，加快建设世界一流大学和高水平大学进程。要坚持改革创新，鼓励重点建设高校成为知识创新的策源地、深化教育改革的试验田、扩大开放的桥头堡。这既是我国发挥制度优势，建设人才强国、创新型国家的战略选择，也提出了全面提高高等教育质量、建设一流大学的新思路。《国家中长期科学和技术发展规划纲要（2006～2020年）》也明确提出了建设创新型国家的发展战略，认为加快建设一批高水平大学，特别是一批世界知名的高水平研究型大学，是我国加速科技创新、建设国家创新体系的需要。这就确立了高水平大学在人才强国战略和建设创新型国家战略中的重要地位和作用。③ 2006 年 1 月 9 日，国家主席胡锦涛在全国科技

---

① 中国高等教育改革与发展网，2008 年 11 月 11 日。
② 邬大光：《中国高等教育大众化问题研究》，高等教育出版社，2004。
③ 陈丽萍：《高水平大学建设的国家战略及其政策分析》，《高校教育管理》2009 年第 1 期。

大会上宣布了中国到 2020 年建成创新型国家的目标：到 2020 年，经济增长的科技进步贡献率从 39% 提高到 60% 以上，全社会的研发投入占 GDP 比重从 1.35% 提高到 2.5%。胡锦涛主席进一步指出，建设创新型国家需要发展创新文化、培育创新精神、创造良好的创新环境、培养造就富有创新精神的人才队伍。我国提出的用 10 多年的时间建成创新型国家的目标，决定了我国必须采取不同于其他创新型国家建设道路的战略选择，其中快速拥有能够培养高素质创新人才，覆盖科学技术前沿，鼓励自主探索和自主创新，为经济社会发展提供全方位、高质量服务的一定数量的高水平大学，既是现实的需要，也是有效的政策选择。

事实上，20 世纪末，国家就已经提出建设高水平大学的发展战略，并从政策倾斜、制度保障和经费支持等多方面创造条件。"建设一批国际知名的高水平大学"是一个循序渐进、前后一贯的发展过程，经历了"重点大学建设""国家重点项目建设""985 计划""211 工程"等发展阶段，其共同特征是以政府为主导，站在国家发展战略的高度而提出的。[①] 建设高水平大学是一项艰巨而复杂的系统工程，需要巨大的资源投入。面临高水平创新人才相对不足、国家财政投入仍然有限的客观实际，我们需要继续坚持以改革创新求发展的基本工作思路，把制度创新作为高水平大学建设的强大动力，不断明确高水平大学建设的内涵和基本要求，着力在提高质量、突出特色、加强管理上下功夫，全面推进高水平大学建设步伐。具体而言，第一，以重点学科建设为基础，继续实施"985 工程"和优势学科创新平台建设，继续实施"211 工程"和启动特色重点学科项目。第二，统筹并优化高等教育的结构和布局，既抓住一流大学建设的重点，又引导各个高校科学合理定位，办出特色，相互促进。第三，改进管理模式，引

---

① 陈丽萍：《高水平大学建设的国家战略及其政策分析》，《高校教育管理》2009 年第 1 期。

入竞争机制，实行绩效评估，进行动态管理。鼓励学校优势学科面向世界，支持参与和设立国际学术合作组织、国际科学计划，支持与境外高水平教育、科研机构建立联合研发基地。第四，培养一批拔尖创新人才，形成一批世界一流学科，产生一批国际领先的原创性成果，为提升我国综合国力贡献力量。

六　高等职业技术教育改革发展及其政策保障

高等职业教育是我国高等教育体系中不可或缺的重要组成部分，承载着为各行各业培养中高级专业技术人才的重任。在整个高等教育体系中占据着"半壁江山"的高等职业教育发展得如何，不仅关系到高等教育自身的发展，而且关系到我国经济社会和谐、稳定、快速发展的大局。2006年，教育部颁发的《关于全面提高高等职业教育教学质量的若干意见》明确提出，"高等职业教育作为高等教育发展中的一个类型，肩负着培养面向生产、建设、服务和管理第一线需要的高技能人才的使命"。文件第一次明确提出，高等职业教育是高等教育的一种类型，而不是一个层次，这是我国高等职业教育发展战略指导思想的一次重大转变。[①]《国家中长期教育改革和发展规划纲要（2010～2020年）》也明确提出，到2020年，形成适应经济发展方式转变和产业结构调整要求、体现终身教育理念、中等和高等职业教育协调发展的现代职业教育体系，满足人民群众接受职业教育的需求，满足经济社会对高素质劳动者和技能型人才的需要。《教育部关于推进中等和高等职业教育协调发展的指导意见》则进一步明确了高等职业教育的发展战略举措。具体而言，第一，以科学定位为立足点，优化职业教育层次结构。体现终身教育理念，坚持学校教育与各类职业培训并

---

① 中国高等教育改革与发展网，2008年11月11日。

举、全日制与非全日制并重；树立系统培养的理念，坚持就业导向，明确人才培养规格、梯次和结构；高等职业教育是高等教育的重要组成部分，重点培养高端技能型人才，发挥引领作用。完善高端技能型人才通过应用本科教育对口培养的制度，积极探索高端技能型人才专业硕士培养制度。第二，以对接产业为切入点，强化职业教育办学特色。遵循经济社会发展规律和人的发展规律，统筹高等职业教育发展重点与节奏，整合资源，优势互补，合作共赢，强化职业教育办学特色，增强服务经济社会发展和人的全面发展的能力。第三，以内涵建设为着力点，整体提升职业学校办学水平。高等职业教育要以提高质量、创新体制和办出特色为重点，优化结构，强化内涵，提升社会服务能力，努力建设具有中国特色、世界水准的高等职业教育。第四，强化政府责任，加强统筹规划管理。省级政府相关部门应加大对区域内职业教育的统筹，支持和督促市（地）、县级政府履行职责，促进职业教育区域协作和优质资源共享。第五，加大投入力度，健全经费保障机制。高等职业学校逐步实现生均预算内拨款标准达到本地区同等类型普通本科院校的生均预算内经费标准。第六，重视分类指导，促进学校多样化发展。依据专业人才培养的特殊需要，高等职业学校可申请适当延长或缩短基本修业年限，毕业证书应对生源、学制、学习渠道、培养地点等给予写实性描述等。

第五章

建设"高教强国"背景下的区域高等教育的发展战略分析

在我国经济区域化格局日益清晰、高等教育与区域经济社会发展关系日益紧密的背景下，区域高等教育日益成为区域经济、社会发展的重要推手。[①] 当前我国高等教育大规模增长的阶段已经过去，新时期高等教育改革与发展的重点是调结构、强内涵、保质量、上水平，如何从整体上对区域高等教育发展进行战略布局、规划与统筹协调，更好地促进区域高等教育事业的健康发展，进而推动区域经济、社会发展，已经成为建设高等教育强国的必然要求。因此，基于不同区域社会与经济发展状况的客观实际，高等教育的改革与发展需要实现与政府、社会、市场的良性互动，这既是高等教育持续健康发展的内在要求，也是"高教强国"建设战略的基本出发点。我国是一个幅员辽阔的大国，区域间的社会差异较大，尤其是区域不均衡发展的情况较为突出。如何立足区域发展优势，谋求高等教育的发展，谋求高等教育与地方社会的和谐发展，已经成为我们需要解决的重大现实课题。事实上，在《国家中长期教育改革和发展规划纲要（2010~2020年）》颁布后，我国各个省区纷纷结合各自的实际情况，制定了本省区实施方案，有的省区还进一步制定了高等教育发展规划。通过对不同区域教育发展战略规划的比较分析，我们或许能够更好地立足西部地区的实际状况，谋取跨域式、内涵式的发展战略及其改革举措。

第一节 我国区域高等教育发展的基本现状

一 我国三大区域划分概述

按行政区域划分，我国分为八个地区，即华北地区（北京、天津、河

---

① 刘兴国、刘赞英、王丛漫、胡晓颖：《优化高等教育结构，提升区域高等教育质量——关于京津冀国家主体功能区高等教育整体发展的思考》，《2011 年高等教育国际论坛论文集》，2011，第 147 页。

北、山西、内蒙古），东北地区（辽宁、吉林、黑龙江），华东地区（上海、江苏、浙江、安徽、福建、山东），华南地区（广东、广西、海南），华中地区（湖北、湖难、河南、江西），西北地区（宁夏、新疆、青海、陕西、甘肃），西南地区（四川、云南、贵州、西藏、重庆），台港澳地区（香港、台湾、澳门）；按照经济区域划分，泛指三大区域，即东部地区（北京、天津、河北、辽宁、上海、江苏、浙江、福建、山东、广东和海南11个省市），中部地区（山西、吉林、黑龙江、安徽、江西、河南、湖北、湖南8省）和西部地区（重庆、四川、贵州、云南、西藏、陕西、甘肃、青海、宁夏、新疆、广西、内蒙古12个省市、自治区）。总的来看，我国的区域划分方法比较零乱，但是，由于多方面的原因，官方比较容易接受的是"三大地带"的划分方法，即东部、中部和西部地区。

我国"三大地带"的划分是依据社会与经济发展水平及地理位置等因素的综合衡量而逐渐形成的。一般而言，东部地区处于对外开放的"最前沿"，社会发展水平、经济实力以及高等教育的规模与质量都居于"三大地带"之首；中部地区处于全国的腹地，在全国战略布局中呈现出"东靠西移"的特点，具有"承东启西"的战略地位；西部地区幅员辽阔、陆地面积大，矿产资源丰富，具有很大的开发潜力。但西部地区在社会发展水平、经济实力以及高等教育的规模与质量等方面与东、中部地区相比存在较大差距，而且西部地区的经济、教育、人口分布也很不平衡。根据以上三大地带的区域划分，国家采取了优先发展东部、积极建设中部、努力准备开发西部的战略方针，在人、财、物等经济资源和对外开放等经济政策方面，对东部予以重点支持和保障，促进东部沿海地带的经济优先增长，通过发展横向经济联合，带动中部和西部的经济增长。重点带动一般，一般支持重点，实现东、中、西三大地带的经济先后有序地协调发展。

中国区域经济发展不平衡，高等教育的发展也存在很大差异。研究中国高等教育强国这样的战略问题，区域高等教育的发展走向是核心内容。区域通常是指占有一定空间、按照一定特征划分的地理单元，而区域高等教育是一个与自然地域和行政区划紧密相关的高等教育划分概念。站在不同的视角，区域高等教育具有不同的含义，若以全球的眼光看，各大洲和各个国家的高等教育都可归入区域高等教育，而站在一个国家的角度，我们可以把相近省份的或者省级以下的高等教育看作区域高等教育。[①] 事实上，我国是一个社会经济发展极不平衡的国家，地区之间的教育发展水平差距很大。我国区域之间高等教育发展不平衡是不争的事实，高等学校办学质量也存在不小的差距。根据人口抽样调查数据和教育统计数据计算，2007 年，北京和上海已经全面普及高中教育，高等教育毛入学率也分别达到了 38.9% 和 41.6%，但西藏和贵州的高等教育毛入学率分别只有 16.7% 和 15.4%。[②] 因此，在目前我国高等教育资源相对短缺的条件下，要想从整体上提高我国高等教育水平，就需要进行资源的重新配置和整合，为此，区域高等教育发展的战略选择及区域内部或区域间的协作机制就显得愈发重要。

为了便于对我国区域高等教育发展战略关注点进行比较分析，我们也选择"三大区域"的划分方法，每个区域再选取几个具有代表性的省份进行分析。东部地区选取上海、北京、江苏、浙江、辽宁五个行政区域，中部地区选取吉林、黑龙江、河南、湖北四个行政区域，西部地区选取陕西、甘肃、四川和重庆四个行政区域。通过对三大区域及其代表性省份高等教育发展现状及战略着力点的比较分析，"求同存异、异中求同"地分

---

① 谢安邦：《中国高等教育研究新进展》，华东师范大学出版社，2011，第 84 页。
② 王善迈、袁连生：《中国地区教育发展报告》，北京师范大学出版社，2011，第 1 页。

析探讨我国区域高等教育发展的特征及趋向，从而有利于更好地勾勒和明晰西部地区高等教育发展的战略举措。

二　我国三大区域高等教育发展现状分析

1. 东部地区高等教育发展现状

同我国经济和社会发展情况一样，在我国高等教育改革与发展的进程中，东部地区（北京、天津、河北、辽宁、上海、江苏、浙江、福建、山东、广东和海南11个省市）始终居于领先地位。依据2012年发布的《中国教育年鉴2011》，如图5-1所示，东部地区每十万人口高等学校平均在校人数为3005人，11个省市均超过2000人。其中，北京市突破6000人大关，4000人以上的省份包括北京市、天津市和上海市。

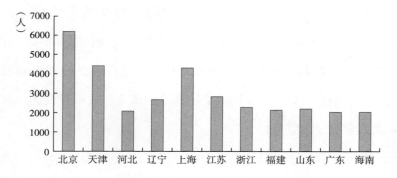

图5-1　东部地区每十万人口高等学校平均在校生人数

东部地区高等学校数量总计达到1972所，其中研究生培养机构441所，普通高等学校988所，民办高等教育机构543所。具体而言，如图5-2所示，东部地区研究生培养机构的分布呈现出区域内不均衡的特征，北京、上海、辽宁、江苏、广东和山东依次从高到低居于前列，北京的研究生教育机构超过160所。如图5-3所示，东部地区普通高等学校分布则呈现出区域内相对均衡的特征，江苏、山东、广东、辽宁、浙江依次从高到低居于前

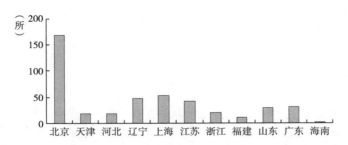

图 5 - 2　东部地区研究生培养机构情况

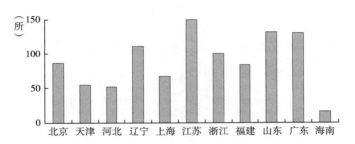

图 5 - 3　东部地区普通高等学校情况

列，北京和上海居于中等水平。

　　东部地区研究生在校人数达到 838201 万人，其中博士研究生达到 163472 万人，硕士研究生达到 674729 万人。博士研究生在校人数最多的省份依次是北京、上海、江苏和广东，硕士研究生在校人数最多的省份依次是北京、江苏、上海、辽宁和广东。在东部地区河北、福建和海南的研究生在校人数总体偏少。总体而言，研究生教育的区域内不均衡态势较为明显，这也与东部区域经济与社会发展的状况相吻合。

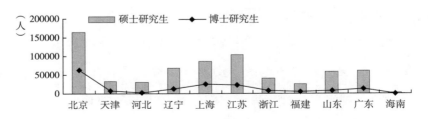

图 5 - 4　东部地区研究生在校人数

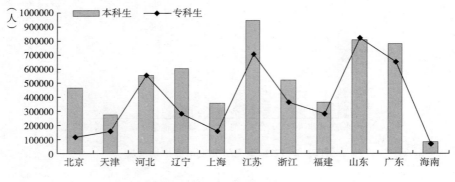

图 5 - 5　东部地区本专科在校人数

东部地区本专科在校人数达到 9908230 人，其中本科生达到 5749085 人，专科生达到 4159145 人。本科生在校人数最多的省份依次是江苏、山东、广东和辽宁，专科生在校人数最多的省份依次是山东、江苏、广东和河北。在东部地区上海、天津、海南、北京的本专科在校人数总体偏少。这表明，其一，北京市和上海市高等教育的发展重心在于规格提升，其研究生教育规模与层次居于全国前列；其二，福建省和海南省的高等教育发展在东部地区总体偏弱；其三，江苏省、广东省和浙江省高等教育的改革与发展处于一个快速通道，高等教育的规模与规格提升幅度较大，这样与其经济和社会发展水平直接相关。此外，以东部地区高等教育基本建设投资完成情况为例，江苏省、广东省和山东省分列前几位，由此可见，高等教育与地方社会发展的互动效应。

2. 中部地区高等教育发展现状

作为国家"中部崛起"发展战略的区域地带，在我国高等教育改革与发展的进程中，中部地区（山西、吉林、黑龙江、安徽、江西、河南、湖北、湖南）远远落后于东部地区，而与西部地区相比则保持了较为微弱的优势。依据《中国教育年鉴 2011》，如图 5 - 7 所示，中

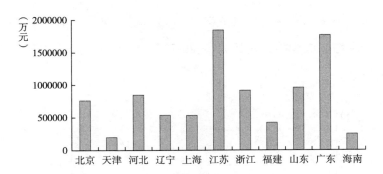

图 5 - 6　东部地区高等教育基本建设投资完成情况

部地区每十万人口高等学校平均在校人数为 2262 人，8 个省区均超过 1500 人，与东部地区相比有较大差距。其中，湖北和吉林突破 2500 人大关，2000 人以上的省份包括山西、吉林、黑龙江、江西、湖北和湖南。

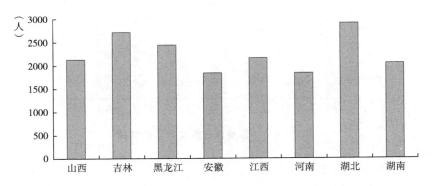

图 5 - 7　中部部地区每十万人口高等学校平均在校人数

中部地区高等学校数量总计达到 1114 所，其中研究生培养机构 171 所，普通高等学校 748 所，民办高等教育机构 195 所。具体而言，如图 5 - 8 所示，中部地区研究生培养机构的分布较为均衡，除湖北省的研究生培养机构明显多于中部地区其他省份（达两倍之多）外，其余省份的研究生培养机构分布较为均衡，但数量明显偏低，远远低于东部地区的平均水平。如图 5 - 9 所示，中部地区普通高等学校的分布也相对均衡，湖北、湖南、安徽、河南依次从高到低居于前列。其中，湖北省无论在研究生培养机构的数量还是普通高等学校数量上，在中部地区都居于突出位置。

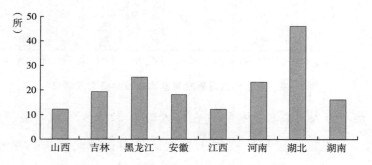

图 5-8　中部地区研究生培养机构情况

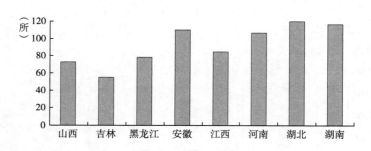

图 5-9　中部地区普通高等学校情况

中部地区研究生在校人数达到 378332 人，其中博士研究生达到 55423 人，硕士研究生达到 322909 人。如图 5-10 所示，博士研究生在校人数最多的省份依次是湖北、湖南、黑龙江和吉林，硕士研究生在校人数最多的省份同样依次是湖北、湖南、黑龙江和吉林，这四个省份的研究生教育在校人数占据了中部地区的 70%。在中部地区，山西省、江西省、安徽省和河南省的研究生在校人数总体偏少。总体而言，中部地区研究生教育的区域内不均衡态势较为明显，这也与中部区域经济和社会发展状况比较吻合。

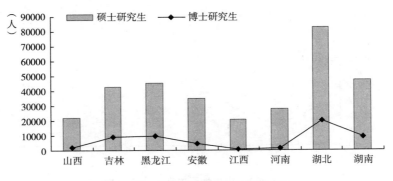

图 5 - 10   中部地区研究生在校人数

中部地区本专科在校人数达到 7382762 人，其中本科生达到 4013389 人，专科生达到 3369373 人。如图 5 - 11 所示，本科生在校人数最多的省份依次是湖北、河南、湖南和安徽，专科生在校人数最多的省份依次是河南、湖北、湖南和安徽，上述四个省份是中部地区的教育大省，其本科在校生数占中部地区的 61%，专科在校生数占中部地区的 68%。这表明，其一，湖北省高等教育的改革与发展处于中部地区的突出位置，是中部地区高等教育的中心区域，其研究生教育规模与层次居于全国前列；其二，山西省和江西省的高等教育发展在中部地区总体偏弱；其三，吉林省、黑龙江省、河南省和安徽省的高等教育的规模与规格提升幅度较大，其中黑龙江省、吉林省和安徽省的研究生教育的提升幅度空间较大，而河南省和安徽省的普通本专科教育规模在中部地区占有较大份额，这与人口大省的社会发展状况具有内在关联性。

此外，如图 5 - 12 所示，就中部地区高等教育基本建设投资完成情况而言，河南省、安徽省、湖北省和山西省位于前四，其余省份的高等教育基本建设投资则相对较落后。

3. 西部地区高等教育发展现状

作为国家 "西部大开发" 战略的区域地带，在我国高等教育改革与发展的进程中，西部地区（重庆、四川、贵州、云南、西藏、陕西、甘肃、

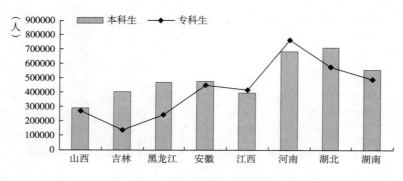

图 5 - 11　中部地区本专科在校人数

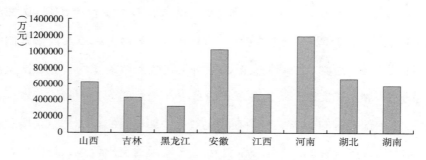

图 5 - 12　中部地区高等教育基本建设投资完成情况

青海、宁夏、新疆、广西、内蒙古）高等教育事业的健康发展具有重
要的战略意义。依据《中国教育年鉴 2011》，西部地区每十万人口
高等学校平均在校人数为 1752 人，远远低于东部地区的 3005 人，
也低于中部地区的 2262 人。如图 5 - 13 所示，只有陕西省突破 3000
人大关，2000 人以上的省级区域包括重庆和陕西，而广西、四川、
云南、西藏、甘肃、宁夏和新疆基本保持在 1500 人左右，贵州和青
海均仅达到 1000 人，可见，西部地区高等教育事业的改革与发展任
重道远。

　　西部地区高等学校数量总计达到 816 所，其中研究生培养机构 185 所，
普通高等学校 564 所，民办高等教育机构 67 所，各类型高等教育机构的数
量明显低于东部和中部地区。具体而言，如图 5 - 14 所示，西部地区研究

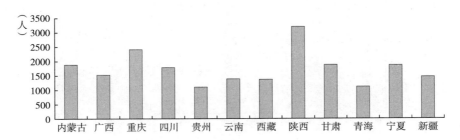

图 5-13 西部地区每十万人口高等学校平均在校人数

生培养机构的分布呈现出区域内不均衡的特征,除陕西和四川的研究生培养机构明显多于西部地区其他省份(达两倍之多)外,其余省份的研究生培养机构分布较为均衡,但数量显著偏少,远远低于东部和中部地区的总体平均水平。

如图 5-15 所示,西部地区普通高等学校分布呈现出区域内不均衡的特征,四川、陕西和广西位居前三,其中四川和陕西的普通高等学校数量是西部个别省份的 2~3 倍。西藏、青海、宁夏和贵州的研究生培养机构和普通高等学校数量整体落后,而陕西和四川在西部地区都居于突出位置,在全国也处于中等偏上位置,其省会城市(西安和成都)是我国高等教育发展的中心区域地带。

西部地区研究生在校人数达到 321883 人,其中博士研究生达到 40055

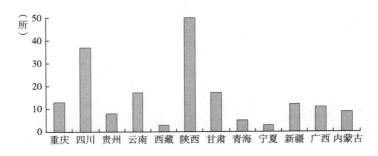

图 5-14 西部地区研究生培养机构情况

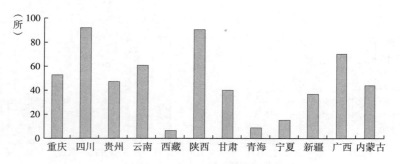

图 5－15　西部地区普通高等学校情况

人，硕士研究生达到 281828 人。如图 5－16 所示，博士研究生在校人数最多的省级区域依次是陕西、四川、重庆和甘肃，这四个地区的博士研究生在校人数占西部地区的 88%。硕士研究生在校人数最多的省级区域依次是陕西、四川、重庆，其硕士研究生在校人数占西部地区的 62%。云南、甘肃和广西的硕士研究生在校人数大体相当，保持在 25000 人左右，这三个省份的硕士研究生在校人数占西部地区的 27%，远远低于陕西、四川、重庆。西藏、青海、宁夏和贵州的研究生在校人数总体偏少，远远低于全国其他地区。总体而言，西部地区研究生教育的区域内不均衡态势十分显著，且教育资源集中在陕西、四川和重庆这三个中心区域地带，这也符合西部地区省域发展的实际状况。

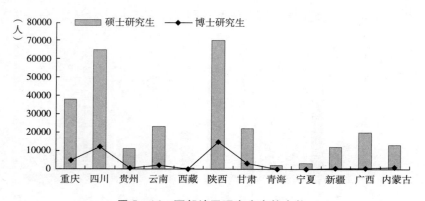

图 5－16　西部地区研究生在校人数

西部地区本专科在校人数达到 5026937 人，其中本科生达到 2893658
人，专科生达到 2133279 人。如图 5－17 所示，本科生在校人数最多的省
区依次是四川、陕西和重庆，专科生在校人数最多的依次是四川、陕西、
广西和重庆，其中四川、陕西和重庆的本科在校生数占西部地区的 52％，
专科在校生数占西部地区的 48％。这表明，其一，陕西和四川高等教育的
改革与发展处于西部地区的突出位置，是西部地区高等教育的中心区域，
其研究生教育规模与层次同样居于全国前列；其二，西藏、青海、宁夏和
贵州的高等教育发展在西部地区总体偏弱，明显低于全国其他区域。

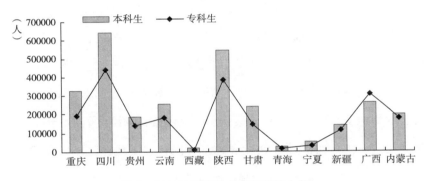

图 5－17　西部地区本专科在校人数

此外，如图 5－18 所示，就西部地区高等教育基本建设投资完成情况
而言，四川、内蒙古、云南和广西位于前四，其余省份的高等教育基本建
设投资则相对较滞后。

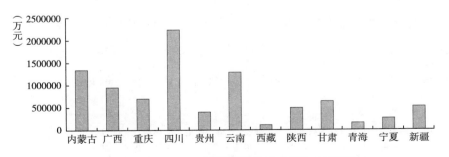

图 5－18　西部地区高等教育基本建设投资完成情况

综上所述，我国三大区域的高教育发展呈现出良好的发展态势，但受制于区域经济、社会发展、自然环境、人口资源、文化及历史积淀等因素，三大区域高等教育的改革与发展仍然存在较为明显的差距。具体而言，第一，区域教育投入总量的不协调。三大区域教育投入的总量水平存在一定的差距，东部地区教育投入总量大于中部和西部地区。第二，区域高校数量和层次的不协调。东部地区高校密集，几乎占到全国的一半。第三，区域高校发展规模的不协调。比如，"每年平均在校生数"就表明东、西部地区高校发展规模差异明显。第四，区域高等教育发展水平的不协调。比如东部地区高校教职工数量明显多于中、西部地区。[①] 第五，区域高等教育结构不尽合理，区域适应性不强。在层次结构、学科专业结构、布局结构等方面都存在问题。第六，区域高等教育资源配置不均衡，资源浪费、效率低下的现象不容忽视。第七，高等教育区域发展缺乏均衡机制，非均衡的发展特点较为明显。此外，我国高等教育区域发展不平衡不仅表现在东、中、西部地区间发展的不平衡，也表现在区域内高等教育发展不平衡。现有的高等学校主要集中在经济比较发达的中心城市，经济发展水平相对落后的地区高等学校数量很少。我国高等教育的区域发展不平衡，既是社会经济发展不平衡之果，又是社会经济发展不平衡之因。因此，在建设"高教强国"的背景下，国家教育行政管理部门在制定发展战略以及有关教育资源配置的政策时，要正视这一现实，进行有效的调整。[②] 区域间及区域内的高等教育发展战略需要合理谋划、积极落实、及时调控、有序推进。立足区域优势、凸显区域特色，在促进区域高等教育与本地区社会发展相协调的基础上，实现高等教育的强国目标与持续健康发展。

---

① 谢安邦：《中国高等教育研究新进展》，华东师范大学出版社，2011，第85页。
② 夏鲁惠：《我国东、中、西部高等教育办学类型及其规模宏观分析》，《教师教育研究》2007年第5期。

第二节 我国三大区域高等教育发展战略关注点分析

一 东部地区高等教育发展战略关注点述评

东部地区高等教育的规模、质量、效益等都处于全国领先地位,其发展战略的关注点更多地朝向高等教育质量的纵深发展,强调世界一流大学和高水平大学建设,强调高等教育与市场、社会的良性互动,从而产生良好的示范引领效应。但是,东部地区高等教育的改革也存在不均衡发展的现象,在东部地区的 11 个省市中,北京市、上海市、江苏省、浙江省和辽宁省处于高等教育强省或大省的战略地位,其高等教育的发展战略及改革举措对于东部乃至全国具有重要的借鉴意义。基于此,我们选取上述五个省市作为高等教育发展战略的观测点,以期达成对我国区域高等教育发展战略的对比分析。

1. 北京市高等教育发展的战略关注点概述

依据《中国教育年鉴 2011》,北京市每十万人口高等学校平均在校人数为 6196 人,居全国之首。北京市各类高等教育机构为 352 所,其中研究生培养机构为 168 所,普通高等学校 96 所,成人及民办高等教育机构 88 所,研究生培养机构数量居全国之首。北京市普通高等学校在校生为814232 人,其中博士研究生为 62315 人,硕士研究生为 164811 人,普通本专科生为 587106 人。教职工数为 147046 人,其中专任教师数为 65057 人,普通高等教育的师生比为 15.97。高等教育毛入学率达到 60%,教育普及水平已超过中等发达国家同期平均水平。教育开放程度持续扩大,中外合作办学机构已达 117 个,首都院校在境外承办的孔子学院(课堂)已达 102 个,教育国际交流和合作日趋深入。

表 5 - 1　北京市 2010 年高等教育各类学校数、教职工数、专任教师数情况

单位：所，人

类　型		学校数	教职工数	专任教师数
研究生培养机构	普通高校	50		
	科研机构	118		
普通高等学校	本科院校	62	119561	52069
	独立学院	5	1841	1118
	高职（专科）院校	25	13219	6521
	其他机构（点）	4	1094	658
成人高等学校		26	3491	1569
民办的其他高等教育机构		62	7840	3122

表 5 - 2　北京市 2010 年普通高等教育学生情况

单位：人

学生类型	毕业生数	招生数	在校生数
研　究　生	59818	80972	227126
博　　士	12855	16081	62315
硕　　士	46963	64891	164811
普通本专科	152659	155137	587106
本　　科	110081	119821	467973
专　　科	42578	35316	119133

　　作为全国政治、经济与文化的中心，北京市将加快转变经济发展方式，以更高标准建设"人文北京、科技北京、绿色北京"，向中国特色世界城市目标不断迈进。北京市高等教育的改革与发展在现代化建设全局中肩负着更加重要的历史使命，其发展战略的立足点需要适应经济社会发展对高素质人才的新需求和全面提高国民素质的新要求，瞄准世界城市教育改革发展的新趋势，为加快城市经济发展方式转变和全面提升城市文明素质提供更加有力的科技、智力支撑，在国家教育现代化进程中进一步发挥好示范和引领作用，为建设人力资源强国和创新型

国家做出更大贡献。《北京市中长期教育改革和发展规划纲要（2010～2020年)》明确提出，建设结构合理、特色鲜明、质量一流、开放融通的首都高等教育体系，大力提升首都高等教育的人才培养能力、知识创新能力和社会贡献能力，为国家及北京发展提供高端人才支撑和科技智力服务（详见附录一）。

2. 上海市高等教育发展的战略关注点概述

依据《中国教育年鉴2011》，上海市每十万人口高等学校平均在校人数为4300人，居于全国前列。上海市各类高等教育机构为400所，其中研究生培养机构54所，普通高等学校72所，成人及民办高等教育机构274所，研究生培养机构和民办教育机构数量居于全国前列。上海市普通高等学校在校生为627378人，其中，博士研究生为24450人，硕士研究生为87267人，普通本专科生为515661人。教职工数为82673人，其中专任教师数为42450人，普通高等教育的师生比为17.03。来沪就读的外国留学生达43016人，其中接受学历学位教育的留学生为13159人，占留学生总数的31%。

表5－3　上海市2010年高等教育各类学校数、教职工数、专任教师数情况

单位：所，人

类　　型		学校数	教职工数	专任教师数
研究生培养机构	普通高校	22		
	科研机构	32		
普通高等学校	本科院校	36	64451	33648
	独立学院	5	1172	756
	高职（专科）院校	31	9710	5522
	其他机构（点）			
成人高等学校		19	2037	1051
民办的其他高等教育机构		255	5303	1473

表 5 - 4　上海市 2010 年普通高等教育学生情况

单位：人

学生类型	毕业生数	招生数	在校生数
研　究　生	28207	38643	111717
博　　士	4749	6217	24450
硕　　士	23458	32426	87267
普通本专科	133716	144649	515661
本　　科	78331	91154	354940
专　　科	55385	53495	160721

在《迈向 21 世纪的上海》中，有关专家认为世界经济增长重心正在向亚太地区转移，而中国 - 上海正在成为转移过程中新的经济增长极。上海在对内对外全方位开放的改革发展过程中，有可能发展成为未来国际经济中心城市。面对世界经济梯度转移过程中出现的快速增长，上海比任何时候更需要依赖高等教育，尤其是当这种增长方式主要依赖的已不是物质投入而是技术和人力资本投入时。当前上海高等教育处于重要转型期，战略重心正在从外延式扩张和结构调整转向以提高质量为核心的内涵建设，从精英式教育转向普及化教育，从同质化办学转向多样化办学，从公办高校独大转向公办、民办、行业办高校和中外合作办学等共同发展，从政府办学转向高校面向经济社会发展依法自主办学。上海市高等教育发展将主要围绕推进高等教育开放、特色、卓越发展，提高人才培养质量、科学研究水平和社会服务能力（详见附录二）。

3. 江苏省高等教育发展的战略关注点概述

依据《中国教育年鉴 2011》，江苏省每十万人口高等学校平均在校人数为 2819 人，各类高等教育机构为 250 所，其中研究生培养机构 42 所，普通高等学校 194 所，成人及民办高等教育机构 14 所，普通高等学校的规模居于全国前列。江苏省普通高等学校在校生为 1774880 人，其中博士研究生为 22124 人，硕士研究生为 103326 人，普通本专科生为 1649430 人。

教职工数为173198人，其中专任教师数为112674人，普通高等教育的师生比为15.88。全省高等教育毛入学率达42%，比2005年提高8.5个百分点。教育国际交流合作不断深入，与22个国家和地区合作设立了449个中外办学机构及项目。

表5-5　江苏省2010年高等教育各类学校数、教职工数、专任教师数情况

单位：所，人

类　　　型		学校数	教职工数	专任教师数
研究生培养机构	普通高校	28		
	科研机构	14		
普通高等学校	本科院校	71	102303	60945
	独立学院	26	11755	9018
	高职（专科）院校	79	54883	40009
	其他机构（点）	18	1461	1056
成人高等学校		14	2796	1646
民办的其他高等教育机构				

表5-6　江苏省2010年普通高等教育学生情况

单位：人

学生类型	毕业生数	招生数	在校生数
研　究　生	29919	42459	125450
博　　士	3992	5233	22124
硕　　士	25927	37226	103326
普通本专科	478868	448562	1649430
本　　科	198903	253057	944090
专　　科	279965	195505	705340

《江苏省中长期教育改革和发展规划纲要（2010～2020年）》和《江苏省"十二五"教育发展规划》中均指出，强省必先强教，实现现代化必先实现教育现代化。在建设教育强省、率先基本实现教育现代化的战略决策背景下，按照"优先发展、育人为本、促进公平、改革创新、提高质量、服务社会"的指导思想，坚持教育优先发展、科学发展，依靠

教育提高国民素质和社会文明程度，依靠教育提供人才支持和智力保障，推动自主创新和管理创新，促进经济转型升级和发展方式转变，提升综合实力和国际竞争力。到 2015 年，江苏教育发展规模、教育质量、教育投入、教育贡献度继续走在全国前列，率先建成教育强省；到 2020 年，教育发展主要指标达到国际先进水平，率先实现教育现代化，建成学习型社会和人力资源强省，形成具有江苏特色的比较完善的区域高等教育体系和现代大学制度的基本框架，高等教育事业的主要指标达到发达国家水平，初步确立区域高等教育的国际竞争优势（详见附录一）。

4. 浙江省高等教育发展的战略关注点概述

依据《中国教育年鉴 2011》，浙江省每十万人口高等学校平均在校人数为 2285 人，各类高等教育机构为 177 所，其中研究生培养机构 20 所，普通高等学校 125 所，成人及民办高等教育机构 32 所。浙江省普通高等学校在校生为 932858 人，其中博士研究生为 8329 人，硕士研究生为 39662 人，普通本专科生为 884867 人。教职工数为 93920 人，其中专任教师数为 60817 人，普通高等教育的师生比为 17.13。高等教育毛入学率达到 45%，提高了 11 个百分点。高等教育布局趋于合理，形成了全省设区市"一本一专"或"一本多专"的高等学校设置格局。人力资源开发水平不断提高，主要劳动年龄人口（16～59 岁）平均受教育年限达到 9 年，新增劳动力受教育年限达到 12.8 年。

进入 21 世纪以来，浙江省大力实施科教兴省、人才强省战略，作出了大力发展高等教育的重大决策部署，通过兴办高教园区、深化高等教育办学体制和管理机制改革、发展民办高等教育和高等职业教育、实施高等教育质量提升计划、建设重中之重学科和人文社科重点研究基地、培养与引进高层次人才等举措，形成了以政府办学为主、社会各界共同参与、

表 5 – 7　浙江省 2010 年高等教育各类学校数、教职工数、专任教师数情况

单位：所，人

类　型		学校数	教职工数	专任教师数
研究生培养机构	普通高校	16		
	科研机构	4		
普通高等学校	本科院校	55	57420	35904
	独立学院	22	10174	7929
	高职（专科）院校	46	22182	14946
	其他机构（点）	2	183	119
成人高等学校		10	1595	1013
民办的其他高等教育机构		22	2366	906

表 5 – 8　浙江省 2010 年普通高等教育学生情况

单位：人

学生类型	毕业生数	招生数	在校生数
研　究　生	11156	16575	47991
博　　士	1256	1941	8329
硕　　士	9900	14634	39662
普通本专科	233741	253562	884867
本　　科	108865	138886	522172
专　　科	124876	114676	362695

公办与民办协调发展的高等教育新格局，使浙江省成为全国高等教育发展最快的省区之一。浙江省的高等教育实现了由精英教育向大众化教育且逼近普及化的历史性跨越，高等教育毛入学率达到 45%，较好地解决了"上大学难"的问题，人才培养质量不断提高，学科建设成效显著，科技创新能力不断提升，社会服务能力显著增强，高等职业教育走在了全国前列。浙江省高等教育改革与发展，强调以提高质量为核心，以打造特色为重点，以培养高素质人才为根本，以服务经济和社会发展为导向，完善布局、优化结构，提升内涵，加快建设高等教育强省，努力提高高

等教育现代化水平，为浙江经济社会率先实现现代化，提供强有力的人才保证、智力支持和科技支撑，成为全国高等教育水平、竞争力、国际化程度提升最快的省（区）之一，并形成"规模总体适度、结构明显改善、质量显著提高、特色比较鲜明、服务不断增强"的高等教育体系（详见附录一）。

5. 辽宁省高等教育发展的战略关注点概述

依据《中国教育年鉴2011》，辽宁省每十万人口高等学校平均在校人数为2671人，各类高等教育机构为283所，其中研究生培养机构47所，普通高等学校135所，成人及民办高等教育机构101所。辽宁省普通高等学校在校生为962266人，其中博士研究生为12406人，硕士研究生为69613人，普通本专科生为880247人。教职工数为107175人，其中专任教师数为66415人，普通高等教育的师生比为16.82。高等教育毛入学率由2005年的33%提高到43.5%。现有"985工程"院校2所，"211工程"院校4所；国家级重点学科56个（其中一级学科7个），国家重点实验室4个，国家工程（技术）研究中心8个，国家大学科技园5个。

表5-9 辽宁省2010年高等教育各类学校数、教职工数、专任教师数情况

单位：所，人

类型		学校数	教职工数	专任教师数
研究生培养机构	普通高校	33		
	科研机构	14		
普通高等学校	本科院校	63	73496	45207
	独立学院	20	6808	4886
	高职（专科）院校	49	19687	12197
	其他机构（点）	3		
成人高等学校		25	4944	2881
民办的其他高等教育机构		76	2240	1244

表 5 - 10　辽宁省 2010 年普通高等教育学生情况

单位：人

学生类型	毕业生数	招生数	在校生数
研　究　生	21676	29031	82019
博　　士	1976	2756	12406
硕　　士	19700	26275	69613
普通本专科	219564	247451	880247
本　　科	132522	155215	602201
专　　科	87042	92236	278046

《辽宁省中长期教育改革和发展规划纲要（2010～2020年）》和《辽宁教育事业发展"十二五"规划》中均指出，辽宁的经济社会发展正面临着经济全球化和信息化的挑战，转变发展方式，实现老工业基地全面振兴，越来越需要人才和科技的支撑；以"人才强省""教育强省"为支撑的综合省力竞争已全面展开，教育已经成为决定区域经济发展活力和发展水平的重要因素。辽宁沿海经济带开发开放上升为国家战略、沈阳经济区被确定为国家新型工业化综合配套改革试验区、突破辽西北三大区域发展战略的有效实施，必将促进经济增长模式的改变和产业结构的调整，对优化教育布局结构、创新人才培养模式、强化科技创新和社会服务等方面提出了新的更高的要求。面对新的机遇与挑战，从新的历史起点出发，实现从教育大省向教育强省的根本性转变，是辽宁的历史性选择、时代赋予的新的重大使命。辽宁省高等教育的改革与发展需要紧密结合"三大区域发展战略"和产业集群建设的需求，以高水平大学和重点学科建设为龙头，以实施大学特色化发展战略、重大项目与工程为载体，以加强内涵建设和增强服务能力为重点，全面提高高等教育质量，着力提升高等教育竞争力，全面推进高等教育强省建设（详见附录一）。

二 中部地区高等教育发展战略关注点述评

在中部地区的 8 个省市中，湖北省、吉林省、黑龙江省和河南省处于高等教育强省或大省的战略地位，其高等教育的发展战略及改革举措对于中部乃至全国具有重要的借鉴意义。基于此，我们选取上述四个省市作为高等教育发展战略的观测点，以期达成对我国区域高等教育发展战略的对比分析。

1. 湖北省高等教育发展的战略关注点概述

依据《中国教育年鉴 2011》，湖北省每十万人口高等学校平均在校人数为 2906 人，各类高等教育机构为 219 所，其中研究生培养机构 46 所，普通高等学校 155 所，成人及民办高等教育机构 18 所，研究生培养机构和普通高等学校数量居中部地区首位，位于全国前列。湖北省普通高等学校在校生为 1400060 人，其中博士研究生为 19958 人，硕士研究生为 83182 人，普通本专科生为 1296920 人。普通高等学校在校生人数居于全国前列。教职工数为 144459 人，其中专任教师数为 89018 人，普通高等教育的师生比为 17.82。高等教育毛入学率达 32.9%，比 2005 年提高 8 个百分点。武汉大学、华中科技大学"985 工程"建设进展顺利，5 所"211 工程"学校办学实力进一步增强，省属高校办学特色逐步彰显，9 所高职院校入选国家示范性（骨干）高职建设单位。湖北省高校建有国家重点学科一级学科 17 个、二级学科 125 个，设有博士学位授权点 579 个，覆盖了博士学科目录的 80%；硕士学位点 1518 个，覆盖了研究生学科目录的 97%。湖北省高校建有国家实验室、国家重大科学基础设施各 1 个，国家重点实验室 12 个、国家工程（技术）研究中心 21 个、教育部重点实验室 45 个、教育部工程技术研究中心 26 个、教育部重点人文社科研究中心 11 个，形成了较为完善的科技创新平台体系。

表 5 – 11　湖北省 2010 年高等教育各类学校数、教职工数、专任教师数情况

单位：所，人

类　　型		学校数	教职工数	专任教师数
研究生培养机构	普通高校	23		
	科研机构	23		
普通高等学校	本科院校	66	94060	54883
	独立学院	31	18818	13015
	高职（专科）院校	54	29174	19585
	其他机构（点）	4	257	217
成人高等学校		14	1806	1175
民办的其他高等教育机构		4	344	143

表 5 – 12　湖北省 2010 年普通高等教育学生情况

单位：人

学生类型	毕业生数	招生数	在校生数
研　究　生	22832	36116	103140
博　士	3710	4751	19958
硕　士	19122	31365	83182
普通本专科	331303	387612	1296920
本　科	148906	202498	716184
专　科	182396	185114	580736

《湖北省中长期教育改革和发展规划纲要（2010～2020 年)》指出，湖北素有尊师重教、激励英才、开天下先的传统。湖北突出的优势在科教，崛起的关键靠人才，发展的基础在教育。优先发展教育、实现教育现代化，对把湖北建设成为促进中部地区崛起的重要战略支点具有决定性意义。当前，湖北正处在改革发展的关键阶段、"弯道超越"的重要战略机遇期。教育改革发展正迎来前所未有、千载难逢的重要战略机遇。加快转变经济发展方式、构建促进中部地区崛起重要战略支点、推进"两圈一带"总体战略、建设东湖国家自主创新示范区、促进经济发展和社会全面进步，迫切需要教育提供人才保障和智力支撑、促进经济发展方式转变和经济结构转型升级、提高人口素质和社会文明程度、提升

综合竞争力和可持续发展能力、促进社会公平与和谐稳定。随着国家和湖北省教育规划纲要的颁布实施，在"十二五"期间，湖北将按照"将思路战略方案化、方案谋划项目化、项目实施具体化"的要求，优化结构，培育特色，全面提高教育质量，主动提升服务能力，加快推进高教强省建设（详见附录二）。

2. 吉林省高等教育发展的战略关注点概述

依据《中国教育年鉴2011》，吉林省每十万人口高等学校平均在校人数为2716人，各类高等教育机构为117所，其中研究生培养机构19所，普通高等学校66所，成人及民办高等教育机构32所。吉林省普通高等学校在校生为596016人，其中博士研究生为8815人，硕士研究生为42809人，普通本专科生为544392人。普通高等学校在校生人数居于全国前列。教职工数为70150人，其中专任教师数为40626人，普通高等教育的师生比为17.72。高等教育大众化水平进一步提高，毛入学率达到35%，高考录取率达到75%以上。省属高校承担研究与发展项目4849项，争取到科研经费16亿元，出版科技著作1247部。中外合作办学规模不断扩大，现有中外合作办学机构和项目33个。

表 5－13　吉林省 2010 年高等教育各类学校数、教职工数、专任教师数情况

单位：所，人

类　　型		学校数	教职工数	专任教师数
研究生培养机构	普通高校	15		
	科研机构	4		
普通高等学校	本科院校	37	51867	29279
	独立学院	10	6483	4219
	高职（专科）院校	19	7668	4703
	其他机构（点）			
成人高等学校		18	2755	1653
民办的其他高等教育机构		14	1377	772

表 5 – 14 吉林省 2010 年普通高等教育学生情况

单位：人

学生类型	毕业生数	招生数	在校生数
研 究 生	12340	17624	51624
博 士	2135	2336	8815
硕 士	10205	15288	42809
普通本专科	135951	151106	544392
本 科	86118	107472	404872
专 科	49833	43634	139520

吉林省的高等教育在全国占有重要位置，是全国较早进入高等教育大众化阶段的省份之一。为了有利于配合 "长吉图开发开放先导区" 建设和吉林老工业基地振兴，实施吉林省 "三化" 统筹的战略决策，吉林省高等教育改革与发展集中体现在人才培养、科技服务、智力支持，以及为地方经济社会发展服务等方面。吉林省逐步明确了以提高质量为高等教育发展的核心任务，以深化改革为高等教育发展的根本动力，以强化特色为高等教育的发展重点，不断为地方经济社会发展做出贡献。根据建设现代产业体系和社会发展的人才需求，制定吉林省高等学校设置规划，探索科学的高等学校分类体系，进一步加强特色学校、特色学科、特色专业建设，带动全省高等学校合理定位，深化改革，在不同层次、不同领域办出特色。打造吉林高等教育品牌，构建重点突出、结构合理、特色鲜明的吉林省高等院校建设体系（详见附录二）。

3. 黑龙江省高等教育发展的战略关注点概述

依据《中国教育年鉴 2011》，黑龙江省每十万人口高等学校平均在校人数为 2447 人，各类高等教育机构为 174 所，其中研究生培养机构 25 所，普通高等学校 87 所，成人及民办高等教育机构 62 所。黑龙江省普通高等学校在校生为 773584 人，其中博士研究生为 9419 人，硕士研究生为 45048 人，普通本专科生为 719117 人。教职工数为 84248 人，其中专任教师数为

49749 人，普通高等教育的师生比为 16.85。毛入学率达到 34%，基本满足了人民群众接受高等教育的需求。有国家级和省部级科技创新团队 11个，全省高校 5 年累计承担科研项目 37054 项，获得国家和省部级科技成果奖 1223 项。

表 5 - 15　黑龙江省 2010 年高等教育各类学校数、教职工数、专任教师数情况

单位：所，人

类　　型		学校数	教职工数	专任教师数
研究生培养机构	普通高校	17		
	科研机构	8		
普通高等学校	本科院校	35	57031	32773
	独立学院	8	4377	3043
	高职（专科）院校	44	18710	11425
	其他机构（点）			
成人高等学校		26	3449	2113
民办的其他高等教育机构		36	681	395

表 5 - 16　黑龙江省 2010 年普通高等教育学生情况

单位：人

学生类型	毕业生数	招生数	在校生数
研　究　生	15468	18369	54467
博　　士	2210	2249	9419
硕　　士	13258	16120	45048
普通本专科	180982	192665	719117
本　　科	98437	124116	474038
专　　科	82545	68549	245079

随着高等教育的快速发展，《黑龙江省中长期教育改革和发展规划纲要（2010～2020 年）》进一步明确了"以高教强省建设为载体，提升教育质量和服务水平"的发展战略，提出了五大方面的改革策略，即"以提高质量为核心全面提升高等教育综合实力""优化高等教育结构""提高人才培养质量""提升科学研究水平"和"增强社会服务能力"，以期促进高

等学校人才培养质量、科学研究水平和社会服务能力的全面提升，增强核心竞争力，加快实现高等教育强省建设目标。《黑龙江省高等教育强省建设规划》则更为清晰地勾勒出黑龙江省高等教育改革与发展的蓝图和战略选择，即推进高等教育综合改革，稳定规模、优化结构、提高质量、突出特色、强化服务，促进高等教育人才培养质量、科学研究水平和社会服务能力全面提升，核心竞争力显著增强，社会贡献力明显提高。此外，促进教育的国际交流与合作，构建主要面向俄罗斯、日本、韩国等东北亚国家和欧美发达国家的教育对外开放格局，努力把黑龙江省建设成为我国面向东北亚教育对外开放的重要窗口（详见附录二）。

4. 河南省高等教育发展的战略关注点概述

依据《中国教育年鉴2011》，河南省每十万人口高等学校平均在校人数为 1839 人，低于全国平均水平 2328 人。各类高等教育机构为 206 所，其中研究生培养机构 23 所，普通高等学校 127 所，成人及民办高等教育机构 56 所。河南省普通高等学校在校生为 1485751 人，其中博士研究生为 1142 人，硕士研究生为 27879 人，普通本专科生为 1456730 人。教职工数为 123929 人，其中专任教师数为 86686 人，普通高等教育的师生比为 17.63。高等教育毛入学率达到 23.7%，比 2005 年增加 6.64 个百分点。

表 5-17 河南省 2010 年高等教育各类学校数、教职工数、专任教师数情况

单位：所，人

类 型		学校数	教职工数	专任教师数
研究生培养机构	普通高校	15		
	科研机构	8		
普通高等学校	本科院校	45	69962	48520
	独立学院	10	6810	5173
	高职（专科）院校	62	40465	28951
	其他机构（点）	10		

续表

类　型	学校数	教职工数	专任教师数
成人高等学校	15	4571	3055
民办的其他高等教育机构	41	2121	987

表 5 - 18　河南省 2010 年普通高等教育学生情况

单位：人

学生类型	毕业生数	招生数	在校生数
研　究　生	7759	10704	29021
博　　士	187	328	1142
硕　　士	7563	10376	27879
普通本专科	382486	457122	1456730
本　　科	137571	211337	687181
专　　科	244915	245785	769549

在全面建设小康社会、实现中原崛起、河南振兴的关键时期，高等教育取得长足的发展，《河南省中长期教育改革和发展规划纲要（2010～2020年)》和《河南省高等教育发展规划（2004～2020年)》进一步明晰了河南省高等教育发展的总体思路和战略选择，即围绕建设中原经济区工作大局，坚持优先发展、育人为本、改革创新、促进公平、提高质量、强化服务，为建设人力资源强省，实现中原崛起、河南振兴提供强有力的智力支撑和人力资源保障。2010年接近全国高等教育平均发展水平，2020年达到或略高于全国高等教育平均发展水平，通过十几年的发展和积累，逐步健全和完善高等教育体系，培养和造就适应全面建设小康社会和实现中原崛起需要的数以百万计的专门人才和一批拔尖创新人才（详见附录二）。

三　西部地区高等教育发展战略关注点述评

在西部地区的 12 个省区中，陕西、四川和重庆处于高等教育强省或大省的战略地位，其高等教育的发展战略及改革举措对于西部乃至全国具有重要的借鉴意义。基于此，我们选取上述三个省市和甘肃省作为高等教育发展战略的观测点，以期达成对我国区域高等教育发展战略的对比分析。

1. 陕西省高等教育发展的战略关注点概述

依据《中国教育年鉴2011》，陕西省每十万人口高等学校平均在校人数为3208人，远远高于全国平均水平（2328人），居全国第四位、西部第一位，这也体现了陕西作为高等教育大省的地位。陕西省各类高等教育机构为183所，其中研究生培养机构50所，普通高等学校104所，成人及民办高等教育机构29所。陕西省普通高等学校在校生为1013097人，居于全国前列，其中博士研究生为14701人，硕士研究生为70627人，普通本专科生为927769人。教职工数为109606人，其中专任教师数为65079人，普通高等教育的师生比为17.26。2010年高等教育毛入学率达到31.17%。实施"985工程"、"211工程"、优势学科创新平台、"高等教育质量工程"、重点学科建设工程等，一批重点学科达到了国内一流水平。高校科研经费从2005年的29亿元增长到2010年的63.57亿元，比"十五"末翻了一番，并取得了一批标志性科研成果。高校科研项目2.7万项，拥有专利7434件。高校服务的地域覆盖全国31个省（区、市）以及港澳台三地，促成科技合作项目上万项。

表5-19　陕西省2010年高等教育各类学校数、教职工数、专任教师数情况

单位：所，人

类　　型		学校数	教职工数	专任教师数
研究生培养机构	普通高校	24		
	科研机构	26		

续表

类　　型		学校数	教职工数	专任教师数
普通高等学校	本科院校	51	76879	45273
	独立学院	12	6432	4216
	高职（专科）院校	39	21657	13015
	其他机构（点）	2		
成人高等学校		19	3813	2262
民办的其他高等教育机构		10	825	313

表 5 - 20　陕西省 2010 年普通高等教育学生情况

单位：人

学生类型	毕业生数	招生数	在校生数
研　究　生	21709	28806	85328
博　　士	1987	3147	14701
硕　　士	19722	25659	70627
普通本专科	235507	267108	927769
本　　科	113140	154904	545712
专　　科	122367	112204	382057

《陕西省贯彻〈国家中长期教育改革和发展规划纲要（2010～2020年)〉实施意见》指出，改革开放特别是进入新世纪以来，陕西教育持续进步。教育投入持续增长，办学条件显著改善，教育改革深入推进，教育开放逐步扩大，教育工作者队伍不断壮大，育人为本意识明显增强，教育质量稳步提高，教育服务经济社会发展的能力显著提升。在新一轮西部大开发、关中一天水经济区的推进实施以及实现经济转型、推动自主创新、引领文化发展、促进社会和谐的进程中，陕西高等教育事业担负着特殊而崇高的历史使命，也面临着难得的发展机遇。陕西省把教育摆在优先发展的战略地位，遵循"稳定规模、提高质量、深化改革、优化结构、突出特色"的改革与发展思路，切实保证经济社会发展规划优先安排、财政资金优先保障、公共资源优先满足，在新的历史起点上推动高等教育科学发

展，全面提高高等教育质量，综合实力和核心竞争力保持全国优势地位，对经济社会发展的贡献率显著提高，为陕西乃至全国的经济社会发展提供了强有力的人才保障和智力支持。高等教育毛入学率达到 45.92%，主要劳动年龄人口平均受教育年限达到 12.9 年，受过高等教育的比例达到 22.39%，新增劳动力平均受教育年限达到 14.3 年。此外，支持做强民办教育，保持民办高等教育在全国的领先水平（详见附录三）。

2. 四川省高等教育发展的战略关注点概述

依据《中国教育年鉴 2011》，四川省每十万人口高等学校平均在校人数为 1790 人，低于全国平均水平（2328 人）。各类高等教育机构为 184 所，其中研究生培养机构 37 所，普通高等学校 106 所，成人及民办高等教育机构 41 所。四川省普通高等学校在校生为 1163749 人，居于全国前列，其中博士研究生为 12181 人，硕士研究生为 65353 人，普通本专科生为 1086215 人。教职工数为 117302 人，其中专任教师数为 76047 人，普通高等教育的师生比为 18.05。2010 年高等教育毛入学率达 25%。主要劳动年龄人口平均受教育年限达到 9.1 年，其中新增劳动力达到 11.3 年，劳动力素质进一步提高。

表 5 – 21 四川省 2010 年高等教育各类学校数、教职工数、专任教师数情况

单位：所，人

类 型		学校数	教职工数	专任教师数
研究生培养机构	普通高校	20		
	科研机构	17		
普通高等学校	本科院校	44	74176	47106
	独立学院	13	12296	8452
	高职（专科）院校	48	26184	17841
	其他机构（点）	1	143	44
成人高等学校		26	3747	2271
民办的其他高等教育机构		15	756	333

表 5 - 22 四川省 2010 年普通高等教育学生情况

单位：人

学生类型	毕业生数	招生数	在校生数
研 究 生	18845	26024	77534
博 士	2048	2721	12181
硕 士	16797	23303	65353
普通本专科	278577	332104	1086215
本 科	126069	180340	643225
专 科	152508	151764	442990

四川省先后提出了"科教兴川"和"人才强省"战略，并将"十一五"教育发展目标锁定为"由教育大省迈进教育强省"。《四川省中长期教育改革和发展规划（2010～2020 年)》和《四川省"十二五"教育事业发展规划》相继指出四川省高等教育改革与发展的基本战略，即围绕建设西部经济发展高地和西部人才高地战略，坚持育人为本，以改革创新为动力，以促进公平为重点，以提高质量为核心，顺应加快转变经济发展方式的新形势，迎接国内外竞争日趋激烈的新挑战，全面推进高等教育内涵发展，加强高校科技创新和文化传承，提升服务经济社会发展能力。深化教育教学改革、考试评价制度改革，创新人才培养模式，大力推进素质教育。到 2020 年，高等教育结构更加合理，特色更加鲜明，人才培养、科学研究和社会服务整体水平全面提升，在西部领先的优势进一步巩固，竞争力显著增强（详见附录三）。

3. 重庆市高等教育发展的战略关注点概述

依据《中国教育年鉴 2011》，重庆市每十万人口高等学校平均在校人数为 2413 人，略高于全国平均水平（2328 人），居西部第二位。各类高等教育机构为 86 所，其中研究生培养机构 13 所，普通高等学校 60 所，成人及民办高等教育机构 13 所。重庆市普通高等学校在校生为 565868 人，其中博士研究生为5024人，硕士研究生为38125人，普通本专科生为522719人。教职工数为56487人，其中专任教师数为36207人，普通高等教育的师生比为17.51。高等教育毛入学率达到30%，高于全国平均水平；主要劳动年龄人口平均受教育年限达到10年，新增劳动力平均受教育年限达到12.8年，高于全国平均水平，居西部第二。全市90%的基础研究和70%的创新成果由在渝高校承担或完成。

表 5-23　重庆市 2010 年高等教育各类学校数、教职工数、专任教师数情况

单位：所，人

类　　型		学校数	教职工数	专任教师数
研究生培养机构	普通高校	11		
	科研机构	2		
普通高等学校	本科院校	22	35399	22420
	独立学院	7	5688	3732
	高职（专科）院校	31	12957	8650
	其他机构（点）			
成人高等学校		5	1784	1077
民办的其他高等教育机构		8	659	328

表 5-24　重庆市 2010 年普通高等教育学生情况

单位：人

学生类型	毕业生数	招生数	在校生数
研　究　生	10347	14851	43149
博　　　士	779	1175	5024
硕　　　士	9568	13676	38125
普通本专科	122811	164137	522719
本　　　科	66490	96434	328741
专　　　科	56321	67703	193978

《重庆市中长期城乡教育改革和发展规划纲要（2010～2020年）》和《重庆市教育事业"十二五"规划》中均指出，提升重庆高等教育综合实力是建设西部教育高地和人力资源强市的基本要求，而西部大开发、成渝

经济区建设，对重庆教育实现新一轮跨越搭建了广阔平台。重庆市高等教育的改革与发展需要开创"西部区位、直辖境界、中国水平、世界眼光"的新局面；需要优化人才培养结构，全面提高人才培养质量，增加创新型、应用型、复合型人才供给，为加快经济发展方式转变、推进经济结构战略性调整提供强有力的人才支撑；需要高校积极构建"产学研"一体化的协同创新体系，加快科技创新和成果转化，抢占科技制高点，为建设国家创新型城市做出积极的贡献；需要发挥教育的文化功能，大力推进文化传承与创新，为建设社会主义先进文化高地、长江上游地区文化中心和文化强市服务。此外，积极推进高等教育的国际化发展，建设国际交流与合作平台，在国外新建孔子学院（课堂），引进国外优质教育资源，支持出国留学，加大引智力度等（详见附录三）。

4. 甘肃省高等教育发展的战略关注点概述

依据《中国教育年鉴2011》，甘肃省每十万人口高等学校平均在校人数为1882人，低于全国平均水平（2328人）。各类高等教育机构为102所，其中研究生培养机构17所，普通高等学校45所，成人及民办高等教育机构40所。甘肃省普通高等学校在校生为407135人，其中博士研究生为3335人，硕士研究生为22274人，普通本专科生为381526人。教职工数为37040人，其中专任教师数为23570人，普通高等教育的师生比为18.79。高等教育毛入学率为22%，比2005年提高了7个百分点，缩小了与全国的差距。

表5－25　甘肃省2010年高等教育各类学校数、教职工数、专任教师数情况

单位：所，人

类　　型		学校数	教职工数	专任教师数
研究生培养机构	普通高校	9		
	科研机构	8		

续表

类　　型		学校数	教职工数	专任教师数
普通高等学校	本科院校	19	23736	14282
	独立学院	5	2752	1967
	高职（专科）院校	21	9129	6479
	其他机构（点）			
成人高等学校		9	953	628
民办的其他高等教育机构		31	470	214

表 5 - 26　甘肃省 2010 年普通高等教育学生情况

单位：人

学生类型	毕业生数	招生数	在校生数
研　究　生	6523	9098	25609
博　　士	669	888	3335
硕　　士	5854	8210	22274
普通本专科	92226	114064	381526
本　　科	45747	65994	238412
专　　科	46479	48070	143114

改革开放，特别是西部大开发战略实施以来，甘肃省高等教育事业获得了长足发展。《甘肃省中长期教育改革和发展规划纲要（2010～2020年)》和《甘肃省"十二五"高等教育发展规划》中均提出甘肃高等教育改革与发展的基本思路，即围绕"中心带动、两翼齐飞、组团发展、整体推进"的区域发展战略，注重内涵发展与整体效益，按照"扶需、扶特、扶强"的原则，力争在关键学科和重点领域有所突破。以提升高等教育质量为核心，体制机制改革为动力，加大投入为保障，增强服务经济社会发展能力为落脚点，充分发挥高等学校人才培养、科技创新、社会服务和文化引领的作用，为甘肃省经济建设和社会发展提供智力支撑与人才保障。此外，根据人口变化和人民群众对接受高等教育的需求，适当扩大规模，提高入学率。根据经济社会发展需要调整专业设置和学科布局，增强高等

教育结构与经济结构的吻合度。注重培育特色，发展特色，特色建设坚持地方性，促进甘肃地方经济社会发展（详见附录三）。

第三节　我国三大区域高等教育发展战略分析

基于《国家中长期教育改革和发展规划纲要（2010～2020年）》，我国东部、中部和西部三大区域高等教育事业的总体战略定位是一致的，即坚定地高举中国特色社会主义伟大旗帜，以邓小平理论和"三个代表"重要思想为指导，深入贯彻落实科学发展观，实施科教兴国战略和人才强国战略，优先发展教育，完善中国特色社会主义现代教育体系，办好人民满意的教育，建设人力资源强国。然而，受制于区域间经济与社会环境的差异性与不均衡性，三大区域间高等教育事业的战略规划与改革举措也呈现出一定的差异。这种共性基础上的差异，既是我国高等教育事业发展不均衡性和差异性的体现，也是我们在制定区域高等教育发展战略规划与改革举措时不容忽视的重要内容。因此，三大区域间高等教育发展战略规划与改革措施的比较与借鉴，有助于进一步明晰西部地区高等教育事业的战略选择，促进西部地区高等教育事业的持续健康发展。

一　大众化发展趋势与教育投入的不均衡分析

高等教育大众化是衡量高等教育发展阶段和水平的理论概念，自20世纪中叶以来，成为世界高等教育发展的一大趋势。[①] 90年代以来，在教育

---

① 郝瑜：《高等教育大众化：陕西的经验、问题与前景》，高等教育出版社，2004。

非均衡发展战略的指导下，中国的一些发达地区纷纷提出了高等教育大众化的目标。经过近 20 年的建设，我国相当部分省区已经初步实现了大众化的发展要求，并朝向高等教育普及化方向发展。2009 年我国高等教育毛入学率达到 24.2%，预计 2015 年达到 36.0%，2020 年达到 40%。以北京、上海、江苏和浙江为代表的东部地区，在 2009 年前后已经充分显现出高等教育普及化的态势，预计 2020 年达到 60% 左右；以辽宁、黑龙江、河南和湖北为代表的中部地区紧随其后，预计 2020 年达到 50% 以上；以陕西、甘肃、四川、重庆为代表的西部地区高等教育大众化的步伐明显落后于东部和中部地区，预计 2020 年达到 40% 以上。西部地区高等教育的规模远低于东部地区，也低于全国平均水平。

表 5-27　三大区域高等教育毛入学率抽样统计

单位:%

指　　标		各省区的毛入学率			区域的平均毛入学率		
		2009 年	2015 年	2020 年	2009 年	2015 年	2020 年
东部地区	北　京	59.0	67.0	67.0	46.3	56.1	60.3
	上　海	43.2	51.4	52.0			
	江　苏	40.0	50.0	60.0			
	浙　江	43.0	56.0	62.0			
中部地区	辽　宁	38.7	60.0	65.0	30.6	46.6	57.8
	黑龙江	31.2	50.0	65.0			
	河　南	22.0	36.5	41.0			
	湖　北	30.4	40.0	60.0			
西部地区	陕　西	28.11	35.46	60.1	24.8	34.5	47.5
	甘　肃	20.0	30.0	40.0			
	四　川	24.0	32.7	40.0			
	重　庆	27.0	40.0	50.0			

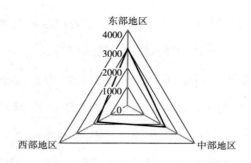

图 5 - 19 三大区域每十万人口高等学校平均在校人数

高等教育毛入学率不能完全反映大众化的进程，大众化甚至是普及化的发展趋势也并不意味着高等教育的总体水平。但是，毛入学率的不断提升能够反映出我国高等教育规模发展的需求与趋势，而三大区域在规模发展的态势上存在着客观的差距。此外，如图 5 - 19 所示，三大区域每十万人口高等学校平均在校人数呈明显的递减趋势，东部地区为 3005人，中部地区为 2262 人，西部地区为 1753 人。中、西部与东部地区的差距较为明显，而西部地区也落后于中部地区。这样既反映了当前三大区域高等教育发展规模的实际状况，也表明西部地区高等教育规模仍需进一步扩大的内在趋势。但同时需要指出的是，当步入高等教育大众化阶段或普及化阶段后，如何提升质量与层次应该成为改革的关键点。东部地区在高等教育普及化发展的背景下，更加关注内涵式的发展战略。西部地区高等教育的改革与发展要顺应和坚持大众化的发展趋势，但同时需要选择跨越式的发展战略，不断提升高等教育的层次与水平。

东部地区与西部地区在经济社会发展上存在着巨大差异，这种差异也反映到三大区域高等教育的改革与发展。以东、西部地区普通高等学校生均教育经费支出为例，2011 年北京市为 50070.41 元，上海市为 39553.10元，广东省为 23452.24 元，天津市为 25653.8 元，浙江省为 30007.02 元；

而位于西部地区的陕西省为 21474.61 元，四川省为 20113.17 元，甘肃省为 13923.72 元，贵州省为 14689.70。西部与东部地区普通高等学校生均教育经费支出的差距为 1～3 倍。以东、西部地区普通本科学校教育经费支出为例，2011 年北京市为 5435743 万元，上海市为 2966221 万元，广东省为 2675312 万元，天津市为 1056275 万元，浙江省为 2087960 万元；而位于西部地区的陕西省为 1944001 万元，四川省为 1997791 万元，甘肃省为 488618 万元，贵州省为 396239 万元。西部与东部地区普通高等本科学校教育经费支出的差距为 3～6 倍。

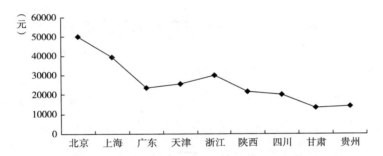

图 5－20 东、西部部分省区地方高等学校生均教育经费支出

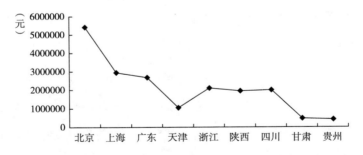

图 5－21 东、西部部分省区普通本科学校教育经费支出

此外，西部地区高层次人才培养机构偏少。从普通高校在校本专科学生数的比例来看，全国为 1.17：1，西部地区为 1.15：1，基本持平，西部地区略显低；从在校本专科生和研究生人数的比例来看，全国为 18.67：1，而西部地区为 20. 07：1，西部地区研究生教育规模低于全国平均水平。[①]

　　事实上，作为全国高等教育的重要组成部分，西部地区高等院校为我国实现高等教育大众化做出了重要贡献，同时，也承担着为西部区域经济社会发展提供人才支撑与科技支撑的任务。此外，在维护国家统一和民族团结方面西部地区高等教育有着举足轻重的战略地位。因此，我们需要进一步加大对西部地区高等教育的支持与投入力度，全面实施"中西部高等教育振兴计划"，促进西部地区高等教育事业与经济社会的协同发展。

二　高等学校、学科的区域布局现状分析

　　依据办学性质，高等教育学校大致可以分为研究生培养机构、普通高等学校和民办及其他高等教育机构。三大区域高等教育学校数量呈现"东西部差距显著、中部优于西部"的特点，且具有明显的递减趋势。具体而言，研究生培养机构数量方面，东部地区占全国的 55. 3%，中部地区占全国的 21. 5%，西部地区占全国的 23. 2%；普通高等学校数量方面，东部地区占全国的 43%，中部地区占全国的 32. 5%，西部地区占全国的 24. 5%；民办及其他高等教育机构数量方面，东部地区占全国的 67. 5%，中部地区占全国的 24. 2%，西部地区占全国的 8. 3%。

　　"985 工程"大学是全国在各个省区重点建设的高水平大学，对提升高等教育质量具有重要意义。事实上，"985 工程"是我国政府为建设若干所世界一流大学和一批国际知名的高水平研究型大学而实施的高等教育建设工程。"985 工程"优势学科创新平台项目是以国家和行业发展急需的重点

---

① 　姚慧琴、徐璋勇：《中国西部发展报告（2012）》，社会科学文献出版社，2012，第 295 页。

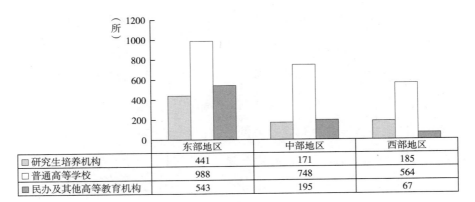

	东部地区	中部地区	西部地区
☐ 研究生培养机构	441	171	185
☐ 普通高等学校	988	748	564
■ 民办及其他高等教育机构	543	195	67

图 5 - 22 三大区域高等教育学校数量情况

领域和重大需求为导向，围绕国家科技发展战略和学科前沿，加大学科结构调整力度，促进学科交叉，大力提高建设学科的科技创新能力和解决制约经济社会发展的重大问题的能力而开始进行的国家级教育建设工程。

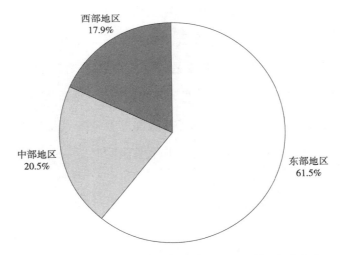

图 5 - 23 东部、中部和西部地区 "985 工程" 大学分布

当前，我国 "985 工程" 大学共 39 所，东部地区拥有 24 所，占比达到 61.5%，中部和西部地区大体相当，分别为 8 所和 7 所，占比分别为 20.5% 和 17.9%。东部地区 "985 工程" 大学主要聚集在北京、上海、江苏、辽宁等省市，中部地区 "985 工程" 大学主要聚集在湖北、湖南、黑龙江等省区，西部地区"985 工程"大学主要聚集在陕西（3 所）、四川（2 所）、重庆（1 所）和甘肃（1 所）四个省市。"985 工程"大学的区域分布既有社会经济发展的客观因素，也有高等教育发展历史积淀的影响。从国家层面而言，需要不断加大对中、西部地区"985 工程"大学的扶持和建设力度，并引导其为当地社会发展做出积极贡献。就地方政府而言，西部地区高等教育的大发展，需要重视"985 工程"大学的引领作用，尤其是在科学研究与产学研合作等方面，充分发挥其办学的整体优势，为西部地区的社会发展注入生机与活力。

"211 工程"是中国政府为了迎接世界新技术革命的挑战，面向 21 世纪，集中中央和地方各方面的力量，分期分批地重点建设 100 所左右的高等学校和一批重点学科、专业，力争在 21 世纪初有一批学科、专业接近或达到国际一流大学水平的高等学校建设工程。"211 工程"是新中国成立以来，国家正式在高等教育领域立项开展的规模最大的重点建设工程，是国家"九五"期间高等教育的发展工程，也是高等教育事业的系统改革工程。"211 工程"的实施，为我国建设若干所世界一流大学和一批世界一流学科发挥了重要作用，有力地推动了我国高等教育发展和高等教育质量的提高。全国"211 工程"大学呈现出非常明显的区域不均衡特征，东部地区共有 66 所，占到 56.9%（北京 26 所、天津 4 所、河北 1 所、辽宁 4 所、上海 9 所、江苏 11 所、浙江 1 所、福建 2 所、山东 3 所、广东 4 所和海南 1 所）；中部地区和西部地区大体相当，分别有 23 所和 24 所，占比分别为 19.8% 和 20.7%。但是中部地区只有 8 个省区，而西部地区有 12 个省区。因此，西部每一个省区"211 工程"大学所占的平均比例依然是最低的。具体而言，中部地区的"211 工程"大学分布为山西 1 所、吉林 3 所、黑龙江 4 所、安徽 3 所、江西 1 所、河南 1 所、湖北 7 所、湖南 3 所，西部地区"211 工程"大学的分布为重庆 2 所、四川 5 所、贵州 1 所、云南 1

所、西藏 1 所、陕西 7 所、甘肃 1 所、青海 1 所、宁夏 1 所、新疆 2 所、广西 1 所和内蒙古 1 所。

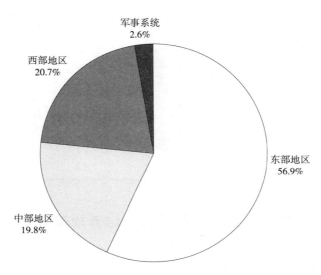

图 5-24 东部、中部和西部地区 "211 工程" 大学分布

重点学科建设是建设高水平大学的基础和保证。国家级重点学科及重点培育学科情况也呈现出 "点状发展、连线成片" 的格局。北京、上海、江苏、湖北和陕西分列重点学科建设的前五位，东部、中部和西部地区所占的比例仍有较大差距。北京、上海和江苏的重点学科建设有力地支撑了该地区高等教育质量与水平的不断提升。西部地区以陕西为代表，其重点学科建设有力地保障了西部高等教育重镇的学术优势。但是，西部地区国家级重点学科的总体建设力度仍然不够，需要继续加强相应政策倾斜与教育投入的力度。

表 5-28 部分省（市）国家重点学科及重点培育学科情况

单位：个

省（市）	一级学科数（排位）	二级学科数（排位）	三级学科数（排位）	二级培育学科数（排位）
北京	87（1）	519（1）	21（2）	24（1）
上海	30（2）	215（2）	27（1）	24（1）

续表

省（市）	一级学科数 （排位）	二级学科数 （排位）	三级学科数 （排位）	二级培育学科数 （排位）
江苏	28（3）	172（3）	4（5）	21（3）
湖北	17（4）	121（4）	5（4）	17（4）
陕西	16（5）	108（5）	6（3）	13（5）
湖南	13（8）	73（8）	2（7）	6（11）
安徽	9（11）	51（13）		4（13）
广东	5（12）	67（11）	5（4）	12（6）
河南	2（15）	10（18）		4（13）
河北	1（16）	9（19）		2（14）

三 质量为本、追求卓越的人才培养战略分析

人才培养是高等教育的基本职能和重大使命，人才培养的质量关系未来社会的持续健康发展，关系到国家的核心竞争力。因此，质量为本的高等教育发展战略选择有其深刻的社会背景和现实意义。质量战略是东部、中部与西部地区高等教育改革与发展的共同选择和重中之重。质量战略关注的焦点集中体现在：第一，人才培养模式改革，把创新人才和高素质人才培养作为学校评价的重要因素。围绕国家发展战略和社会经济结构调整需要，逐步建立高等学校主动调整学科专业结构的引导机制，促进高等学校更好地培养经济社会发展所需的各种专门人才。第二，高等学校教学质量与教学改革工程。重点实施"优势特色专业建设工程"、"卓越人才培养计划"、实验示范中心、示范性实训基地、大学生学科和技能竞赛等项目。第三，实践取向的教学改革。优化实践教学内容，构建以能力培养为主线、课内课外相结合的实践教学体系。加强校内外实践教学基地建设，重点建设一批国家级和省级实验教学示范中心与高职实训基地。实施大学生实践创新训练计划，推进创新实验项目，开展创新技能竞赛，设立大学生

实践创新奖等。第四,健全教学质量保障机制。完善高校教学质量评估办法,建立高校教学状态数据年度统计和公布机制,完善高校内部质量监控办法,强化教师、院系、学校三级质量保障,建立行业企业、用人单位、教师、学生、家长和中介组织多方参与的评价制度。第五,推进研究生培养机制改革,营造教育创新氛围。着力改革研究生培养模式和管理体制,建立健全导师责任制和导师项目资助制。继续加强学位点建设工作。深化专业学位教育改革,大力发展专业学位研究生教育。需要指出的是,与东部地区相比,西部地区高等教育质量依然面临着众多难题,如教师数量总体不足、师资队伍结构亟待优化、优质教育资源偏少、教育国际化水平有待提高等。

在科学研究层面,追求卓越的科研创新战略。积极适应经济社会发展的重大需求,努力提升原始创新、集成创新和引进消化再创新能力,着力推进协同创新。第一,发挥高等学校在科技创新体系中的重要作用,建设一批高水平创新平台,支持高新技术产业发展。第二,积极引导重点高校以国家战略和区域战略需求为导向,承担重大科研任务和重大科学工程项目。第三,大力支持地方高校以地方产业发展需要为指引,就转变经济发展方式和产业转型升级开展针对性研究。第四,鼓励高校积极开展自然科学、技术科学、哲学社会科学研究。加强重点实验室、工程技术研究中心、技术转移中心等科研创新基地和平台建设。积极培育和重点建设一批跨学科、跨领域的科研创新团队。第五,建设面向社会的开放型高校科技基础条件平台、大型科学仪器设备协作共享平台、科研成果转化交易平台和产学研用结合服务平台。完善以创新、质量和贡献为导向的高校科研评价体系,建立有利于自主创新的激励机制。

建立高等学校分类指导服务体系。科学建立高校分类体系,建立健全实行分类指导、分类管理和分类评估的新机制,对不同类型的高校实行不同的办学标准和质量评价体系。发挥政策指导和资源配置的作用，引导高校科学定位，形成各自的办学理念和办学风格，在不同层次、不同领域办出特色，形成类别清晰、特色鲜明的高等教育体系。以上海市和陕西省为例，上海市通过制定高等学校发展定位规划，引导高等学校准确定位、错位竞争，走创新型、开放型、特色型、服务型发展之路；建立高等学校办学质量分类评估标准，实施符合不同学校和学科专业特点的教学质量评估制度，完善政策措施和资源配置，对不同类型高等学校实施分类管理、服务、支持政策；启动高等学校分类指导，让不同类型的高校设定不同的发展目标，同时启动分类绩效评估，遏制贪大、求全、攀高趋势，引导大学针对各自目标争创一流；陕西省制定全省高等学校分类发展规划，合理设置和调整高等学校及学科专业，引导不同类型和不同层次的高校科学定位、办出特色、办出水平、争创一流；继续支持国家"985 工程"和"211 工程"高校建设，确保其处于全国领先地位；争取更多省属高校进入国家"中西部高校振兴计划"，为西部经济社会文化建设提供有力支撑；实施"高水平大学建设工程"，重点支持 5~8 所基础良好、特色鲜明、与陕西经济社会发展密切相关的省属本科高校，建成国内有广泛影响的高水平大学；鼓励和支持其他普通本科院校主要培养地方经济社会发展急需人才，提高办学水平。

四 产学研运作模式的改革创新战略分析

全国各个省区都重视高等教育产学研运作模式的改革创新，围绕国家发展战略和各地区的实际状况，规划本地区高等教育产学研的发展思路与改革路径，协调好本地区大学与社会、大学与市场及大学与政府的关系。各个省区都支持高校主动融入区域技术创新体系，与地方政府、行业企业共建产学研合作基地。大力推进校企联盟行动计划，支持企业与高校共建实验室、研发中心等平台，鼓励高校教师到企业转化科技成果或开展联合攻关，选聘一批科技企业家担任高校兼职教授。推动大学科技园建设，支持高校科技人员创办科技型企业。总体而言，东部地区产学研运作模式与当地社会经济发展的联系更加紧密，高等教育的社会服务功能更加凸显。中西部地区产学研相结合的力度和效果仍需改善，尤其是科技产业园区建设和社会服务体系建设方面，改革与创新的力度亟待加强。

以上海市和浙江省为例，通过全面推进产学研合作，上海市逐步形成以优势互补、利益共享、风险共担、紧密合作、共同发展为主要特征的战略联盟，以企业为主体、市场为导向、产学研相结合的技术创新体系，加强"上海高等学校技术市场"建设，促进高等学校科技成果转化；建立多学科组成的智囊团、思想库和开放式研究机构，搭建知识资源的分享平台，促进知识传播和应用；推动高等学校聚焦上海乃至全国改革开放和经济社会发展中的重大战略主题，围绕最急需解决的重大理论和实际问题进行深入研究，提供有价值的咨询和服务；深化"三区联动"创新发展，推动国家级大学科技园建设，发挥大学对周边经济社会发展的辐射优势，形成知识经济圈，促进区域经济发展，增强大学主动融入和服务地区经济、科技和社会发展的能力。浙江省紧密结合海洋大省建设和环杭州湾、温台沿海、金衢丽高速公路沿线三大产业带和区域产业集群建设，加强研究团队、研究创新基地和科技园建设，建立高校、科研院所、企业科技资源共享机制；接轨国家海洋发展战略，引导省域内涉"海"高等教育资源集聚发展，通过扶植、共建、引进等多种形式，使浙江成为国内涉"海"研究和人才培养的新高地，服务和引领海洋经济发展的新基地；对接现代产业的发展，引导高校、科研院所和企业建设学科专业与战略产业联盟，强化学科群的集聚效应；把加快科研成果推广转化放在突出位置，完善高等学校与政府、企业和科研院所合作机制，多形式推进产学研合作，形成以企业为主体、市场为导向、产学研相结合的技术创新体系。

事实上，东部沿海地区高等院校"产学研"的创新机制与发展模式对于中西部地区高校"产学研"改革提供了有益的借鉴。然而，中西部地区尤其是西部地区社会经济结构与发展水平及区域环境有其特殊性和针对性。因此，在借鉴国内外"产学研"改革与发展经验时，一定要立足区域特性，立足区域社会及经济发展的实际情况，制定切合实际且具有前瞻性的改革策略，实现高等教育与地方社会发展的良性互动与双赢。

五 高等教育的内外部治理结构优化战略分析

伯顿·克拉克认为高等教育发展主要受政府、市场及学术权威三种力量的整合影响。[①] 我国高等教育的改革与发展需要在市场机制下完善内部治理结构，重构大学、政府与社会之间的关系。《国家中长期教育改革和发展规划纲要（2010～2020年）》（以下简称《纲要》）明确提出，构建政府、学校、社会之间新型关系，克服行政化倾向，取消实际存在的行政级别和行政化管理模式。去行政化的目的就是重新确立政府与学校、行政力量与学术力量的关系。"政校分开、管办分离"则是高校去行政化的内在要求。"政校分开、管办分离"必须明确政府管理权限和职责，明确各级各类学校办学权利和责任，完善学校目标管理和绩效管理机制，健全校务公开制度，接受师生员工和社会的监督，探索建立符合学校特点的管理制度和配套政策。事实上，"政府与大学之间这种'一退一进'的共识与互动，一个重要初衷就是希望通过国家还权于大学来提升大学的自主地位，

---

① 伯顿·R. 克拉克：《高等教育系统：学术组织的跨国研究》，杭州大学出版社，1994，第159页。

使国家和社会成员在同等条件下获得大学更好的教育产品、科技成果与公共服务"。① 基于此，破解大学 "行政化" 应采取以下四个方面的措施：深化社会管理改革，为大学办学自主权的落实营造良好的外部环境；建立利益相关者协商机制，推动大学当局转换认知方式；尊重大学组织特性，强化学术人员在大学治理中的作用；培育关键的样板组织，推动 "去行政化" 的制度扩散。②

《高等教育法》规定："国家兴办高等学校实行中国共产党高等学校基层委员会领导下的校长负责制"。党委是大学的最高决策机构，统一领导学校各项工作。校长全面负责教学、科研和其他行政工作。但在实际管理运作过程中，党委与校长的职权容易发生冲突，党委与校长的权责界定不清。③ 通过对陕西15所具有代表性的高校关于党对高校领导体制的抽样调查结果显示，部分高校党委与行政、行政与学术的权责界限不够清晰；个别高校党政决策机构人员重叠过多；书记和校长的职权运作模式不够清晰，缺乏统一规范的党委领导下的校长负责制实施细则；行政权力和学术权力相互交错较多；少数高校领导在准确判断形势、把握大局、推进改革等方面的能力有待提高等。可见，我国党委领导下的校长负责制在实践中有待进一步完善，使党委书记和校长互相尊重，分清职责，共同推进我国高水平大学的发展。

《纲要》指出，我们要积极探索教授治学的有效途径，充分发挥教授在教学、学术研究和学校管理中的作用。在我国大学治理组织机构中学术权力与行政权力存在不平衡、不协调的现象，主要表现为 "行政权力过

① 龚怡祖：《大学治理结构：现代大学制度的基石》，《教育研究》2009 年第 6 期。
② 郝瑜、周光礼：《中国大学 "去行政化" 改革的制度困境及其破解》，《现代大学教育》2012 年第 3 期。
③ 陈武元、洪真裁：《现代大学制度与高水平大学建设》，《复旦教育论坛》2009 年第 5 期。

大、学术权力过小"。学术权力的主体——教授及学术组织的作用不突出。在学校重大问题的决策中，学者及学术组织参与决策的途径和方式有限，权力得不到充分体现。教授作为大学的办学主体，没有充分发挥其在学术上的领导决策作用，学术管理往往被行政管理所代替。[①] 在陕西高校的实地调研中，关乎学校发展的一些重大决策，相当部分的高校是由非学术人员讨论通过的；而教师考核与聘任等也多是由非学术人员制定，教授治学的力度仍需不断加强。

完善大学民主管理需要强化学术的民主制度建设，健全校务委员会、学术委员会制度，确保专家学者参与学术事务决策的权力落到实处。建立健全专业委员会和学科委员会制度，使学术权力发挥更加合适、准确、高效。调研显示，陕西一些高校的学术委员会中行政人员数量偏多，学术事务被间接行政化，我们应减少学校行政对学者和学术事务的干扰，对学术与行政进行合理分权，防止行政挤压学术生存的空间。同时，完善大学的民主管理需要通过制度建设，充分保障教师的权益，使教职工参与学校民主管理和监督的权力落到实处。然而调研表明，陕西省部分高校在关系到学校发展和教职工切身利益等重大事项决策中，为广大干部师生、基层院系提供的民主参与渠道不够畅通，方式不够多样，因此学校的民主管理实践有待进一步完善。

《纲要》进一步明晰了高校办学自主权的范围，高等学校按照国家法律法规和宏观政策，自主开展教学活动、科学研究、技术开发和社会服务，高校自主设置和调整学科、专业，自主制定学校规划并组织实施，自主设置教学、科研、行政管理机构，自主确定内部收入分配，自主管

---

① 夏鲁惠、原枕梅：《我国高校内部管理体制改革建议》，《中国教育观察》2009 年第 10 期。

理和使用人才,自主管理和使用学校财产与经费。高校办学自主权的落实与扩大,必将会推动我国高等教育事业的健康和持续发展。此外,高等教育的改革与发展需要鼓励专门机构和社会中介机构对高等学校学科、专业、课程等水平和质量进行评估。与国际高水平教育评价机构合作,形成中国特色学校评价模式。国家通过立法、拨款资助建立或扶持一个专门机构或中介组织,建立科学、规范的评估制度,建立高等学校质量年度报告发布制度,保证和推动高等教育质量,为政府决策提供较为准确和科学的依据。

事实上,建设中国特色现代大学制度,需要实现高校内部治理与外部治理的相互衔接,从而更好地处理高校与政府、市场、企业、科研机构等要素的相互制衡关系。随着社会主义市场经济的发展,在办学自主化、多元化和多样化的改革趋势下,高校董事会制度的建设成为我国高等教育管理体制改革的积极探索。大量实践已经证明建立和完善高校董事会制度,有利于整合教育资源,加强高校与政府、企业和科研机构等社会组织的联系,优化人才培养模式,实现产学研的有机结合,提升高校的办学层次与质量。《纲要》也明确提出,现代大学制度的建设需要积极探索建立高等学校理事会或董事会,健全社会支持和监督学校发展的长效机制,探索高等学校与行业、企业密切合作共建的模式,推进高等学校与科研院所、社会团体的资源共享,形成协调合作的有效机制,提高服务经济建设和社会发展的能力。

需要注意的是,在我国公立大学董事会角色定位与功能设定上,既不能照搬美国,将其作为大学唯一的最高权力机构,又不能仅将其作为筹集资金与加强对外联系的桥梁,而是应在保证党委对学校办学方向及稳定等重大问题负责的前提下,明确董事会在高校内部管理中的权限和地位,使其成为大学的改革者、执行者、培育者、协调者和服务者。[①] 高校权力结构呈现出党委书记拥有政治领导权、校长拥有行政管理权、校董会拥有咨询指导权、教师拥有学术自主权的共同管理的结构格局。坚持在党委领导、董事会指导下的校长负责制是我国公立高校校董会建设的前提条件。[②] 潘懋元先生认为校董事会的存在是以高校和单位共赢为最终目的。现有层面下，国内高校董事会不妨在咨询、指导、筹措资金等方面发挥作用，将高校与企业或行业联结起来，为人才培养及人才输送提供便利。[③] 高校董事会治理制度的革新与完善，需要进一步明晰高校董事会的责权利、加强高校董事会的组织建设，优化董事会结构，规范董事会议事方式和表决程序，使得高校董事会成为现代大学治理内外衔接的"缓冲器"和"助推器"。

① 万清祥、魏海勇：《中美公立大学董事会运行机制比较与启示》，《中国高等教育》2010年第 11 期。

② 施永福：《公立高校董事会制度建设存在的问题及改进策略》，《教育学术月刊》2009 年第 4 期。

③ 李爱华：《中国高校董事会功能需扩充》，《科学时报》2007 年 6 月 12 日。

第六章

西部高等教育发展的形势与战略选择分析

借鉴发达国家在缩小区域差距方面的经验，在发展落后地区经济的同时，我们需要重视对这些地区的教育投入，开发人才资源，以改善和提高当地人口素质。高等教育是高层次专门人才培养的主要途径，发展高等教育对西部地区的社会进步、经济发展、实现现代化具有重要意义。因此，积极发展西部地区高等教育，加快培养西部地区急需的高级专门人才，是实施西部大开发战略的重要任务。江泽民同志曾经指出："西部大开发，人才是关键。西部地区在考虑发展思路、制定发展规划时，都要制定人才规划和政策措施。"实施西部大开发战略十多年来，西部地区呈现出强劲的发展势头，焕发出勃勃生机。从科教和创新竞争力来看，地处西部的陕西、四川、重庆等省市竞争力较强，广西、新疆、甘肃、贵州、内蒙古、云南、宁夏和青海等省区竞争力则相对较弱。排在西部省区前列的均是高等教育发展水平较高的省区，如四川、陕西和重庆等，这也从侧面反映了高等教育的改革与发展对西部的经济社会发展以及西部大开发有明显的促进作用。[①] 西部大开发战略的全面实现需要高层次、高质量的人才支撑，需要高等教育的健康快速发展，从而形成西部开发和人力资源发相互促进的发展格局，西部高等教育的改革与发展任重道远，需要重新审视其所面临的形势与挑战、困境与难题，立足西部区域实际状况，谋求具有前瞻性、针对性、实效性的发展战略与改革举措，以期实现西部地区高等教育与区域社会的和谐发展。

第一节　SWOT 分析法概述

在当今的战略规划报告里，SWOT 分析应该算是一个众所周知的工具。

---

① 李凯、尚子翔：《西部高等教育与经济社会发展的关系》，《教育评论》2010 年第 5 期。

SWOT 分析法最早是由美国哈佛商学院的安德鲁斯教授在《公司战略概念》一书中提出的。SWOT 四个英文字母分别代表优势（Strength）、劣势（Weakness）、机会（Opportunity）和威胁（Threats），其中"S"和"W"是内部因素，"O"和"T"是外部因素。所谓 SWOT（态势）分析法，就是将与研究对象密切相关的各种主要内部优势因素、弱点因素、机会因素和威胁因素，通过调查罗列出来，依照一定的次序按矩阵形式排列起来，然后运用系统分析的思想，把各种因素相匹配起来加以分析，从中得出一系列相应的结论（如对策等）的研究方法。[①] SWOT 分析法自形成以来，广泛应用于企业战略研究与竞争分析，成为战略管理和竞争情报的重要分析工具。

SWOT 分析法具有较为显著的结构化和系统性的特征。就结构化而言，首先，在形式上，SWOT 分析法表现为构造 SWOT 结构矩阵，并对矩阵的不同区域赋予了不同分析意义；其次，在内容上，SWOT 分析法的主要理论基础强调从结构分析入手对外部环境和内部资源进行分析。另外，早在 SWOT 分析法诞生之前的 20 世纪 60 年代，就已经有人提出过 SWOT 分析中涉及的内部优势、弱点和外部机会、威胁这些变化因素，但只是孤立地对它们加以分析。SWOT 分析法的重要贡献就在于用系统的思想将这些看似独立的因素相互匹配起来进行综合分析，使战略规划更加科学全面。

基于 SWOT 分析法的战略分析大致有四个方面的战略选择，分别包括优势－机会（SO）战略、弱点－机会（WO）战略、优势－威胁（ST）战略和弱点－威胁（WT）战略。具体而言：第一，优势－机会（SO）战略。SO 战略是一种发展企业内部优势与利用外部机会的战略，是一种理想的战略模式。当企业具有特定方面的优势，而外部环境又为发挥这种优势

---

① Greiner, Alfred, Semmler Willi, Eeonomie Modeling, 2002, 19 (5): 709 – 724.

提供有利机会时，可以采取该战略。例如，良好的产品市场前景、供应商规模扩大和竞争对手有财务危机等外部条件，配以企业市场份额提高等内在优势可成为企业收购竞争对手、扩大生产规模的有利条件。第二，弱点－机会（WO）战略。WO 战略是利用外部机会来弥补内部弱点，使企业改变劣势而获取优势的战略。存在外部机会，但由于企业存在一些内部弱点而妨碍其利用机会，可采取措施先克服这些弱点。第三，优势－威胁（ST）战略。ST 战略是指企业利用自身优势，回避或减轻外部威胁所造成的影响。比如，竞争对手利用新技术大幅度降低成本，给企业造成很大的成本压力；同时材料供应紧张，其价格可能上涨；消费者要求大幅度提高产品质量；企业还要支付高额环保成本；等等。但若企业拥有充足的资金、熟练的技术工人和较强的产品开发能力，便可利用这些优势开发新工艺，简化生产工艺过程，提高原材料利用率，从而降低材料消耗和生产成本。另外，开发新产品也是企业可选择的战略。新技术、新材料和新工艺的开发与应用是最具潜力的成本降低措施，同时它可提高产品质量，从而回避外部威胁。第四，弱点－威胁（WT）战略。WT 战略是一种旨在减少内部弱点，回避外部环境威胁的防御性技术。当企业存在内忧外患时，往往面临生存危机，降低成本也许成为改变劣势的主要措施。此外，根据 SWOT 分析工具，我们可以从内部因素和外部因素两个方面，进行发展战略与政策保障的分析。对于外部因素的机会而言，我们要立足于自身的优势抓住机遇，实现跨越式发展；对于外部因素的威胁而言，我们则要克服自身的不足与缺陷，尽可能地消除不利因素造成的影响；对于内部因素而言，如何抓住机遇、扬长避短或扬长补短就显得尤为重要。事实上，SWOT 分析法对内部因素分析的关键点在于内涵式发展、特色发展，对外部因素分析则强调系统的开放性和前瞻性。这种战略选择的分析工具对于我们探讨西部地区高等教育的改革与发展，具有一定的启示和借鉴作用。

在高等教育领域内，有研究者运用 SWOT 分析法，对大学发展规划、高等教育发展战略以及学生发展等问题进行了相关研究。比如，刘文娟采用 SWOT 分析法对"长三角"高等教育内部资源和外部环境进行了全面分析，提出该区域实现高等教育可持续发展的建议，即：坚持"以人为本"，实施人才战略激励；坚持以区域经济建设为中心，提高大学对产业的支持度，并从对产业的支持中获得自身发展的经济基础；实施区域内外协调，从合作竞争中获取高等教育发展的社会资本和发展动力。[①] 冯用军运用 SWOT 分析反演福建高教发展的优势、劣势、机会和威胁，结合"大海峡时代"社会经济和教育文化外向型发展趋势，构建福建高等教育发展矩阵，探讨"十二五"期间高教发展战略"福建模式"的可行性行动计划，以高教互动推进两岸政经、文教互动。[②] 魏小琳借鉴 SWOT 分析法，归纳地市高校所面临的多种竞争力量，总结地市高校发展的优势和劣势，提出结合自身实际条件和区域经济特点，采取差异化、多元化、战略联盟和"有所为有所不为"等策略，形成办学优势，谋求发展机遇。[③] 张立杰通过 SWOT 分析法，提出西北地区高等教育与区域经济存在着不协调性，区域各个主体之间存在发展目标、支撑能力的差异。区域内各主体为了实现各自的发展目标，需要积极寻求高等教育与区域经济之间能产生良性互动的发展策略，设计出求得效益最大化的互动模式。[④] 郭化林在运用 SWOT 分析法对河北高等教育的优势、劣势、机会和威胁进行系统分析的基础上，

---

① 刘文娟：《"长三角"高等教育可持续发展的分析及其建议》，《辽宁教育研究》2005 年第 1 期。
② 冯用军：《"大海峡时代"福建高等教育发展进程的 SWOT 分析》，《福建师范大学学报》（哲社版）2010 年第 4 期。
③ 魏小琳：《地方高校发展策略：基于 SWOT 的分析》，《教育发展研究》2009 年第 13 期。
④ 张立杰：《基于 SWOT 分析理论的西北五省（区）高等教育及区域经济互动发展研究》，《西安科技大学学报》2010 年第 9 期。

结合河北省社会经济和高等教育发展的现状，提出了河北高等教育的发展目标及战略选择。① 张秀萍、柳中权、张莹和张弛通过建立人力资本评价指标体系并对全国 31 个省（自治区、直辖市）的人力资本状况进行比较，运用 SWOT 分析法分析了辽宁省区域人力资本与高等教育的优势、劣势及其今后发展面临的机遇和挑战，并提出基于提升区域人力资本的辽宁省高等教育发展战略选择。② 李江云运用 SWOT 分析法回顾和分析了新中国成立 60 年来云南民族高等教育的优势、劣势、机会和威胁，结合云南社会经济和教育文化发展的现状，提出了云南高等教育发展动向的行动计划。林杰、刘春茂和王双年以"以评促建"的原则，依据管理科学的相关理论，采用情报学中竞争情报的 SWOT 分析法，对天津市高等教育的发展战略做了客观、具有可操作性的分析研究。③

第二节　西部地区高等教育改革与发展的 SWOT 分析

一　西部高等教育改革发展的外部因素分析

1. 西部地区高等教育面临的战略机遇

随着国家西部大开发战略的全面实施，西部地区高等教育的改革与发展面临着新的机遇。西部地区高等教育的改革与发展肩负着"建设西部、开发西部"的历史使命与责任，而"西部大开发战略"也为西部地区高等

---

① 郭化林：《基于 SWOT 分析的高等教育发展战略研究——以河北省为例》，《石家庄经济学院学报》2006 年第 4 期。
② 张秀萍、柳中权、张莹、张弛：《区域人力资本提升与区域高等教育发展战略——以辽宁省为例》，《大连理工大学学报》（社会科学版）2011 年第 1 期。
③ 林杰、刘春茂、王双年：《天津市高等院校发展战略的 SWOT 分析》，《情报理论与实践》2005 年第 1 期。

教育的改革与发展提供了生长的土壤与发展的空间。"西部大开发战略"的全面实施，需要切实发挥西部地区高等教育人才培养、科学研究、社会服务和文化创新的社会功能，实现西部高等教育与西部社会的和谐发展。因此，西部地区高等教育的改革与发展需要明晰这样一条主线，即"西部地区的跨越式发展需要怎样的高等教育、西部高等教育如何促进西部大开发"。西部地区高等教育发展的战略选择，不仅是为了获取更多的教育资源，而且还要将自身的人才培养、科学研究、社会服务和文化创新纳入"西部大开发"战略的实施进程之中。

在"西部大开发"的战略机遇期，西部地区高等教育需要走内涵式发展道路，其根本在于实现与西部地区社会发展的良性互动。学科专业建设是高等教育发展的根基所在，人才培养是高等教育发展的核心要素，科学研究是高等教育发展的重要组成部分，文化的传承与创新是高等教育发展的重要使命，四者有机统一，构成了高等教育发展的基本内涵。因此，西部地区高等教育发展战略的选择，首先需要明晰西部地区社会发展的规律与趋势，使得西部地区高等教育的改革切实推动西部社会的政治、经济与文化的繁荣与发展。在此基础上，合理布局学科与专业结构，实现分类统筹，不断提升人才培养的规格质量，不断增强"政产学研"的辐射效应，形成西部地区高等教育改革与发展的优势与特色。

2. 西部地区高等教育面临的困境与挑战

我国西部是经济欠发达地区，其贫困、落后的突出表现是在经济及老百姓的生活方面，而实质是人才和教育方面，尤其是高层次人才培养方面。20世纪80年代改革开放以来，西部地区高等教育获得了长足发展，规模迅速扩大、质量不断提高，初步形成了西安、成都、重庆等区域性高等教育中心和若干所在国内有重要影响的高等学校，高层次人才培养能力和高校科技创新与服务能力显著增强。高等教育管理体制改革基本完成，高等学校后勤社会化改革取得丰硕成果，有力地推动和保障了高等教育规模的迅速扩大。办学体制改革不断深化，民办教育得到较快发展，招生、考试、毕业生就业制度改革进一步深化。教学改革不断深入，素质教育得到积极推进。[①]

　　随着西部大开发战略的深入实施，西部地区高等教育发展也面临着一系列挑战及难题。西部大开发加速了西部地区的发展，但是在经济结构调整中，越来越需要人才和技术的支撑，否则会影响到经济社会的又好又快发展，这对作为人才培养基地和创新主力军的高等学校提出了新的更高的要求。[②] 然而，西部地区的经济长期处于比较落后的状态，与东部地区的差距在不断拉大。受经济发展水平所限，西部地区政府财力薄弱，教育经费总量不足，教育发展整体水平落后，人力资源开发的滞后与高层次人才的不足直接影响到西部开发重大工程的实施。此外，西部地区办学条件差、教育手段和信息化程度落后，教师队伍整体素质和教育质量不高，教学内容与方法亟待改进，高等教育为西部大开发服务的能力亟待加强。面对前所未有的历史机遇与挑战，我们必须以高度的历史责任感和紧迫感，抓住机遇，科学决策，坚持不懈，采取切实有效的政策措施，使西部地区高等教育发展跃上新台阶，实现新跨越。

二　西部高等教育改革发展的内部因素分析

1. 政府投入力度依然不足，多元化投入格局尚未形成

　　20 世纪末至 21 世纪初，由于东西部经济发展的不均衡，客观上造成了东西部地区间高等教育发展极不平衡，西部地区高等教育发展迟缓甚至

---

① 《2004～2010 年西部地区教育事业发展规划》，2004。
② 连辑：《西部地方高等教育问题及对策研究》，《中国高等教育》2010 年第 4 期。

滞后。中央和地方财政拨款是高校办学经费的主要来源，政府是高等教育资源的主要分配者。由于各省市经济发展水平差距较大，经费投入也呈现两极分化趋势。西部地区高等学校在校生生均拥有的教育经费仅相当于东部地区高等学校的一半左右。在西部地区的一些高校，政府的财政投入（以生均计）并未随着招生规模的扩大而相应提高。[①] 生均拥有教学用房、教学设备、实验室等都低于全国平均水平，与东部地区相比则差距更大。经济落后严重影响高校的发展，而高校的发展又直接影响到人才的培养，进而影响经济发展，形成恶性循环。这势必会影响高等教育办学质量的提高，制约了西部经济社会的可持续发展，由此形成一种恶性循环。最近十年，中央政府加大了对西部高等教育的经费投入和政策支持力度，《国家中长期教育改革和发展规划纲要（2010～2020 年）》明确提出，要"优化区域布局结构，设立支持地方高等教育的专项资金，实施中西部高等教育振兴计划"。然而，西部高等教育经费投入不足的问题依然比较突出，中央政府对西部高等教育的专项经费支持力度依然不够，省部共建高校的数量及配套支持的力度亟待加强。

西部地区除内蒙古、重庆、新疆的财政收入总量和人均收入均排名较靠前外，其他省区的财政收入要么总量偏小，要么人均的财政收入在全国排名靠后，且基本是排在全国的后 1/3，这说明西部省区的公共财政能力比较弱，投入教育事业的经费有限，高等教育事业受到经济发展水平的较大制约。[②] 事实上，我国西部地区正处于从传统农业社会向工业化社会转变阶段，对人力资本的要求急剧提升，但由于同期的教育投入远远

---

① 杨雅文：《大众化进程中的中国西部高等教育学术研讨会综述》，《教育研究》2004 年第 11 期。

② 秦福利：《我国西部地区高等教育成本分担中存在的问题与改进建议》，《教育科学》2010 年第 10 期。

不能满足人力资本增长的要求，从而在很大程度上限制了西部地区经济的增长。受经济环境与社会发展的影响，西部各省区高等教育经费投入呈现出较为明显的不均衡状态，西部高校的生均条件大多低于全国平均水平，与东部沿海地区高等教育的地方经费投入相比则有较明显的差距。于是，举债办学成为缓解西部高校建设和发展中资金不足的问题的一条重要渠道。虽然通过贷款使高校迅速达到规模扩张的目标，加速了我国高等教育从"精英教育"阶段向"大众化"阶段的转变进程，但是同时也给高校带来了较大的财务风险。[①] 此外，随着高等教育规模的不断扩大，西部高等学校教育经费不足的解决路径转向自身的"造血机制"，但与之相应的产学研运行机制尚未成熟。因此，西部地区高等教育经费投入问题的解决，有赖于中央政府、地方政府与社会及高校自身的共同努力，以逐步形成多元化的高等教育投入格局，扩大经费来源渠道、提高经费的使用效率，从而更好地为西部地区高等教育的振兴与发展注入生机和活力。

2. 西部地区高等教育布局与结构失衡

由于历史、政治、经济和文化等多种因素，西部地区高等院校布局不均造成不同省区在专门人才、经济发展水平上的差异巨大。有关调研显示，西部地区高等教育存在"六少"现象，即"重点高校少、直属高校少、重点学科少、重点实验室少、研究生学位授权点少、招生名额少"，由此造成了"两低"，即"毛入学率低、高考录取率低"。西部地区高等院校的地域分布极不均衡，西安、成都、重庆、兰州是西部高等教育中心，其中，四川、陕西的高校数量约占西部高校的40%，而西藏（3所）、青

---

① 秦福利：《我国西部地区高等教育成本分担中存在的问题与改进建议》，《教育科学》2010年第10期。

海（4 所）、宁夏（10 所）的高校屈指可数，单就西北地区来看，陕西近47%，青海、宁夏不到18%。① 西部地区中央部委属院校的办学力量较强，而地方院校则一般规模小、底子薄、办学条件差、教学质量和科研水平都比较低。而且，西部地区重点院校少，研究生学位授权点少，影响了西部高层次人才的培养。西部的重点高校、部属高校、"211 工程"高校、研究生学位授权点等都远少于中部、东部地区。②

当前，我国"985 工程"大学共 39 所，东部地区拥有 24 所，占比达到 61.5%；中部和西部地区大体相当，分别为 8 所和 7 所，占比分别为20.5%和17.9%。东部地区的 11 个省区拥有全国"211 工程"大学 65 所，占到 56%；中部地区和西部地区大体相当，分别有 23 所和 24 所，占比分别为 20%和 21%。但是，中部地区只有 8 个省区，而西部地区有 12 个省区。此外，由于各省高校招生自主权的扩大，西部地区基础条件较差的高校的扩招受到较大制约，同时经济状况不佳的西部各省区拿不出更多的经费来支持高等教育的发展，这种倾斜政策很快被东部地区雄厚的经济基础和办学实力所抹平甚至超越。而且，西部地区高校大都集中在省会城市和中心城市，如陕西集中在西安，甘肃集中在兰州。成都、重庆、昆明等都是如此。高校过于集中，不利于其他城市的经济发展和人才培养。

3. 高等教育与区域经济发展不相适应

2010 年教育部部长袁贵仁在全国普通高等学校毕业生就业工作网络视频会议上指出："以社会需求为导向，推动新一轮高等教育改革。今后一个时期，深化高等教育改革的重点在于提高质量，优化结构，进一步增强高等教育与经济社会发展需求的适应性。"总体而言，西部地区高等教育

---

① 赵军、朱晓玲：《对西部地区发展高等教育的策略思考》，《黑龙江高教研究》2005 年第 1 期。

② 王根顺、李静：《发展西部高等教育的战略思考》，《教育研究》2001 年第 9 期。

的快速发展得益于西部大开发的国家发展战略，而西部地区高等教育的改革与发展尚未切实地满足西部大开发战略的人才需要与智力支持。西部地区高等教育自身的科研与社会服务功能尚未同区域社会经济产生密切的关联，西部地区高等院校产学研社会效应尚未凸显。从《中国西部经济发展报告（2010）》对西部各省区市经济发展综合竞争力的评价与分析来看，四川经济发展综合实力最强，内蒙古、陕西和重庆经济发展综合实力较强，广西、新疆和云南经济发展综合实力一般，甘肃、贵州、青海和宁夏经济发展综合实力较弱。[1] 西部地区高等教育与经济发展存在着不和谐性，西部地区高等教育规模的发展速度略超前于经济规模的发展速度，西部地区高等教育结构以基础教育为主，没有直接指向区域经济。

表 6 - 1　2010 年西部各省区经济发展综合竞争力得分与排序

省区市	得分	排名	省区市	得分	排名
四　川	3.892	1	云　南	0.060	7
内蒙古	1.991	2	甘　肃	- 1.935	8
陕　西	1.194	3	贵　州	- 2.037	9
重　庆	0.905	4	青　海	- 2.162	10
广　西	0.316	5	宁　夏	- 2.303	11
新　疆	0.079	6	西　藏	—	—

注：西藏缺少相关数据。

事实上，在西部大开发战略中，对农业、工业、民生、生态等方面都有明确的目标和指标，而西部地区高等教育发展的战略思想、战略目标、战略重点并不明确。西部地区高等教育的现状远不能适应西部地区软实力建设的需要，不能有效地承担提高劳动者素质和依靠科技进步的责任，不能适应快速发展的新兴产业需求，不能为西部地区提供高效的社会服务与

---

[1] 李凯、尚子翔：《西部高等教育与经济社会发展的关系》，《教育评论》2010 年第 5 期。

智力支持。因此，西部地区绝大多数高校要走高等教育地方化、为地方经济建设服务的道路。在新建高校、高校的合并、学科专业的调整等方面既要保持高等教育的快速发展，又要与地方社会发展和经济结构相适应。①

4. 高校师资队伍建设及人才流失现象不容乐观

随着国家加快了西部地区经济建设步伐，西部地区高校的教师需求量剧增。但由于自然、地理、历史等因素的制约和影响，西部高校师资的培育能力、吸聚能力和留存能力不足，西部高校教师总量不足、结构不合理，尤其是高学历教师较少，具有高级职称的教师也不多，急需高层次人才、学科技术带头人，特别是学术领军人物。②"西部栽树、东部摘果"的现象也是影响西部地区高等教育健康发展的一个瓶颈问题，也对西部地区社会发展与经济建设产生了重大影响。20 世纪 90 年代以来，各高校对高层次人才的需求加快，出现了人才大流动，"孔雀东南飞"——由西部高校向东部流动，由普通大学向重点大学流动，进一步加剧了东西部高校的差距，西部地区高等教育人才流失现象严重，特别是高层次人才和中青年骨干人才外流现象更为严重。西部地区高等教育人才流失有两个主要特点：一是沿海发达地区以优越的环境吸引着西部地区有限的高等教育人才资源，从而进一步恶化了西部地区高层次人才缺失的态势；二是西部考取外地的大学生、研究生不回西部工作，人才呈加速递减趋势。此外，西部地区高校师资队伍的流失现象也较为严重，西部高校成为人才流失的重灾区。事实上，我国西部地区的一些高校，特别是非重点高校受到地理位置、生活环境、教育资源分配等客观条件的限制，在留住人才方面显得越来越力不从心，致使师资队伍不稳、结构失衡，其中最令人担忧的是一批

---

① 王根顺、李静：《发展西部高等教育的战略思考》，《教育研究》2001 年第 9 期。
② 任世强、陈宁：《西部地方高校师资队伍建设面临的问题及对策》，《西南交通大学学报》（社科版）2011 年第 5 期。

担任大量教学与科研工作的骨干教师，在市场经济浪潮的冲击下，向待遇优厚的东部地区的外资、高薪企业或事业单位转移。这些现象不仅制约了西部高校的教育质量和科研水平的提高，而且也严重地阻碍了西部的经济发展和中国社会、经济的整体和谐。[①] 2006 年，新华网刊文指出了西部地区高等教育师资队伍的流失现象，以兰州大学为例，"在过去 10 年，兰州大学流失的高水平人才完全可以再办一所同样水平的大学！这是出席十届全国人大四次会议西部省份几个代表团'发言率'非常高的一个话题"。我国西部地区人才总量不足，每万人中人才数量为 323 人，低于全国 487 人的平均数。甘肃省每年在外地高校培养的非师范类毕业生的回归率只有40%，2006 年甘肃农业大学培养的 27 名畜牧业硕士研究生全部调走。青海省委托培养了 160 名研究生，现在只留下 20 多人；宁夏大学，近 10 年流失 186 人，其中骨干教师 147 人，学科带头人 10 人，博士 2 人，硕士 83人，且均为 45 岁以下。此外，西部地区的高校还存在隐性流失的人才，如人事关系仍在原单位而人早已到了外省的数量，远比统计数据高得多。

5. 区域高等教育协调发展机制尚未形成

区域高等教育的协调发展包含多方面内容：一是高等教育与区域经济、区域人口与产业结构等外部因素的协调发展，二是各区域之间高等教育的协调发展，三是区域高等教育系统内部各子系统之间的协调发展。[②] 区域教育协调发展是国家区域发展战略的重要组成部分。近年来，国家加大了统筹区域高等教育发展的力度，缩小了区域高等教育发展的差距，为促进区域经济社会协调发展做出了巨大努力。然而，当前我国西部高等教

---

① 赵翔、冯文全、郑浩：《西部高校教师流失问题的实证研究——影响因素及其"软治理"效果》，《生产力研究》2007 年第 10 期。

② 崔玉平、夏焰：《区域高等教育联动改革与协调发展的经济意义——基于长三角地区的分析》，《清华大学教育研究》2012 年第 1 期。

育发展存在较为严重的不协调，西部地区高等教育远远落后于东部地区，西部 12 个省区之间存在严重的不协调，各省市高等教育与当地经济社会发展也存在严重的不协调。这些层面上的不协调在一定程度上影响了我国西部地区经济总量、社会稳定、人口素质的全面、可持续发展。事实上，东西部地区高等教育的差异不是短期内仅依靠西部地区的力量就能够解决的，也不是一两个政策的实施就能够消解的，需要长期的政府干预才有可能逐步缩小差距。因此，有必要通过政策纽带，建立一种协调机制，充分发挥"政府、市场和高等教育"之间相互影响、相互促进的关系，推动高等教育的可持续发展。一是进一步加强省部共建，带动地方政府积极支持高等教育发展；二是继续加大东部对口支援西部高校的力度，扶持并促进西部高校进入良性发展轨道；三是调整西部地区高等教育布局，优化高等教育结构，不断满足西部区域产业结构调整和升级对人才的需求，促使西部高等教育与区域经济社会发展深度融合。[①]

6. 民办高等教育面临新的挑战

当前，西部地区民办高等教育的办学规模、办学层次、办学质量等都有很大的提升，但也存在许多深层次问题，面临着新的挑战。民办高等教育依然存着一系列发展难题。比如，整体规模相对庞大，层次结构不尽合理；以规模争生源，以生源上规模；民办高校两极分化，民办高等教育事业在整体上遭遇新的挑战；"以质量求生存，以特色求发展"的办学思想尚未认真落实于办学实践。[②] 此外，民办高校在不同程度上存在着趋同化、同质化、分类不清、产权不明、法人结构不完善、办学经费来源渠道不畅、生源市场形势严峻、教师队伍建设薄弱、国际化进程缓慢等突出问

---

① 姚聪莉：《西部高等教育发展新思考》，《光明日报》2012 年 3 月 22 日。

② 郝瑜、王冠：《论陕西民办高等教育的缘起与发展》，《陕西师范大学学报》（哲社版）2004 年第 1 期。

题。面对新的问题与挑战，西部地区民办高等教育需要一个开放、宽松、与时俱进的政策环境，更需要民办高校通过自我更新实现转型与重建，校正战略定位，走多元化发展道路；强化内涵建设，走特色化发展道路；凸显国际化特色，走国际化发展道路。[①]

7. 远程高等教育发展较为滞后

目前，全国经教育部批准的现代远程教育试点学校有67所。现代远程教育试点学校网络教学点分布情况的统计表明，67所大学在全国31个省、区市共建成学习中心点3421个，所开科目覆盖了工学、管理学、医学、文学、理学、农学、经济学、法学、哲学等十大学科门类共140多个专业，累计注册网络教育学生200多万人，网络教育正在突飞猛进地发展。从地区分布来看，华东地区和华北地区的远程网络教育网点占50%，华南地区和西南地区各占12%，华中地区、东北地区、西部地区不到10%，青藏地区不足1%。可见，绝大部分学校的远程网络教学点都设置在中国东部发达和较发达城市，而分布在西部的远程网络教学点寥寥无几。位于西北五省和西藏的现代远程网络教育网点仅占8.8%，其中青海和西藏的教学网点仅占0.6%。[②] 目前，中国西部地区不仅现代远程网络教育教学点少，而且专业的设置也无法满足西部地区资源开发与建设的需求。因此，从西部经济发展对人才的需求出发，发展西部远程网络教育是我国远程教育发展的新的机遇和生长点。

三 基于 SWOT 分析的西部高等教育发展战略选择

西部大开发战略的制定与全面落实是西部高等教育改革与发展的重大

---

① 黄藤：《新变化 新挑战 新战略——对中国民办高等教育发展的新思考》，《民办教育研究》2012年第1期。

② 蔡成莲、范太华：《立足学科优势发展我国西部高等网络教育》，《现代远距离教育》2007年第5期。

历史机遇。西部地区高等教育事业的战略规划与选择，必须切合西部大开发战略的整体布局，实现高等教育发展与西部大开发的良性互动。单就西部大开发的前期工程而言，主要有四项内容，即：加快基础设施建设；加强生态环境建设；调整产业结构；发展科技教育，加快人才培养。其中，前三项与第四项有着直接或间接的关系，因此，发展科技教育，加快人才培养，是西部大开发的战略性和根本性任务。西部地区高等教育不能采取全面发展的方式，要依据西部地区经济结构现状、未来经济结构调整目标以及社会经济可持续发展需要，实行有选择的重点发展战略。① 事实上，"七五"期间我国就明确提出实行梯度发展的战略，即优先发展东部地区，逐渐向西部地区推进。然而，这种梯度发展战略扩大了东西部发展的差距。因此，有必要实施西部的跨越式发展战略、均衡与非均衡发展相结合战略、点－轴发展战略、特色化发展战略、自主发展战略，使得西部高等教育改革与西部地区社会发展相吻合，更好地发挥高等教育的社会功能，并促进西部高等教育规模发展与质量提升的有机统一，实现布局合理、结构优化、特色鲜明的发展目标，推动西部地区高等教育事业的持续健康发展。

就西部高等教育事业自身存在的问题而言，需要解决好规模化发展与质量提升之间的关系，有效地促进高等教育的分类指导，实现高等院校的合理布局、学科专业的结构优化、人才培养与科学技术的有机结合，从而发挥高等教育在西部地区的重大社会功能与使命。具体而言，西部地区高等教育的规模、速度可以适度超前，但需要有效监控高等教育发展的适度规模与质量提升，在平衡各方面供需条件基础上测算得到各种高等教育资源指标平衡点，勾画出未来高等教育发展的美好前景。西部地区高等教育

① 王根顺、李静：《发展西部高等教育的战略思考》，《教育研究》2001 年第 9 期。

的改革与发展需要逐步形成层次分明、类型多样、特色鲜明、充满活力的
高等教育体系，以提高高等学校的竞争实力和办学水平为核心，以促进统
筹管理、分类指导、分类服务为手段，支持和鼓励各层次高等院校在学
科、专业和项目建设上发挥优势、突出特色，使人才培养、科学研究、社
会服务和文化传承的各项工作都能够有较大幅度的提高，并能够实现统筹
协调、分类发展，从而最终促进西部地区高等教育的健康发展，实现速
度、规模、质量、结构与效益的有机统一。此外，西部高等教育改革与发
展需要重视"政产学研"工作的有机结合，重视高等教育产学研运作模式
的改革创新，围绕西部大开发战略和西部地区的实际状况，规划西部地区
高等教育产学研的发展思路与改革路径，协调好西部地区高等学校与地方
社会、市场、政府的关系，以高等学校学科骨干和创新团队为核心，以重
大项目为依托，优化、整合高校科技创新资源，不断提升高校原始创新和
集成创新能力。

第三节　西部高等教育改革与发展的战略选择

一　西部地区高等教育跨越式发展战略

　　所谓跨越式发展，是指在一定历史条件下，落后者对先行者走过的某
个发展阶段的超常规赶超行为。"跨越式发展战略"的实质在于，在经济
全球化过程中充分利用其他国家已有成果，将已被实践证明了的经济发展
某些低效、无效乃至负效发展阶段跨越过去。① 高等教育发展是一个自然
历史过程，但不否认特殊历史时期的跨越式发展。超常规、跨越式都是高

---

　　①　胡必亮：《中国的跨越发展战略》，山西经济出版社，2003。

等教育发展的正常现象。根据教育的一般规律，创建高水平大学需要时间，需要办学历史文化传统的积淀，需要长期建设。但是，从国内外一些大学发展的实践看，短时间内建成高水平大学也并非纸上谈兵，关键是找准切入点和突破口。比如，英国的沃克大学只有短短35年的办学历史，却创出了世界一流的奇迹。又如，香港科技大学建校仅14年，就跨入了世界百强大学的行列。① 因此，实施跨越式发展战略是一项长期而艰巨的任务，既要乘势而上，又不能急于求成，贪大求快。要从实际出发，放眼长远，立足当前，扎扎实实地推进工作。跨越式发展战略应与可持续发展战略相结合，走"跨越式"与"可持续"并举、生态建设与经济社会共同振兴的发展道路。②

西部地区高等教育跨越式发展战略主要包括三个基本内涵：第一，数量与质量的统一性。跨越式发展既要有数量的规模化发展，又要着力提高高等教育的层次与质量。跨越式发展是有质量的规模化发展，是在学科专业结构优化基础上的协调发展，是可持续的发展。第二，求实与创新的统一。求实是为了更好地创新，而创新必须要求实。西部地区高等教育的跨越式发展战略必须立足现实，基于西部地区高等教育改革的现状及存在的问题，制定出切实可行的发展规划，并制定相应的保障措施，逐步推进高等教育事业的健康发展。同时，西部地区高等教育的跨越式发展必须推进全面创新，要创新办学理念、创新办学体制、创新办学思路、创新办学环境，集中力量突破战略性的重大问题。第三，均衡与非均衡性的统一。跨越式发展是为了更好地实现地区间的均衡发展，而跨越式发展又需要落实非均衡的发展思路，由点及面、点轴结合地实现均衡发展。因此，跨越式

---

① 林多贤：《贯彻崛起战略走跨越式发展之路》，http：//www.jxcn.cn/34/2003 - 12 - 4/30004@54047.htm，2003年12月4日。

② 宣和：《"跨越式发展战略理论研讨会"综述》，《人民日报》2001年8月2日。

发展是一个时间过程，需要遵循客观规律，坚持有所为有所不为，集中人力、物力、财力，在基础好、具备发展条件的重点领域、重点区域重点突破，从而率先实现跨越式发展。

基于此，实现西部地区高等教育的跨越式发展，需要立足西部高等教育的改革现状及存在的问题，制定未来一定时期内"西部高等教育发展总体规划"，如5年或10年发展规划，以此引领西部高等教育的改革与发展，发挥和协调各方面的力量。国家对西部地区高等教育发展的扶植和调控，需要以5年或10年"西部高等教育发展总体规划"为依托，按部就班、有条不紊地进行，并及时对新出现的问题进行政策调控和有效引导；西部各省区也需要以5年或10年"西部高等教育发展总体规划"为依托，制定本省高等教育发展的行动计划，整合本省的高等教育资源，推进高等教育的内涵式发展。在5年或10年"西部高等教育发展总体规划"的制定与实施过程中，我们始终需要坚持三个统一，即"数量与质量的统一""求实与创新的统一"和"均衡与非均衡性的统一"，这是西部地区跨越式发展的应然之选。

二　西部高等教育均衡与非均衡发展战略

均衡与非均衡是对立统一的辩证关系。掌握好均衡与非均衡的辩证法，才能促进科学发展。在物理学中，均衡是指相互对立的各种力量同时对某个系统发生作用，但这些作用相互抵消，作用的结果等于零，因而系统处于某种稳定的状态。非均衡则是指一个系统的特殊状态，即相互对立的各种力量同时对某个系统发生作用，由于力量的差异，系统打破稳定的状态，去寻求新的均衡状态。均衡发展体现的是持续稳定的发展方式，而非均衡发展则体现的是某种突破与创新，去寻求更高层次的均衡发展，是可持续的创新发展方式。此外，"均衡与非均衡"相结合的战略，既有一定时期的均衡，也有一定时期的非均衡；既有向东部地区倾斜的非均衡，也有向西部地区倾斜的非均衡。手段可能是非均衡，出发点和最终结果则是均衡。①

　　高等教育的地域梯度非均衡，源于经济等资源区域失衡。② 东、西部地区高等教育的非均衡发展既是客观现实，也是内在地要求实现"均衡与非均衡"的辩证统一。从国家层面而言，对东、西部地区高等教育的改革与发展，要着眼于均衡和协调地发展，实施促进均衡、缩小差距的战略。但在具体内容上和实际运作过程中，又不能简单地要求绝对均衡。在不同时期、不同领域，更多地要根据实际条件，采取不同性质的非均衡战略措施，从而促使东西部地区高等教育由不均衡向均衡演进。因此，国家需要继续加大对西部地区高等教育的倾斜与扶植力度，在经费配给、学科布局、师资队伍建设等方面予以重点支持。国家需要通过政策引导和任务驱动，实现东西部高等教育的交流与合作，而不仅仅是对边疆地区的重点扶持。东部和中部地区要利用人才、资金、技术优势，充分发挥经济、科技、信息等作用，积极主动地为西部地区培养各类人才；加大对口支援西部的帮扶力度，扩大干部交流的范围，多形式、多渠道为西部地区选派干部，参与西部高校承担的科研项目；参与西部高校的科技园区建设；鼓励优秀人才到西部地区创业；直接开发西部教育资源，直接投身于西部教育事业；等等。

　　西部区域内的高等教育改革与发展，要实现由"不均衡"向"均衡"的转变，通过各种教育资源的投入和配套政策的支持继续促进西安、成都、重庆、兰州等高教中心城市的高教事业快速健康发展，以此产生辐射

---

① 李忠杰：《实行均衡与非均衡结合战略，缩小东西差距》，《毛泽东邓小平理论研究》1996年第 1 期。

② 李爱良：《高等教育均衡的经济分析》，《现代大学教育》2006 年第 6 期。

和带动效应。通过制定相关的激励和保障政策，加强西部地区高等学校之间的交流与合作，实现西部地区高等教育发展的平台共享、资源共享和利益共享，促进西部高等教育事业的持续健康发展。基于此，我们需要通过政策纽带，建立一种协调机制，充分发挥西部地区"政府、市场和高等教育"之间相互影响、相互促进的效应，从而推动西部地区高等教育的可持续发展。在重点区域、重点领域，可以着重实行"非均衡"的发展战略，实现"点－轴－片"的带动效应。同时，在人才培养、科学研究和社会服务等方面则努力达成西部地区高等教育事业的均衡发展，不断提升西部地区高等教育事业的整体水平与质量。

三　西部高等教育点－轴发展战略

点轴开发理论最早由波兰经济学家萨伦巴和马利士提出。点轴开发理论将中心城市、交通干线、市场作用范围等统一在一个增长模式中，在三者相互关系中，点居于主导地位，轴是多层次中心点间沟通连接的通道，而通过市场配置资源要素，是点与点之间、点与轴之间发生联系的根本动因。点轴开发理论的实践意义在于，首先揭示了区域经济发展的不均衡性，即可能通过点与点之间跳跃式配置资源要素，进而通过轴带的功能，对整个区域经济发挥牵动作用。[①] 西部地区高等教育的点－轴发展战略即是将高教中心城市、重点学科与专业建设、产学研等统一在一个发展模式中，基于高教中心城市的大发展及其重点学科与专业建设产生辐射效应，并不断创新产学研合作机制，以期促进更大区域内高等教育的快速健康发展。

在高等教育布局调整中，努力实现国家区域性布局与西部经济和社会

---

① 龙游宇：《从"点轴开发理论"看西部大开发》，《韶关学院学报》（社科版）2002年第4期。

发展需要的有机结合。通过准确定位，形成立足省市、辐射西部的学科和专业及人才培养体系，制定人才培养的发展战略，以满足经济建设和文化建设需要，为西部发展提供智力与技术人才支持，充分发挥高等教育对经济建设的促进作用。高等教育的合理布局需要考虑空间布局和层次布局两个方面，空间布局要以高教中心城市为依托，产生辐射带动效应，层次布局则要将一流大学、重点大学、普通本科学校、专科学校在不同区域内予以合理布局，以期发挥各自的教育效能。事实上，合理布局会影响高等教育培养的人才、生产的科研成果及提供的社会服务满足未来社会发展的不同层次需求。西部地区高等教育的改革与发展需要立足西部区域社会发展现状，对空间布局和层次布局予以战略性调整，着眼于未来社会发展需要，把有限的资源投入到最优化的结构中去，避免无谓的浪费，追求最大的经济效益和社会效益。一般来说，省会城市通常都是高等教育发展的中心区域，西部地区高等学校基本都集中在省会城市，各省会城市集中了本省区 70% 以上的高等学校。这虽然是西部历史发展和经济文化发展的结果，但已不能适应未来西部社会经济和科技教育的协调发展。从现代区域经济和社区经济发展的趋势审视，这种布局结构明显失衡。因此，我们需要重新规划西部高等教育中心城市的布局，并使之能够产生辐射和关联效应，由点及面，由面成片，推动西部高教事业的健康快速发展。具体而言，西安、成都和重庆是三个最重要的高教发展级，可以视为一级发展点；兰州、昆明、桂林是三个较为重要的高教发展级，可以视为二级发展点；贵阳、银川、乌鲁木齐、青海、呼和浩特、拉萨可以视为三级发展点。要建成西部地区高等教育高地，必须宏观、科学、系统地进行规划与布局。基于三个层级的发展思路，借鉴发达国家和地区的先进经验，加快西部地区高等教育结构调整，构建重点高校、普通本科高校、高等职业院校合理布局，公办高校与民办高校和谐发展，国内院校与中外合作或外资办学协调发展的高等教育体系。在第一层级区域加强一流大学建设和重点大学建设，提升研究生教育的层次与质量，并通过产学研合作，充分发挥高等教育的社会功能，产生良好的示范效应；对于其他类别与层次的高校则要强调特色化发展方向，立足社会实际状况，提升人才培养的质量，提升科学研究的水平，不断提升社会服务的能力。第一层级需要不断加大对"985 工程"大学的扶持和建设力度，并引导其为当地社会发展做出积极贡献，尤其是在科学研究与产学研结合等方面，充分发挥其办学的整体优势，为西部地区的社会发展注入生机与活力。在第二、第三层级区域加强省级重点大学建设，加强凸显区域特色的重点学科与专业建设，并不断加强人才培养的规格质量，满足地方社会发展的人才需求，基于自身的学科专业优势和科研优势为地方社会发展提供智力支持和教育服务，以期产生良好的社会影响力。尤其要重视这两级的"211 工程"大学和重点大学建设，并加强对这两层级的"对口支援"，帮助其实现跨域式发展，这既包括国家统一规划的"对口支援"，也包括西部地区自主统筹的"对口支援"。

"学科建设是实现高质量的本科教育和高水平的研究生创新教育的基础，是从事高水平科学研究和产生创新成果的基地，是造就学术大师与拔尖人才脱颖而出的舞台，是承载人才培养、科学研究和社会服务三大功能的平台。"[①] 重点学科则是在学科建设基础上的提升与凝练，人才培养、科学研究、教育服务是其发展的关键性支撑，而专业发展的方向特色、学科队伍的建设、教学质量的提升则是重点学科建设的主要内容。需要指出的是，科学研究是支撑重点学科建设的重要内容，而重点学科建设的最终目的是培养人才，促进科研创新，服务社会。因此，重点学科建设是体现教

---

① 王大中：《大学学科建设和专业结构调整的实践和体会》，《中国大学教学》2002 年第 12 期。

学科研水平的重要标志，是带动高校整体水平提高的有效途径。大学要成为教学和科研的中心、所在地区的地方经济建设和社会发展的助推器、国家科技创新的主要源泉，就要加强学科建设，而进行学科建设就应以重点学科建设为核心进行。① 此外，"没有一流的学科，就没有一流的大学。学科是大学的基本元素。一流的学科是培养高素质创造性人才的摇篮，是推动知识创新、推进科技成果向现实生产力转化的基地。因此，没有一流的学科，就不可能建设一流的大学"。② 基于此，我们需要相对集中国家和西部地区的有限财力，调动多方面积极性，进一步以重点学科建设为核心，带动西部地区高等教育的创新人才培养及师资队伍建设等。可以考虑将在西部地区布局的国家重点建设地方高校、国家重点学科、国家重点实验室和工程技术中心等优质高等教育资源作为重点，加大经费与资源投入力度，多方面推进其跨越式发展，在国内、国际产生良好的社会影响，并产生带动辐射效应。基于此，我们可以考虑从西部高校中遴选一批办学历史悠久、学科实力较强、学科特色鲜明，对地方经济社会发展具有较大支撑作用的地方高校，作为国家重点建设的西部地区高等院校，在经费投入、优质高等教育资源布局等方面给予重点支持，使其成为西部地区高等教育体系中的生力军和中坚力量，以期产生良好的社会效应，实现西部地区高等教育与地方社会的良性互动与健康和谐发展。

四 西部高等教育适度超前与稳步发展战略

教育适度超前发展，是经济文化相对落后的国家建设文明发达的市场经济的共同规律，也是我国建设社会主义市场经济的必然选择。西部地区

---

① 《"211 工程"总体建设规划》，1995。
② 刘献君：《没有一流的学科，就没有一流的大学》，《求是》2002 年第 3 期。

高等教育的适度超前发展是基于"量"与"质"辩证统一的发展战略构想。西部地区高等教育"量"的发展，即高等教育规模的扩张，也就是说高等教育的"量变"要"适度超前"，但其在某些方面的"质变"也还有"适度超前"的必要；同时，这一概念的关键：一是"超前"，二是"适度"，要把握好二者的辩证关系。西部地区高等教育既不能脱离经济水平的制约——"度"的问题，又不能局限于现有经济的发展水平，而失去发展的机遇——"前"的问题。所以，既要保证在一定财力承受范围内的西部地区高等教育投入的不断增加，又要努力优化西部地区现有高等教育的结构，提高办学质量与效益，保证西部地区高等教育按其既定的目标，向前推进。其实，这里所说的"前"，也有个"度"的问题，即超前的"度"的问题。所谓"适度超前"，其实质也在于如何正确地把握这个"前"的"度"。高等教育的规模扩张，必然会影响到高等教育的质量，而高等教育的质量又是高等教育的生命线。所以在高等教育规模扩张的同时，必须高度重视高等教育的质量。所谓"稳步发展"主要是对这两个方面的规定和要求。也就是说，在高等教育"适度超前"发展的同时，确保高等教育正确的政治方向和必要的质量标准。①

事实上，高等教育规模问题是高等教育发展到一定阶段（如大众化、普及化阶段）必然出现的问题，是一个国家或地区发展高等教育必须考虑的战略问题，也是现代社会研究高等教育时无法回避的重点、难点问题。从高等教育实际发展历程来看，规模数量的增长与结构变化相伴相生，规模、数量的发展过程就是高等教育结构的变化过程，在量化指标变化的背后是结构的分化和变型。② 高等教育发展的本质不仅是规模等数量指标的

---

① 郝瑜：《高等教育大众化——陕西的经验、问题与前景》，高等教育出版社，2004，第104～105页。

② 赵文华：《高等教育系统论》，广西师范大学出版社，2001，第113～114页。

增长，还要有质量的提高、结构的优化、效益的保障、竞争力的提升、增长速度的平稳等，而所有这些又都要以适应性增强为归宿。西部地区高等教育的改革历程告诉我们，在"西部大开发"的国家战略中只有走适度超前与稳步发展的道路，才能使西部地区高等教育的发展充满生机和活力。西部地区高等教育的自主发展必须要实现规模、质量、结构与效益的有机统一。因此，西部地区高等教育的适度超前与稳步发展战略，既指高等教育规模、速度适度超前，又包含高等教育观念、教育质量、教学内容、教学管理等方面的稳步发展。西部地区高等教育的适度超前与稳步发展战略，强调有效监控高等教育发展的适度规模与质量提升，在平衡各方面供需条件基础上而测算得到的高等教育资源各种指标的平衡点，包括基建项目、财政投入、在校生数、师资队伍等，勾画出未来高等教育发展的美好前景。从学科专业的建设和调整入手，推进特色专业建设、课程建设、示范性实验中心建设、人才培养模式创新试验区建设、创新性试验项目建设以及教学内容与教学手段等方面的改革，争取在若干领域率先取得突破，形成西部地区高等教育赶超其他先进地区的亮点和基础。

五　西部高等教育分类指导与特色化发展战略

有研究者指出，高等学校分类是指国家教育行政部门通过调查研究，根据高等学校的社会职能和特点，将高等学校划分为不同的类型和层次，具有复杂性、多样性、相对稳定性等特点。[①] 随着我国高等教育的不断发展，高等教育系统中出现了不同层次、不同类型的高等学校。按照人才培养层次分为承担研究生与本科教育的高校、承担本科教育的高校和专科院

---

① 胡冰玉、邹智：《从各分类标准看高校分类的必要性》，《高等教育与学术研究》2009 年第 7 期。

校；按照重点建设项目分为重点高校和普通高校，如"985 工程"高校、"211 工程"高校、省属重点高校等；按照管理隶属分为部属高校、省部共建高校和省属高校、市属高校等；按照高等学校的社会职能分为研究型大学、研究教学型大学、教学研究型大学和教学型大学。还有学者指出，对本科院校的分类可以采取"类"和"型"相结合的方式，横向上依据一定的标准对高等学校进行"类"的划分，分为综合大学、多科大学、单科大学；纵向上依据一定的标准对每类的学校进"型"的划分，分为研究型大学、教学型大学。[①] 针对高等教育多层次、多类型和多形式的发展趋势，《国家中长期教育改革和发展规划纲要（2010～2020 年）》明确提出，"建立高校分类体系，实行分类管理。发挥政策指导和资源配置的作用，引导高校合理定位，克服同质化倾向，形成各自的办学理念和风格，在不同层次、不同领域办出特色，争创一流"。美国高等教育系统分为三类：第一类为研究型大学，以基础性、学术性研究著称，设有庞大的研究生院，能授予博士学位。在这些大学的周围，形成了一个个集教学、科研、开发和新兴工业为一体的高新技术产业中心，密切了教学与生产的联系。第二类为本科大学，是以 4 年制的综合性大学及学院为主，多为州立大学，培养目标为中级科技、学术及专业人才，修满 4 年授予学士学位。第三类为社区学院，包括 2 年制的普及学院和技术专科学院，招收高中毕业生中成绩较差和同等学历的学生，毕业时授予协士（副学士）学位。以州立大学和社区学院为主的公立高等教育系统，为大量希望升学者提供了无条件接受高等教育的机会。这种分类机制促进了美国高等教育的健康发展，也能够给我们一些积极的启示和借鉴。上海市于 2008 年提出实施以高等学校发展

---

① 刘向东、吕艳：《高等学校分类的实证研究——基于 75 所教育部直属高校和 19 所地方共建高校的分析》，《清华大学教育研究》2010 年第 4 期。

定位规划和学科专业布局结构优化调整为主要抓手的高等教育内涵建设"085工程"。实施"085工程"的主要举措就是以"规划引导、资源配置、监督管理、绩效考核"为原则，以"扶需、扶特、扶强"为抓手，根据"不同的发展目标、不同的建设任务、不同的政策支持、不同的考核要求"的高等学校分类指导、分类管理内涵，引导上海各高校克服同质化倾向，准确定位，形成各自的办学理念和风格，在不同层次、不同领域办出特色，争创一流；在未来形成协调发展、和谐共荣的格局，即有若干所国内顶尖、国际知名的高水平、综合型、研究型大学，有若干所在某一领域国内顶尖、国际知名的多科性或单科性高校，有若干所在若干领域建立制高点的国内最好的综合性或多科性地方高校，有一批服务上海地方经济社会发展、在人才培养方面形成特色的应用型高校，同时创建若干所小规模、特色鲜明的高水平大学。

西部地区高等教育的改革与发展同样要选择分类指导与特色化发展战略，需要对西部地区的所有高等院校进行合理分类，并对不同类型的学校予以不同的政策指导和资源配置，使其办出特色、提升质量，实现可持续健康发展。如果缺乏相应的分类指导机制、特色化办学思路，就会造成西部地区高等教育有限资源的更大浪费，阻碍西部地区高等教育的跨越式发展。从国内和国外两个层面的改革实践来看，西部地区高等教育的发展要借鉴经验，逐步建立"一主多元"的高等教育办学体制，即建立以政府为主体、社会各界共同办学的体制，而社会"多元"办学主要有这样一些类型：民有民办、民办公助、公立高校整体转制、公民联办、中外合作办学、股份合作办学、国外（境外）团体、个体独资办学等等。在此基础上，加强西部地区研究生教育、本科教育、高等职业教育和高等继续教育的统筹管理，逐步形成层次分明、类型多样、特色鲜明、充满活力的高等教育体系，以提高高等学校竞争实力和办学水平为核心，以促进统筹管理、分类指导、分类服务为手段，支持和鼓励各层次高等院校在学科、专业和项目建设上发挥优势、突出特色，使人才培养、科学研究、社会服务和文化传承的各项工作有较大幅度提升，实现分类发展，促进西部地区高等教育健康发展，实现速度、规模、质量、结构与效益的统一。此外，西部地区还要继续鼓励民办高等学校的不断改革与健康发展，在政策、经费等方面予以支持，使其提升人才培养的层次与质量，并促进其与国际教育接轨。除了大力支持民办高等教育、发动社会力量积极参与之外，还可以发展以各种融资方式组建的大学城、以改制为主要特征的二级学院和国有民办等新的办学模式。同时，大力发展远程网络教育，建设具有一定超前性、实用性的西部地区教育科研网络和以卫星视频系统为基础的现代远程教育网络，从根本上缩小东、西部地区的信息交流差距，为实现西部地区高等教育的跨越式发展创造条件。

六　西部高等教育产学研结合发展战略

人才培养、科学研究和社会服务是高等教育的三项基本职能，也是高等教育服务地方社会的三种基本途径。产学研结合的高等教育发展战略既是高等教育内部发展的必然趋势，也是社会发展的现实需求。产学研结合的结果是"产出"，是高等教育对地方社会发展的智力支持，而"产出"的前提是高等教育教学与科研的层次和质量。因此，高等教育的健康发展需要加大教学与科研的改革和创新力度，并重视与企业、科研院所加强联系和合作，从而实现产学研的有机结合，促使高校、政府和企业之间开展合作和实现高等教育与区域经济协调发展。事实上，产学研合作可以促进高等教育投入结构多元化，扩展高等教育资源的来源渠道，缓解政府对高等教育支出不足的矛盾。而高校也需要实现自身的"造血"功能，实现"智力资源"的成果转化，完成高等教育的社会职能与使命。西部地区需要重视高等教育产学研运作模式的改革创新，围绕西部大开发战略和西部地区的实际状况，规划西部地区高等教育产学研的发展思路与改革路径，协调好西部地区高等学校与地方社会、市场、政府的关系。充分发挥高校在西部地区社会发展创新体系中的重要作用，以高等学校学科骨干和创新团队为核心，以重大项目为依托，优化、整合高校科技创新资源，不断提升高校原始创新和集成创新能力。西部地区高等院校及科研机构也可结合自身实际，推进高校科学研究与行业、产业的深度结合，继续大力推动国家级、省级等各级各类、多种形式的大学科技产业园区建设，充分发挥园区在聚焦科技资源、服务成果转化、促进产业发展等方面的载体作用；鼓励高等学校积极参与地方和企业科研攻关，开发具有自主知识产权的高新技术，用多种形式推进产学研的高层次结合。加强高校科技成果转化平台建设，在相关企业设立硕士、博士点及科研基地，实行联合开发，以市场为导向，将科技成果尽快转化为现实生产力。大力推进校企联盟行动计划，鼓励高校教师到企业转化科技成果或开展联合攻关，选聘一批科技企业家担任高校兼职教授。深入实施"高校哲学社会科学繁荣计划"，推进哲学社会科学重点研究基地建设，充分发挥高校文化传承和思想库、智囊团的作用。例如，西部12省份，除了贵州和西藏的特殊性导致"三二一"的产业结构外，其余都是"二三一"的产业构成，第三产业发展严重不足。因此，可以考虑在市场选择的基础上，发挥陕西、四川和重庆高等教育的优质资源，构建多学科集成、跨部门、跨行业和跨省区的新型产学研合作体系，推动科技产业集群区和特色产业集群区的形成，着力发展金融投资、旅游、教育、信息服务等第三产业，形成西部地区经济发展新的"增长极"。①

---

① 朱孝恪、姚聪莉：《西部产学研合作模式的选择研究》，科学出版社，2011，第170页。

　　此外，西部地区高等教育的改革与发展也需要重视国际化的发展战略。高等教育国际化的发展战略并不仅能够扩展一国或地区的教育资源，满足国际教育与科研合作的巨大需求，而且有利于立足全球视野重新定位和调整本国或地区的教育方针与政策。西部地区高等教育需要重视国际化的发展趋势，在更广领域、更高层次上与教育发达国家进行合作与交流，构建全方位、多层次、宽领域的教育国际交流与合作平台。鼓励高等学校与国外高水平大学和科研机构加强合作，建立教学科研合作平台，联合推进高水平基础研究和高新技术研究，建设一批多层次、高水平的中外合作办学项目。建立引进人才的保障制度，吸引国内外一流专家学者和海外优秀留学人员来西部地区从事教学、科研和管理工作。在重点学科、重大科研项目和支柱产业等领域，有计划地引进海外高端人才和学术团队。鼓励和支持西部地区高校与国外高校教师互派，学生互换，学分互认，以及学位互授、联授。加大选派西部地区高校青年教师出国进修的力度。充分发挥西部地区高等教育的特色学科、优势学科和知名教育品牌优势，推动高水平教育机构海外办学，办好海外孔子学院、孔子课堂，提升西部地区高等教育的整体形象和国际化办学水平。

第七章

西部高等教育发展的
政策保障机制探析

西北大学中国西部经济发展研究中心、社会科学文献出版社于2012年7月联合发布2012年"西部蓝皮书"——《中国西部发展报告（2012）》。蓝皮书显示，西部地区高等教育规模低于东部地区，也低于全国平均水平；西部地区高层次人才培养机构偏少、办学类型亟待优化，院校空间分布较为集中，经费投入水平偏低，经费支出有限；西部地区教师数量不足，结构亟待优化。[1] 面对这些问题与困境，我们需要通过建立一系列的政策保障机制，实现西部地区高等教育事业的内涵式发展与外部协同发展。然而，东、西部地区高等教育的差异不是短期内仅依靠西部地区的力量就能够解决的，也不是一两个政策的实施就能够消解的，而是需要长期的政府干预与政策保障，才有可能逐步缩小差距。因此，有必要通过政策纽带，充分发挥"政府、市场和高等教育"之间相互影响、相互促进的效应，推动西部高等教育可持续发展。[2]

第一节 加大西部地区高等教育投入的政策保障机制

公共财政作为政府履行职能的物质基础、体制保障、政策工具和监管手段，在落实科教兴国战略和人才强国战略、支持教育改革和发展方面，负有重要责任。事实上，教育投入是支撑国家长远发展的基础性、战略性投资，是发展教育事业的重要物质基础、公共财政保障的重点。党中央、国务院始终坚持优先发展教育，高度重视增加财政教育投入，先后出台了一系列加大财政教育投入的政策措施。2001～2010年，公共财政教育投入从约2700亿元增加到约14200亿元，年均增长20.2%，高于同期财政收

---

① 姚慧琴、徐璋勇：《中国西部发展报告（2012）》，社会科学文献出版社，2012，第283页。

② 姚聪莉：《西部高等教育发展新思考》，《光明日报》2012年3月22日。

入年均增长幅度；教育支出占财政支出的比重从 14.3% 提高到 15.8%，已成为公共财政的第一大支出。① 然而，受制于地方社会经济发展的客观状况，西部地区高等教育投入总量严重不足。

就西部地区高等学校而言，其经费来源主要有三方面：一是政府财政拨款，这是高等教育经费的主要来源；二是通过贯彻实施教育成本分担和成本补偿政策而收取的学费；三是学校的其他收入。"全国教育财政支出经费占 GDP 比例最高的 10 个省份中，除海南外，其余都在西部地区。全国教育财政支出占 GDP 比例超过 4% 的 9 个省份，除了海南外，都在西部地区，依次为西藏、贵州、新疆、甘肃、青海、云南、宁夏、广西、陕西。其中，西藏比例最高，为 11.71%；其余省份在 6.33%～4.01%。西部地区公共财政支出占 GDP 的比例是中部地区、东部地区的 2 倍多：东部地区公共财政支出占 GDP 的比例为 16.48%，中部地区为 18.08%，西部地区为 37.15%"。因此，要保持西部地区教育发展的良好势头，尤其是使西部地区教育保持可持续的发展，主要依赖于当地经济可持续的发展。这就要求中央继续保持乃至加强对西部地区的扶持力度，包括增加中央财政的转移支出。② 此外，有专家指出，"因为地方高校财务保障较为脆弱，享受国家财政支持非常有限，资金来源渠道相对狭窄，生均教育经费处在较低水平，特别是中西部地方高校的学费也较低，使得向银行寻求贷款进行基础建设成为地方高校唯一的选择。然而，多数中西部地区的高校采取了'借新贷还旧贷'的方式解决还贷问题，但这不能从根本上解决问题。若不采取有效的综合性措施，尽快化解高校的财务风险，不仅会影响其良性运行，还会影响高校的办学质量和可持续发展"。③

---

① 《国务院关于进一步加大财政教育投入的意见》，2011。
② 吴绍芬、赖配根、陈中原：《加大投入促进教育公平——全国地方政府财政预算执行情况分析报告》，《中国教育报》2012 年 3 月 12 日。
③ 王晖：《加大对中西部高等教育投入》，《河南日报》2009 年 3 月 9 日。

　　基于此，西部地区高等教育投资体制的改革，需要建立政府投入为主、多渠道筹措经费、办学主体多样化、公办与民办共同发展的高等教育办学体制，把西部地区高等教育的办学从现在的政府为主，逐步过渡到政府为主导，"公办"和"民办"共同发展的格局。公立高等教育可以建立中央、省、市三级政府举办高等学校的投资体制，私立高等教育可实行多种形式的投资体制，在确保政府投入成为高等教育投资主渠道的同时，将高等教育的投入分散给国家、社会和个人三者来共同承担，打破过去单一的"国家所有、政府举办"的格局，创建"国有公办""国有民办""民有民办""合资合办""个人创办""企业联办"等高等教育的新格局。同时，也要开放高等教育市场，转变筹资观念，改变目前依靠省级政府为主的拨款方式，建立以各级政府拨款为主，辅之以征收教育税费，收取学费，发展校办产业，鼓励社会捐款、集资、私人投资和设立教育基金等多渠道筹集教育经费的多元投资办学体制。[①] 我们还需要改革各级政府，尤其是中央政府的拨款制度和方式，不断提高政府拨款的力度和效益并落实好政府教育经费投入上的"两个比例"和"三个增长"指标，要把"投入－产出"效益的评估作为财政拨款的重要指标，确定拨款的重要参数，发挥评估激励机制在拨款中的作用。具体而言，第一，各级人民政府要严格按照《中华人民共和国教育法》等法律法规的规定，在安排公共财政支出预算时，积极采取措施，调整支出结构，努力增加教育经费预算，保证财政教育支出增长幅度明显高于财政经常性收入增长幅度。政府应在投入总量增长和占 GDP 的比例增长的基础上，提高财政教育支出占公共财政支出的比重，实现投入与招生规模增长比例相协调。提高高等教育财政拨款

---

① 郝瑜：《高等教育大众化——陕西的经验、问题与前景》，高等教育出版社，2004，第 204 页。

标准，生均预算内公用经费到 2012 年达到全国地方高校平均水平、2015
年达到全国平均水平。第二，各级人民政府要进一步优化财政支出结构，
缩减一般性支出，新增财力要着力向教育倾斜，优先保障教育支出，可以
重点设立西部高等教育专项支持计划，加大对西部高水平大学的投入。按
照"政府学校共担、多种措施并举"的思路，逐步化解西部地区高校基本
建设债务。第三，提高预算内基建投资用于教育的比重。把支持教育事业
发展作为公共投资的重点。在编制基建投资计划、实施基建投资项目时，
充分考虑教育的实际需求，确保用于教育的预算内基建投资明显增加，不
断健全促进教育事业发展的长效保障机制。[①] 我们可以充分发挥财政资金
导向调控作用，优化教育支出结构，通过实施重大工程项目和改革试点，
合理配置公共教育资源，加大对落后地区高等教育的投入力度，加强高等
教育关键领域和薄弱环节，促进各层次、各类型高等教育的协调发展。

　　此外，扶持经济落后的西部地区的高等教育，解决西部地方高校经费
严重不足的问题，需要我们建立两个层次的高等教育经费转移支付制度。
第一个层次是中央政府要在高等教育供给水平达不到标准的中西部地区尽
快制定公平、合理、规范的转移支付标准和切实可行的转移支付方法，增
加中央政府对中西部教育，包括高等教育的财政转移支付力度，通过建立
一般性的转移支付和专项转移支付两种制度，实现地方高等教育事业大体
均衡发展，为各地社会经济协调发展奠定基础。第二个层次是建立省际的
转移支付。我国地区经济发展极不平衡，高等教育供求的空间结构矛盾也
极其突出，建立省际的转移支付可以在一定程度上缓解这一空间结构矛
盾，同时也可减轻中央财政压力。对于西部地区高校贷款问题，可以考虑
由中央财政牵头，中央财政、地方财政与高校三方共同努力，加大地方高

---

① 《国务院关于进一步加大财政教育投入的意见》，2011。

校贷款财政贴息力度，逐步偿还建设贷款本金，彻底解决地方高校建设贷款问题。同时，国家应允许地方高校在风险可控的范围内，将流动资金贷款作为资金来源的长期辅助渠道。[①] 同时，我们可以考虑建立高等学校生均经常性经费综合定额拨款制度，逐步降低专项经费拨款比例，实施高等学校科研事业费制度，引导学校统筹安排经费，增强自主发展能力。此外，还可以考虑设立高等教育拨款评估咨询委员会，将财政投入与高等学校绩效考核相衔接。

第二节 加强对口支援西部地区高等教育的政策保障机制

对口支援西部高校工作，是贯彻落实西部大开发战略、推进西部经济社会跨越式发展和长治久安的重要内容，是全面提高高等教育质量、促进区域高等教育协调发展的必然要求，是振兴西部高等教育、适应西部人民群众接受良好教育需求的重要举措。2010 年胡锦涛总书记在中央新疆工作座谈会上强调指出，要加大对新疆大专院校的支持力度，办好特色优势专业，提高教育教学水平，培养急需人才。2010 年温家宝总理在中央第五次西藏工作座谈会上强调，支持西藏高等院校建设，加强特色专业学科。刘延东国务委员对加强对口支援工作、提高西部高等教育质量多次作出重要批示，并在 2010 年全国教育工作会议上指出，高等教育要促进机会公平，通过对口支援、区域合作、优质资源共享等方式支持中西部地区提高办学水平。中央领导同志的重要指示，充分体现了党中央、国务院对对口支援工作的高度重视，为我们开展工作指明了方向。自 2001 年教育部开始实施

---

① 王晖：《加大对中西部地区高等教育投入》，《河南日报》2009 年 3 月 9 日。

"对口支援西部地区高等学校计划"以来，高等学校对口支援工作取得了很大成绩，促进了西部地区高等教育的发展和教育公平，提高了西部高校的办学水平和服务区域经济社会发展的能力，形成了奉献西部、服务西部的精神文化。一个以政策为支撑，以各支援与受援高校为主体，以科学管理和长效机制为保障的对口支援体系已经基本形成。[①]。

为了更好地推进对口支援西部地区高等教育的各项工作，2001年，教育部印发了《关于实施"对口支援西部地区高等学校计划"的通知》，确定北京大学、清华大学等13所高校采取"一对一"方式，以人才培养工作为中心，以学科专业建设、师资队伍建设、学校管理制度与运行机制建设为重点，对口支援新疆石河子大学、青海大学等西部高校。2005年，教育部印发《关于实施"援疆学科建设计划"的通知》，决定由武汉大学、西安交通大学等41所高校对口支援新疆大学等11所高校的82个一级学科建设。2006年，教育部印发了《关于进一步深入开展对口支援西部地区高等学校工作的意见》，强调对口支援工作要深入贯彻落实科学发展观，切实把重点放在提高质量上，通过长期坚持、总体规划、分步实施，不断加强受援高校本科教学工作的基本建设，使受援高校在人才培养、科学研究、社会服务等方面不断迈上新台阶。同年，教育部、中央统战部、国家民委联合印发了《关于进一步加强教育对口支援西藏工作的意见》，提出加大对西藏高等学校的支援力度，由内地35所高等学校分别对口支援西藏大学、西藏民族学院、西藏藏医学院、西藏警官高等专科学校、西藏拉萨师范高等专科学校和西藏职业技术学院，实现了对西藏高校对口支援的全覆盖。2007年，教育部、财政部下发专门文件，在"质量工程"中设立专项，支持受援高校教师和教学管理干部到支援高校进修学习和挂职锻炼，

---

① 《教育部关于进一步推进对口支援西部地区高等学校工作的意见》，2010。

支持受援高校数字实验室建设。2010 年，教育部印发了《关于进一步推进对口支援西部地区高等学校工作的意见》，出台了联合培养学生、合作开展科研、互派干部挂职、教学名师带徒、定向培养师资、教师出国进修、共享教学资源、扩大对外交流 8 项新举措，同时强调，对口支援工作要更加注重增强受援高校服务区域经济社会发展的能力。目前，支援高校已由 2001 年的 13 所扩展到 94 所，其中，77% 的 "985 工程" 建设高校参与了对口支援工作；受援高校由 2001 年的 13 所扩展到 67 所，覆盖了 18 个省（区、市）和新疆生产建设兵团。①

　　"对口支援" 工作的全面落实必将会有力地推动西部地区尤其是边疆地区高等教育事业的健康快速发展。在新的形势下，我们需要从西部地区现代化建设的大局出发，把服务和促进西部经济社会发展作为对口支援工作的核心目标；从注重促进受援高校自身发展转移到增强受援高校服务区域经济社会发展的能力上来。通过强化对口支援各方面的工作，显著提升受援高校的师资队伍水平、人才培养质量、科研服务能力和高校管理水平，努力使受援高校成为地方经济社会发展的依靠力量，成为区域经济建设和社会发展的智力中心和人才中心。我们要继续加强受援高校教师队伍建设，提高受援高校核心办学能力；鼓励支援与受援高校联合培养人才，促进西部受援高校人才培养质量不断提高；充分利用现代信息技术，共享高等学校优质资源；加强科研合作，促进区域经济社会发展；加强互派干部挂职工作，不断提升受援高校管理水平；搭建国际合作平台，增强受援高校国际合作与交流的能力；健全组织机构，加强对口支援工作的领导和管理。②

---

①　杜玉波：《在对口支援西部高校工作 10 周年总结大会上的讲话》，2011。
②　《教育部关于进一步推进对口支援西部地区高等学校工作的意见》，2011。

第三节　优化西部地区高等教育结构的政策保障机制

西部地区高等教育结构的不断优化，需要在办学层次类型、学科专业结构和区域布局等方面更趋合理，不断满足区域产业结构调整和升级对人才的需求，促使高等教育与区域经济社会发展深度融合，使得西部地区各级各类高等院校各安其位、各展所长。在西部地区高等教育布局调整中，努力实现国家区域性布局与西部经济和社会发展需要的有机结合。通过准确定位，形成立足省市、辐射西部的学科和专业及人才培养体系，制定人才培养的发展战略，以满足经济建设和文化建设需要，为西部发展提供智力与技术人才支持，充分发挥高等教育对经济建设的促进作用。[①]

从一般规律来看，高等教育的层次结构应该适应当地产业结构和社会发展的整体水平。随着我国经济发展水平从中低收入国家向中等收入国家过渡，我国产业结构和劳动力资源配置结构将发生显著而深刻的变化：劳动力将更多更快地向第三产业转移；第一产业将更多地运用新技术并释放出大量剩余劳动力；第二产业的劳动力演变，将以高文化素质劳动力比重的迅速提高为特征；第三产业也将逐渐增加智力密集型经济和高素质劳动力的比重。[②] 西部地区高等教育应适应区域经济发展对人才资源结构需求的变化趋势，建立和完善高等学校的分层分类管理机制。具体到西部地区高等院校的科学发展问题，其发展战略与政策保障则应主要体现在"三个结合"：一是与区域经济社会发展的实际需要紧密结合起来；二是与高等

---

① 姚聪莉：《西部高等教育发展新思考》，《光明日报》2012 年 3 月 22 日。
② 郝瑜：《高等教育大众化——陕西的经验、问题与前景》，高等教育出版社，2004，第 193 页。

教育和科学技术的发展趋势紧紧地结合起来；三是与学校的历史传统和办学能力紧紧地结合起来。基于此，我们需要配合国家西部大开发的发展战略，专门编制西部地区高等教育的发展战略与规划；继续巩固与完善中央和省两级管理、以省级政府管理为主的高等教育管理体制；充分发挥中心城市在高等教育发展和管理中的作用，继续推进中央、省与地（市）三级办学；努力建设较为完备的西部地区高等教育体系，建立分类指导的评估管理体系，解决好西部地区高等教育发展的困境与难题。此外，还需要深化高校后勤社会化改革，推进高校依法自主办学，加快招生、收费与毕业生就业制度改革。①

西部地区有特色、高水平大学建设需要以高水平特色学科专业建设为基础，以领军人才培养为重点，增强高等教育卓越发展能力，深入推进人才培养引进计划。依据有关法律法规，推动西部高等学校与世界名校合作，有关地区、部门积极参与，运用新机制合作建设若干所具有国际影响力的高水平大学。刘延东国务委员在直属高校咨询会第十九次全体会议上就深刻地阐述了高校特色发展的问题。"有特色"就是有个性、有优势、有竞争力；"高水平"就是要高标准、高效益、高质量。只有以特色求生存，以特色求发展，才能提升学校核心竞争力，奠定自己的地位。具体而言，针对西部地区几所著名大学，重点实施"985 工程"、"985"创新平台等国家建设项目，使其成为国内一流和知名的高水平大学。实施一流学科建设计划，建设一批资源共享、开放合作的知识服务平台，提升西部地区高水平高等院校对经济社会的知识服务能力；省部共建高校和"211 工程"建设高校都是地方起示范、引领作用的高校，要在分析自身特点，认真学习和总结国内外高水平大学发展的经验和做法的基础上，进行科学发

① 《2004～2010 年西部地区教育事业发展规划》，2004。

展的定位，坚持有所为，有所不为，不要贪大求全、盲目地强调综合化，也不能不顾现实的约束条件而追求"研究型"；① 推动市属高等学校与政府行业主管部门紧密联系，实施特色院校重点共建计划，使市属高等学校成为行业内高水平学校。我们需要积极推进西部地区高等学校创新体系建设，继续支持西部每省（自治区、直辖市）重点办好一所较高水平的大学和培育一批知名学科，发挥龙头与辐射作用。继续支持西部高校加强面向西部大开发需要的人才培养基地、科研基地和科技成果转化基地建设，积极支持西部高等院校申报国家重大科技项目、国家重点实验室和国家工程技术研究中心，力争有更多研发平台成为国家级平台，并从应用基础研究、重大科技攻关、科技平台建设、国际科技合作等方面加大对西部高等教育科技创新的支持力度。此外，我们还需要全面实施西部高校学术带头人和创新团队计划，加强西部高校科技创新队伍建设。不断加强机制创新，完善激励政策，努力营造能广纳海内外人才为西部所用和有利于拔尖人才脱颖而出的环境。②

针对多样化发展、分层分类指导的高等教育发展战略，我们还需面向西部大开发的战略性需求，形成各具特色的人才培养、科技贡献和社会服务模式。发挥好高等学校依法自主办学和政府宏观调控两个方面的作用，指导高等院校突出在长期的办学实践中形成自己的办学特色，根据西部地区经济社会发展的要求，科学定位，在各自的办学层次上争创一流，以满足西部地区经济建设和社会发展对各类人才的需求。在办学类型上积极促进普通高等教育、成人高等教育、现代远程教育、自学考试等各类高等教育的协调发展。认真贯彻《民办教育促进法》，努力营造有利于民办教育快速、健康发展的良好环境，依法加强政策引导和规范管理，保障合法权

---

① 陈希在省部共建工作暨中西部高等教育发展战略研讨会上的讲话。
② 《2004～2010 年西部地区教育事业发展规划》，2004。

益。加快在西部地区形成公办学校和民办学校优势互补、公平竞争、共同发展的格局。改变现行高等职业教育体系只有大专层次的落后状况，建立完整高职教育结构体系，以适应社会和经济对不同层次人才的需要。逐步构建西部远程教育网络体系，推进西部高校校园网的建设、完善和升级，使高校能够利用远程教育手段，扩大接受高等教育群体，提高教育质量。此外，继续在高等学校设置、招生方面给予西部地区特别是少数民族地区政策倾斜，不断扩大西部高等教育资源，增加西部学生进入高等学校学习机会。继续在学位授予点审批；重点学科、实验室建设；实训基地建设；高层次人才培养与引进等方面对西部地区倾斜，增强西部高层次人才培养能力和高校科技创新能力。在实施全国性的重大教育工程时，重点向西部地区倾斜，加快改善西部地区学校的办学条件和信息化水平。继续采取倾斜政策，加大对西部地区教师和管理人员的培训力度。继续利用彩票公益金，大力支持西部地区青少年学生活动场所建设。继续办好内地西藏班、内地新疆高中班和高校少数民族班、民族预科班。大力实施少数民族高层次骨干人才计划，继续支持西部少数民族地区高层次创新人才培养。①

　　针对西部地区高等教育点－轴辐射发展战略，我们需要鼓励中心城市举办不同体制、不同形式的高等教育。支持某些有条件、有积极性的中心城市新建高等学校或在原有其他学校的基础上扩建或改建为新型的高等教育机构。办好、办活这类高校，除了能促进这些地区高等教育大众化的进程外，还可向另外三个方向发展：一是满足中心城市新兴产业、高新企业以及第三产业的需要；二是努力让毕业生返回乡镇、农村；三是重点发展高等职业教育。在高校招生计划中专门留出一定比例，用来招收地处边远、贫困地区的农村青年，为农村定向培养土生土长的高层次人才。对于

---

① 《2004～2010年西部地区教育事业发展规划》，2004。

这些学生的录取分数，甚至在校期间的学费、生活费都要通过一定的渠道或措施给予适当优惠。但为了保证这些学生毕业后能返回农村服务，除制订一些优惠政策外，还要在招生时就有一些明确的规定和措施。[①]

此外，针对西部地区民族高等教育发展相对滞后的现状，应制定特殊的振兴规划，采取政府干预手段，整合资源，大力发展民族高等教育。这既是构建和谐社会的目标，也是保存民族精粹文化的需要。目前，民族地区高校受各方面条件的限制，自筹经费的难度非常大，经费来源主要依靠政府投入。政府应加大对贫困地区、民族地区高校的扶持力度，促进教育公平。具体而言，第一，可以在招生上实行特别招生计划，增加少数民族学生的入学机会，为少数民族地区培养更多的优秀人才；第二，加大对少数民族学生的财政资助，提高少数民族学生完成学业的经济能力；第三，开展民族特色教育。民族地区高等教育是以少数民族为主要对象的教育，以为少数民族地区培养人才为主要目的。[②]

第四节　提升西部地区高等教育质量的政策保障机制

一个国家高等教育的规模标志着这个国家的平均教育水平，而一个国家的教育质量水平才真正代表着这个国家的教育实力。教育质量是高等教育存在和发展的根基，是高等学校生存与持续发展的生命线，也是高等教育大众化本身的内在要求。如果高等教育的质量得不到保证，那么高等教育自身的价值就会降低，其拥有的社会经济功能也就无从谈起。随着高等

---

① 郝瑜：《高等教育大众化——陕西的经验、问题与前景》，高等教育出版社，2004，第 196 页。

② 姚聪莉：《西部高等教育发展新思考》，《光明日报》2012 年 3 月 22 日。

教育职能的扩大、培养目标和教育模式的多样化，以及高等教育类型的分化，我们对高等教育质量的评价必须是多元化的，不同类型、不同层次的高校，应有不同的质量标准，而不能采取单一的、一成不变的质量评价标准。① 结合西部地区高等教育发展的现状及特点，我们应该把多样化标准和最低标准结合起来，在发展中寻求最佳的结合点。必须建立不同类型的高等教育最低质量控制标准。对于同一类型、同一层次的学校，西部或西部各省区应该制定一个最低的质量控制标准。所谓多样化，是对西部高等教育大众化的整体质量要求而言，不强求统一，不以精英标准取代大众标准，也不以大众标准取代精英标准；允许多种类型、多种层次的质量标准并存不悖。所谓最低控制标准，是指对于西部同一类型、同一层次的高等教育，设定最低质量控制标准，或者称为质量底线。质量底线的设定，应该由教育行政主管部门，结合不同类型学校、不同层次学校的培养目的、社会需求和公众期待，并结合长期实践情况予以确定，并公之于众，由社会共同评估和监督。②

我们需要尽快建立西部地区高等教育的质量评价体系，逐步完善多元、分层、分类的评价体系及其评价标准。事实上，我国高等教育正处于深化改革、提高水平的重要时期，以更广阔的视野、更开放的思维探索国际高等教育质量评估发展的最新动向，借鉴其成功经验，有助于更好、更快地促进高等教育质量提升，改进高等教育管理水平。在国际高等教育质量评估发展中，呈现出实行分类评估、调整不同评估主体职能分工、赋予高等院校以质量保障的主要权责、重视资源使用效率以及学生学

---

① 郝瑜：《高等教育大众化——陕西的经验、问题与前景》，高等教育出版社，2004，第228～232页。

② 郝瑜：《高等教育大众化——陕西的经验、问题与前景》，高等教育出版社，2004，第233～234页。

习成效、注重定性描述信息等新特点。为深化高等教育改革，我国的高等教育质量评估宜突出评估工作的针对性和适应性，发挥各类主体的创造性，增强高校质量保障的主动性，加大对内部质量保障措施、学习效果以及投入成效的评估力度，提高评估工作的规范性和透明度，完善评估专家的选拔、培训与考核制度和健全对评估工作的评估、评估成效反馈的机制。[①] 对于西部地区而言，我们需要填补教育中介机构评估高等教育质量的空白，尽快建立起被公众认可的权威的高等教育质量评价机构，由评价机构提出公开、公正、公平的评估程序、指标体系和评估标准、评估方法、评估后的措施，并向社会公布。在进入评估程序后，社会公证机构也可以适度进入，以保证评估的科学公平，杜绝暗箱操作。高等教育评价机构通过评估，每年向社会公布全省大学排行榜，以及有关大学的各种大学质量指标，让社会了解大学、检验大学、监督大学，促使高等院校不断提高教育质量，也促使各类型、各层次高等教育质量的底线不断上升。[②]

我们需要进一步加强西部高等教育质量的监督与控制体系。由于我国目前还处于社会转型期，不能完全靠立法和市场来调节与控制高等教育的发展，同样，也无法完全依靠质量评价来控制质量指标。因此，地方政府、社会公众和高校内部的监督与控制就显得十分必要。一般而言，地方政府部门的监督与控制途径主要有：（1）政策的控制引导，如项目投资政策等。（2）行政权力的检查督导。（3）行政性奖惩手段，通过检查评比，进行实质性的富有力度的物质性奖励。（4）综合信息反馈，及时向高校反

① 钟秉林、周海涛：《国际高等教育质量评估发展的新特点、影响及启示》，《高等教育研究》2009 年第 1 期。
② 郝瑜：《高等教育大众化——陕西的经验、问题与前景》，高等教育出版社，2004，第 235 页。

馈社会评价信息、学生及家长的批评信息和市场对毕业生的评价信息。
（5）建立预警机制。根据不同类型、不同层次学校确立最低质量标准，对
接近质量底线的学校出示书面警示，督导其思想重视，制止质量下滑；对
达到质量底线的学校出示"黄牌"警示，督导其限期整改，同时向社会公
示整改措施；对达不到质量底线的学校出示"红牌"警示，勒令其停止招
生，并采取改制、合并等措施。

　　社会公众的监督与控制主要通过：（1）新闻媒体的舆论监督。新闻
媒体是大众舆论的代言人，要忠实、客观反映学校真实的质量状况，对
教育质量进行真实客观的正面或者负面性评价，绝对反对学校在质量宣
传上的有偿新闻。在对高等学校的宣传上，媒体要有高度的自律精神和
对社会公众的负责精神，任何误导宣传、拔高宣传或者歪曲宣传都会对
高等教育质量产生不可忽视的消极影响。（2）学生及家长的监督举报。
充分发挥学生及家长对教育质量监督的自觉性和主动性，建立学生及家
长对学校质量问题的监督举报制度，同时要保护监督举报人的切身利益。
（3）用人单位的意见反馈及需求控制。用人单位对于高校毕业生要有强烈
的人才消费意识和人才质量意识，并且能够及时把有关人才质量的信息反
馈到省级教育行政主管部门或者学校。要建立起用人单位意见反馈及处理
制度。用人单位对高等教育质量的控制主要通过对毕业生的需求变化来
进行。

　　高校自身的监督与控制主要包括：（1）对教育教学过程的监测与督导。学
校要严格执行教学质量检查考评制度，严格执行教育教学质量责任人制度，严
格执行教学质量评比奖惩制度。（2）建立教学质量意见反馈及处理机制。对来
自教育主管部门、学生及家长、社会舆论、用人单位的各种意见反馈，必须及
时处理，并且全面综合分析，提出改进措施。（3）教学质量督导队伍的建设。
学校要有常设的专职的质量督导队伍，并具有丰富的教学管理经验和一定的权

威性。学校党政一把手必须直接参与到教学质量的督导工作中。①

此外，西部高等教育质量的提升，也需要积极探索现代大学制度，克服现代大学建设的诸多弊端与难题。我们需要根据西部地区高等教育改革与发展的实际状况，着力落实和扩大高校办学自主权，除国家控制布点专业外，在西部地区进一步试行本科和高职高专专业自主设置、研究生二级学科自主设置，在有条件的学位授予单位试行自行增列博士、硕士一级学科学位授权点；要依据高校章程制定办法，加强高等学校章程建设；要推进高校学术组织建设，优化校院两级学术组织构架，制定学术委员会规则；推进高校民主管理，加强教职工代表大会、学生代表大会建设等。②

第五节　促进西部地区高等教育"政产学研"
合作的政策保障机制

由中国高等教育学会产学研合作教育分会主办的 2009 年中国产学研合作教育峰会通过了《中国产学研合作教育发展宣言》，合作育人、合作就业、合作办学、合作发展成为中国产学研合作教育发展的新理念、新目标和新任务。西部地区高等教育的改革与发展需要建立与地方社会、政府、企业的良性互动，实现自身发展与政府支持、市场需求的合力效应。"政产学研"合作机制是指政府、企业、高校等不同部门在功能和资源优势上的协同互补，通过政策环境优化、科技成果转移、技术入股、创新外包、联合攻关、合作研发等形式，构筑以科技成果产业化为目标，以市场为导

---

① 郝瑜：《高等教育大众化——陕西的经验、问题与前景》，高等教育出版社，2004，第239～241页。
② 杜玉波：《全面把握〈若干意见〉主要精神认真做好贯彻落实工作——在全面提高高等教育质量工作会议上的讲话》。

向、政府为引导、企业为主体、高校和科研院所为依托互动组合的战略性、长期性和紧密性的创新体系，其目的在于组合各种技术创新要素，聚焦社会财富创造过程，提升产业核心竞争力和企业自主创新能力。① 西部地区各级政府需要统筹安排，加强"政产学研"的经费投入和政策保障，重点加强科技计划政策、财税支持政策、创新环境政策、科技服务保障政策等方面的改革与创新；西部地区的大中企业需要重视产学研的"助推效应"，在专项经费投入与成果快速转化等方面，加强与高校的深层次合作，建设相对稳定的"教学—科研—生产实践"相结合的园区和实习基地，实现科研创新、人才培养与企业一线人才需求的对接；西部地区的各类高校则需要主动服务地方社会经济发展方式转变和产业转型升级，瞄准经济社会发展重大理论和现实问题，加强与相关部门和地方政府合作，建设一批高水平咨询研究机构。加快高校科技成果转化和产业化，加强高校技术转移中心建设，形成比较完善的技术转移体系。积极探索专业学位研究生教育的人才培养模式改革，有针对性地为企业培养中高级工程技术人才，增强企业后备人才储备能力和造血能力。

西部地区高等教育"政产学研"工作的改革与创新，同样需要坚持"需求导向、全面开放、深度融合、创新引领"的基本原则，瞄准科技前沿，面向国家战略和西部区域发展重大需求，以体制机制改革为重点，以创新能力提升为突破口，通过政策和项目引导，大力推进协同创新。我们可以积极探索建立西部地区校校协同、校所协同、校企（行业）协同、校地（区域）协同、国际合作协同等开放、集成、高效的新模式，形成以任务为牵引的人事聘用管理制度、寓教于研的人才培养模式、以质量与贡献为依据的考评机制、以学科交叉融合为导向的资源配置方式等协同创新机

---

① 《南宁市人民政府关于建立南宁市政产学研合作机制的意见》，2009。

制，产出一批重大标志性成果，培养一批拔尖创新人才，在国家创新体系建设中发挥重要作用。此外，需要依托重点学科，加快高校国家（重点）实验室、重大科技基础设施、国家工程技术（研究）中心以及教育部重点实验室、工程技术中心的建设与发展。积极推进西部高校基础研究特区、国际联合研究中心、前沿技术联合实验室和产业技术研究院、都市发展研究院、新农村发展研究院等多种形式的改革试点，探索高校科学研究面向经济社会发展、与人才培养紧密结合、促进学科交叉融合的新模式。① 此外，我们需要在西部地区布局建立一批国家工程研究中心、国家工程实验室，强化国家地方联合创新平台建设，支持企业技术中心发展。基于西部地区的社会经济发展现状，加强新技术研发，着力突破优势资源开发利用、传统产业改造的关键技术，以加快科技成果向现实生产力转化。围绕西部地区的重点发展区域开展"产学研"的集群建设，诸如支持西安统筹科技资源改革示范基地、关中—天水创新型区域、绵阳科技城发展，推进创新型区域和创新型城市建设。加强气候变化、生态环境、冰川冻土、生物质资源等具有西部特点的基础科学研究。加强知识产权创造、应用、保护和管理。大力普及现代科学技术知识，提高广大群众科技素质。②

　　针对西部地区"政产学研"总体落后的局面，各省区应强化政府财政投入的保障机制，建立健全以政府投入为引导、企业投入为主体、社会投入为补充的多元化政产学研结合投入体系。从政府层面而言，基于西部大开发战略的趋势背景，积极争取国家及相关部委的政策支持与经费保障。在各省区内部，统筹安排产学研的经费投入比例，建立省部共建的教科产业基地或园区，实现高层次的政产学研项目建设。积极鼓励经济条件好的

---

① 《教育部关于全面提高高等教育质量的若干意见》，2012。
② 《中共中央国务院关于深入实施西部大开发战略的若干意见》，2010。

地方政府建立产学研的专项资金，策划符合本地区实际的重大科研攻关项目，为地方社会与经济发展提供智力支持。积极鼓励和引导西部大中企业提高科学技术研发的投入幅度，与高校建立长期的产学研合作项目，加大产学研项目经费投入力度。

针对西部地区相对落后的社会经济环境和相对薄弱的高等教育体系，我们需要大力加强西部地区优质高等教育资源共享体系的建设工作。通过搭建西部地区优质企业、新兴产业与西部高等学校的合作平台，在高等院校集中的几个中心城市建立大学联盟，发挥部属高校优质资源辐射作用，实现区域内高校资源共享、优势互补。在西部各省区加强高校间的交流与合作，诸如学科专业建设的协调机制、教师学术交流机制、学生专业学习交流机制等。重点推进西部地区高等职业教育共享型专业教学资源库建设，与行业企业联合建设专业教学资源库。此外，加强创新创业教育和就业指导服务。制订高校创新创业教育教学基本要求，开发创新创业类课程，纳入学分管理。大力开展创新创业师资培养培训，聘请企业家、专业技术人才等担任兼职教师。支持学生开展创新创业训练，完善国家、地方、高校三级项目资助体系。依托高新技术产业开发区、工业园区和大学科技园等，重点建设一批高校学生科技创业实习基地。[①]

对于西部地区的各类高校的改革与发展而言，需要加强自身的"产学研"机制创新。首先，高校领导作为一所大学的核心群体，其创新学习能力和决策智慧直接影响到一所大学的办学理念、学科建设以及与政府、社区的关系和社会影响力。西部地区高等院校的领导需要重视提升自身的创新学习能力，基于学校发展的各种环境、机遇和发展难题，研究制定切实可行的发展规划与改革策略。另外，西部地区高等院校的基层领导和管理人员也

---

① 《教育部关于全面提高高等教育质量的若干意见》，2012。

需要学习识别环境中的各种问题和机遇，学习如何用新的方法解决新的问题，并且调整认识以适应新的变化。其次，西部地区高等院校的教育和科研要追求卓越与创新。大学以教育和研究为主，对经济发展的作用从属于教育和研究。一流的基础教育和基础研究是一所优秀大学存在发展的根本；而这些目标需要大学能培育建立优秀的人才队伍。不要误认为一些学科有经济效益就只发展这些学科，也不要误以为基础研究不实用、不赚钱就不用发展基础研究。再次，西部地区高等院校需要大力开展创新教育和创业教育。事实上，对于高等教育而言，大学教育中的创新理念和创业文化不是短期生成、自生自灭的，而是长期孕育、培养、扶持的。以美国斯坦福大学的教科产业园区建设为例，斯坦福大学一直鼓励创新理念和创业实践，并把创新活动推向了一个高潮，同时针对创业活动中所反馈的各种问题做进一步的研究，使创新活动开始另一次轮回，进而将创新活动推向另一个高潮。因此，创新创业是长期积累的结果，又是密切联系、相互提升的创新经济文化培育的一个共生体。西部地区的高等教育应该根据具体情况发展以教育研究为基础的创新理念和创业文化。最后，西部地区高等院校需要建立与政府、企业的良性互动。大学与政府及企业要在建立双边伙伴关系的同时，注意到科研要有大学自己的原则和规范。大学要在追求卓越的基础上鼓励创新和创业，鼓励学科发展与科研人才的多元化。大学需要建立有效的机制，给予"政产学研"更大的政策扶植与经费资助，尤其在技术转让方面实行更为灵活高效的引导策略和管理举措。

第六节　实施西部地区高等教育人才战略的政策保障机制

西部地区高等教育与地方社会的协调发展，需要继续坚定不移地实施科教兴国战略和人才强国战略，加大人才开发力度，科学合理地使用好现有人才，形成有利于各类人才脱颖而出、充分施展才能的选人、用人机制。诸如，加大各类高层次人才培养力度，着力培养重点领域急需紧缺人才和少数民族人才；扩大干部交流规模，提高交流层次，加大重要部门、关键岗位和党政主要负责人交流力度，继续做好中央和国家机关、经济发达地区与西部地区干部双向交流工作；鼓励和吸引各类人才到西部地区建功立业，大力引进国外智力；实施边远贫困地区、边疆民族地区和革命老区人才支持计划；继续实施东部城市对口支持西部地区人才培训、公务员对口培训以及博士服务团、"西部之光"访问学者、西部地区管理人才创新培训等重点人才开发工程；扩大中国西部开发远程学习网覆盖范围；等等。[①] 就西部高等教育事业的健康发展而言，我们需要以高等院校人才战略的政策保障作为各项工作的重点。事实上，西部地区高等教育师资在数量和质量上都存在严重不足的问题，在很大程度上影响了西部高等教育的健康发展。[②] 具体而言，一方面人才队伍整体素质不高，尤其是高层次的人才储备比例偏低，人才结构不合理，创新能力不够；另一方面，师资队伍建设的配套管理水平落后，人才激励与管理机制落后，人才资源得不到有效挖掘和保障。基于此，我们需要在人才队伍建设、人才培养机制和人才管理机制等方面谋取行之有效的改革举措和政策保障。

首先，树立正确的人才观，确立人才开发的战略地位。人才资源是生产力发展诸要素中最为关键的要素之一。人才作为资金、技术、信息的综合载体，对于西部大开发这一宏伟目标的实现，有着举足轻重的作用。西部大开发战略实施以来，中共中央和国务院先后发布《国务院关于实施西

---

① 《中共中央国务院关于深入实施西部大开发战略的若干意见》，2010。

② 姚聪莉：《西部高等教育发展新思考》，《光明日报》2012 年 3 月 22 日。

部大开发若干政策措施的通知》《西部地区人才开发十年规划》《2002～2005 年全国人才队伍建设规划纲要》《中共中央、国务院关于进一步加强人才工作的决定》和《进一步推进西部大开发的若干意见》等政策文件，召开全国人才会议（2003 年 12 月 19 日），并批准成立中央人才工作协调小组，切实履行好人才工作的战略规划、政策研究、宏观指导、工作协调等方面的职责。同时，西部各省市区也加快了人才政策体系建设，除配套制定《关于贯彻落实〈中共中央、国务院关于进一步加强人才工作的决定〉的实施意见》和《关于贯彻〈2002～2005 年全国人才队伍建设规划纲要〉的实施意见》外，还编制了本辖区的人才开发规划，出台指导性政策，确保人才开发的战略地位。在今后的一段时期，我们需要落实好上述一系列规划与制度的工作目标及要求，并针对新出现的问题，不断加大人才队伍建设的投入力度，进一步明晰西部地区高等教育发展的中长期规划，并继续完善西部高等教育人才队伍建设的各项制度保障。

其次，围绕西部地区产业发展方向，积极为高等院校引进人才和智力。在引进方式上，引才与引智并重，把长期引进与短期引进相结合，把刚性流动与柔性流动相结合。既可以长期聘任，户口随迁，也可以通过技术入股、承包经营、合作开发、咨询顾问、短期讲学等形式获取智力支援。在户籍关系方面，采用工作证制度、近亲属随迁户口以及先落户后找工作的灵活政策，并为外籍高科技人才、投资者提供入境、居留便利。诸如，陕西省对引进硕士以上的高层次人才，可不受单位编制和职称比例的限制，引进的硕士及 50 岁以下副高级职称以上人员，准予其配偶、子女及父母等随迁户口；在职称评定方面，简化职称申报审批手续，并享受和本地人才同等的待遇。新疆对获得博士后人员可直接授予教授级专业技术职务任职资格，博士研究生可直接授予副教授级专业技术职务任职资格，硕士研究生可直接授予中级专业技术职务任职资格。在物质待遇方面，提供特殊津贴、住房、安家费等。重庆市在渝工作的"两院"院士，除享受国家规定待遇外，市财政每月发给岗位津贴 8000 元；进入国家"百千万人才工程"一、二层次的人选，市财政每月发津贴 3000 元；国家有突出贡献的中青年专家，市财政每月发津贴 1000 元。在科研奖励方面，实施重大贡献奖励制度。此外，重庆市对在科技创新、高新技术产业化、引进先进技术的消化和吸收等方面获得重大成果、做出突出贡献的科技人员进行重奖，取得重大科技成果或有重大贡献的，可申报享受国务院和市政府特殊津贴，并推荐作为本市参加"两院"院士评选候选人；视情况提供 80～200 平方米的住房等。①

　　再次，加大西部地区高等院校高层次人才引进力度，为高校集聚具有国内外影响力的学科领军人才。以陕西省咸阳市为例，在《咸阳市西部强市建设与人才强市战略研究》中较为详细地呈现了其人才战略，即对高层次的国际化人才，采取带岗位、带项目、带薪酬的定向引进方式或综合运用"高薪聘请""技术、智力入股""合作生产"等灵活多样的人才引进方式，建立"不求所有、但求所用、来去自由"的柔性流动机制和固定与流动、专职与兼职相结合的灵活引才机制，提高人才的引进效率。进一步提高国际化人才工作的服务水平，在社会保障等系列服务方面提高服务质量，促进国际化人才的合理流动。其中，我们可以重点实施省级区域的人才计划或高校层面的人才计划，并加大培养、培训和国内外交流力度，提高队伍的质量。我们还应加强优质师资资源的共享和结构优化，正视人才流动现实，努力谋求人才共享。在不改变人才归属的前提下，"落脚不落户，引智不引人"，通过有偿使用、平等协商等形式，使人才的智力资源由多方共享。人才柔性流动机制对于科技人才流入、流出单位，对于科技

---

① 祝影、符钢战、包惠：《西部人才开发政策研究——现状、问题与对策》，《北方经济》2007 年第 15 期。

人员本身都有灵活性。尤其为欠发达地区人才引进绕开了户籍制度、人事制度、产权制度、分配制度、教育制度等体制性壁垒，消除高科技人才的后顾之忧。① 此外，我们还需充分利用国家少数民族高层次骨干人才培养计划和自治区教育系统高层次人才队伍建设工程，建立健全西部高校在职教师进修制度，加强中青年骨干教师的选拔与培养工作。

第七节　加强西部地区高等教育信息化建设的政策保障机制

高等教育信息化的发展，能够实现区域高等教育间的资源共享、智慧分享和协同发展。尤其是对于相对落后的西部地区，加快信息化的建设进程，能够更好地促进高等教育质量与水平的不断提升。《教育信息化发展十年规划》提出，到 2020 年，全国高校实现校园网络全覆盖，所有教室装配智能终端教学设备；全国高校建成网络教学平台，80% 的课程开展混合式教学；60% 的高校建立数字化科研协作支撑平台，大学数字图书馆和数字博物馆建设进一步深入；全国高校建立各类教育管理基础信息数据库和电子校务平台，搭建面向学校生活和社会服务的信息化环境，成立学校信息化管理部门，信息化支撑技术队伍规模达到教职员工总数的 4% 以上。西部地区高等教育信息化的现状与发展水平与全国其他省区仍有较大的差距，这就需要我们加大对西部地区高等教育信息化建设的投入力度，通过相关的政策激励和调动多方面积极性，共同推进教育行政部门、省级教育信息化管理部门和各级各类学校的信息化运行维护与技术服务机构建设。具体而言，首先，需要建立国家、地方、家庭、企业与社会的多元化经费

---

① 姚聪莉：《西部高等教育发展新思考》，《光明日报》2012 年 3 月 22 日。

投入机制，通过开放教育信息化相关市场，推出合适的优惠与补贴政策，吸引和拉动社会资金投入，并鼓励社会各方力量参与教育信息化建设，建立教育信息化良性发展的社会与市场环境；其次，完善教育信息化系列保障政策和法制法规建设，明确教育信息化投入经费额度和比例，制定教育信息化建设和运维保障经费标准，将教育信息化相关指标体系纳入教育督导评估体系；再次，在保障必要基础设施投入的前提下，鼓励加大对优质资源建设和应用的投入，努力实现教育信息化在硬件、软件、资源、应用、运维、管理与人员培训等各环节的资金使用比例均衡、合理；最后，建立教育信息化经费使用的全程成本核算、绩效评估与审计制度，确保教育信息化经费的合理、有效使用。

此外，我们需要将信息化建设与西部地区高等院校的教学科研工作有机结合，通过配套的政策改革，实现教学与科研工作的信息化发展，扩大数字化教育资源建设基地覆盖范围，加强数字化资源建设与研发骨干队伍建设，完善教育资源研究、规划、开发、应用体系。积极运用现代信息技术改革教育教学方法，推动课程教学与信息资源的有机融合，加快课程和专业的数字化改造，创新教育教学方法，建设开放、互动、知识共享和以学生为中心的信息化教学平台，开发高等教育优质教学资源，推进师生共同参与的研究型、探究式教学模式；构建方便易用的数字化科研协作支撑平台，提供交流、合作、管理与服务一体化的信息化研究环境，促进高校、科研院所、企业科技教育资源共享，支持跨学科、跨领域的科研与教学相结合团队的协同工作，推动高校创新科研组织模式与方法，形成开放合作的科学研究机制，不断完善高等教育科技创新体系；提升高校数字图书馆和数字博物馆建设水平，依托信息技术提供科普教育、专题教育、通识教育与学科教育。构建网上文化宣传和科技咨询服务平台，传播先进的时代文化和最新科研成果，推动教育机构和教育管理机构为社会及公众提供科技与文化服务。

第八节　推进西部地区高等教育国际化的政策保障机制

顺应高等教育国际化的发展趋势，西部地区高等教育应肩负西部大开发的社会使命，为深入实施西部大开放战略和可持续发展战略提供优质人力资源的保障和新技术、新思维的强有力支撑。按照国际化进程的不同阶段，我们可将国际合作分为三个层次：第一层次是指高校之间开展师生短期交流、个别学者互访、进行若干项目的技术援助与合作，召开国际性学术会议来提升师资教学的国际化水平；第二层次是指高校之间开展学分互换、学位互认、在专业结构和课程设置上实行互补，进行联合办学，提升学生在国际化竞争背景下的适应能力和竞争能力；第三层次是指国家制定国际化发展战略及相关政策，发展留学生教育，开拓境外教育市场，促进中外文化的双向交流。[①] 在国际化的发展趋势下，西部各省区的重点建设大学需要进一步加大投入力度，改进运行机制，把高等教育国际化程度作为衡量高等院校发展的重要指标，有目的、有计划地加大对重点建设院校以及教育国际化特色院校的国际交流与合作项目的支持，尽快提升高校的办学水平和国际影响力，逐步形成高等教育国际化发展的中坚力量。高水平大学如"985 工程""211 工程"和省属重点大学需要搭建国际合作办学的大平台，并以此开展合作办学、定期交流、科研项目合作、学术研讨等一系列活动。总之，西部地区高等教育的改革与发展需要扩大开放与交流的程度，提升国际合作的层次与水平。我们可以通过改进和完善针对西部

[①] 梁超：《论国际化视域下的新疆高等教育发展战略——兼论白俄罗斯高等教育的发展状况》，《新疆师范大学学报》（哲社版）2011 年第 2 期。

地区人才培养的交流机制，实现高等教育国际化发展的人才储备。一方面，有重点地选派一批中青年骨干教师、学科带头人及高校研究生进入国际高水平大学和实验室进修提高、攻读学位；另一方面，通过与国际教育机构的深层次办学合作，培养出大批具有国际视野、通晓国际规则、具有跨文化交际能力的国际化人才。基于此，我们需要在国家层面制定相应的优惠政策，继续实施西部人才培养项目，加大吸引海外优秀人才回国工作的力度，鼓励海外留学人员以各种形式为西部教育发展服务。继续争取联合国儿童基金会、联合国教科文组织、世界银行等国际组织对西部地区高等教育的支持。积极推动教育国际合作与交流，扩大中外合作办学规模，利用国际优质教育资源，提升西部地区高等教育的国际竞争力。此外，依托高等学校、科研机构等方面的教育力量，重点组织建设一批高质量、高水平的留学生教育专业和课程，完善教育国际交流服务体系，为留学生教育、国际教育资源引进和国际教育投资培训等提供高质量的服务。

第九节　促进西部地区民办高等教育改革
创新的政策保障机制

　　民办高等教育是重要的社会公益事业、高等教育制度活力的体现。无论是从国际经验还是从现实选择来看，民办高等教育作为我国高等教育重要组成部分的地位已牢固确立，政府应站在构建充满活力、更加多样化的高等教育体系的高度，大力支持和进一步规范民办高等教育发展。[①] 针对西部地区民办高等教育发展的规模与层次，我们需要加快启动"高水平民

---

① 钟秉林：《科学谋划励精图治创建高水平民办大学——我国民办高等教育改革与发展探析（七）》，《中国高等教育》2012 年第 2 期。

办大学建设项目"。中央和地方政府需要加大对西部地区民办高等教育的经费投入力度，提高专项经费的拨付额度，为民办高水平大学建设项目的实施提供政策保障，优化我国民办教育的发展环境，加强民办高校之间，以及民办高校与公办高校之间的交流与合作，形成公平竞争、共同发展的良好氛围。西部地区各级政府尤其是地方政府需要进一步加大推进民办高等教育发展的政策力度，继续营造宽松的发展环境。通过办学体制的改革来鼓励社会力量以各种形式参与办学。

民办高等教育发展要和公办高等教育发展统一起来通盘考虑，统一部署、统一要求、统一检查和统一考核评估。这就要求我们必须加大民办高校布局结构的调整力度，努力提高办学效益和办学质量。西部地区民办高等教育的规模要协调发展，要与学校的发展定位结合起来，调整规模结构，走内涵式的发展道路。要与学校的办学条件、师资力量、办学水平相适应，绝对不能任其过分扩张，过度膨胀。对于同类学校设置较多和同类专业相互重复的，对于办学规模较小、效益较低且办学条件较差的学校要坚决调整。这样既有利于优化资源配置、减少重复建设、带动相关产业、增强抗风险能力，又为那些自我发展条件较差的学校提供了新的发展机遇，也为实现民办高等教育的可持续发展奠定了良好的基础。西部地区民办高等教育的改革与发展必须把握新的历史机遇，面对挑战与难题，进一步解放思想，转变观念，改革现有的办学体制，制定相应的政策，鼓励社会及公民以各种形式参与办学。在依法办学的基础上，允许境内外社会团体及个人，以多种形式或多种资源联合并存的方式，开办各式各样的、多元化的民办高等教育机构，积极引导民办公助、公办民助、国有民办、股份合作、独立二级学院等多种办学模式有序发展。政府通过政策调控，引导民办高校根据自身的发展条件，以不同的类型在不同的层次上求发展，从而促进西部地区民办高等教育的健康、均衡和快速发展。

我国三大区域高等教育发展战略关注点

一 东部地区高等教育发展战略关注点

（一）北京市高等教育发展的战略关注点

1. 继续扩大规模、优化配置、合理布局

截至 2010 年底，北京市普通高校共有在校生 77.20 万人，其中研究生 19.42 万人（博士 4.89 万人，硕士 14.53 万人），本专科 57.78 万人（本科 45.87 万人，专科 11.91 万人）。普通高校毕业生 20.94 万人（研究生 5.92 万人，普通本专科生 15.02 万人）。2010 年，本专科招生录取 15.52 万人，高考录取率达到 80% 以上。基于当前北京市高等教育的发展现状，到 2020 年，北京人力资源开发水平持续提高，每 10 万人口在校大学生数达到 6700 人，主要劳动年龄人口受过高等教育的比例达到 48%，新增劳动力平均受教育年限达到 15.5 年。

附表 1　北京市高等教育发展主要预期目标

序号	指　　标	2009 年	2015 年	2020 年
1	每 10 万人口在校大学生数（人）	6369	6700	6700
2	外国留学生规模（万人次）	7.1	12	18
3	新增劳动力平均受教育年限（年）	14	15	15.5
4	主要劳动年龄人口受过高等教育的比例（%）	35	40	48

按照《北京城市总体规划（2004～2020 年）》的要求，加强科学规划，优化完善由中关村及周边高校组成的大学聚集中心和北部、南部、东部 3 个高校聚集区构成的"一心三区"首都高等教育空间布局，形成与首都空间布局相协调、产业结构相适应、区县功能相结合的首都高等教育资源空间布局。制定拆迁补偿、专项资金支持和奖励等政策，推动首都高校积极调整教育资源空间布局，实现学校可持续发展。基于此，今后一段时间内需要发挥政策指导和资源配置的作用，加强对北京市市属高校发展定

位、空间布局、学科专业的统筹规划，分类指导市属高校科学定位，整合资源，在不同层次、不同领域办出特色、办出水平，建设一批国内一流、国际知名、有特色、高水平的地方大学及学科。

建立高等学校分类指导体系，推动高校进一步科学定位，凝聚优势，特色发展，不断提高办学水平。支持世界一流大学建设，培养一批具有国际视野的拔尖创新人才和引领时代发展的学术大师，涌现一批前沿性成果，增强文化底蕴，提升学校国际影响力和竞争力。支持高水平大学建设，实现高校教育教学、科学研究、科技成果转化与产业化、文化传承与创新、对外交流与合作等领域全面发展。支持地方特色型高校建设，充分挖掘高校潜能，突出优势特色，培养应用型、技能型行业领军人才。

实施"北京高等教育资源统筹计划"，逐步推进区域内高校间、优势互补高校间和办学方向相近高校间的资源整合。支持高校优化空间布局，调整学科专业设置。加快高等教育公共资源体系建设，推动优质资源校际共享。进一步加强以学院教学共同体为代表的地区内教学科研合作联盟建设。深入开展在京中央高校与市属高校共建工作。

2. 加强一流大学、一流学科和高水平大学建设

支持和加快世界一流大学、一流学科和高水平大学建设。以多种形式为中央在京高校建设世界一流大学、一流学科和高水平大学提供支持和保障。加强重点学科、交叉学科和首都高校学科群建设，以专业和学科发展推动更多首都高校建设成为国内一流、具有一定国际影响力的高水平大学。就高等教育发展的现状而言，在 2008 年度教育部学位与研究生教育发展中心开展的一级学科评估排名工作中，北京地区共有 36 所高校的 349 个一级学科参加，评估排名第一的学科有 50 个，占全国排名第一的 55.6%；排前 2 名的学科共 83 个，占全国排前 2 名的 47.7%；排前 5 名的学科共 130 个，占全国排前 5 名学科的 30.2%，在全国处于领先地位，为北京创

新型人才的培养提供了坚实的基础和保障。2009 年北京具有博士和硕士授予权的高校就已经分别为 37 所和 52 所，分别占全国高校的 14% 和 11%。共有 293 个学科被列为国家级重点学科，占全国高校的 32.4%。截至 2010 年底，北京地区共有普通高校 89 所（其中，中央部委高校 36 所，市属公办高校 38 所，民办高校 15 所），进入 "985 工程" 和 "211 工程" 建设的高校分别为 8 所和 26 所，各占全国高校的 21% 和 25%。在世界大学排名方面，北京地区有两所大学多次进入世界前 100 名。

3. 切实提高人才培养质量

提高高等学校人才培养质量是北京市实现建设 "人文北京、科技北京、绿色北京" 和世界城市发展目标对高等教育的迫切要求。《北京市中长期教育改革和发展规划纲要（2010～2020 年）》提出了以下六方面的任务和措施：第一，高等学校要坚持以人才培养为中心。把育人作为学校和教师的首要职责，把教学作为教师考核的主要内容，把创新人才和高素质人才培养作为学校评价的重要因素，教学资源向教学一线倾斜。第二，深入推进 "北京高等学校教学质量与教学改革工程"，加大教学投入，深化教学改革，教学应更加注重创新性、综合性、实践性、开放性和选择性，倡导启发式、探究式、讨论式、参与式教学等。第三，深化教学改革，逐步完善学分制和弹性学制。鼓励高校建立学分互认机制。试点跨专业、跨学科、跨学校的选课制度。鼓励高校建设教学联盟。第四，推动实践教学改革，加强图书馆、实验教学示范中心、校内实习基地、校外人才培养基地建设，鼓励本科生参与科学研究和学科竞赛，着力提升学生实践能力、创新精神和科研水平。第五，积极推动综合性教育教学改革，完善高校与科研院所、行业企业联合培养人才机制。健全教学质量保障体系，完善教学绩效监控评估机制，充分调动学生学习的积极性和主动性。加强实验室、校外实习基地和课程教材等基本建设。建设北京高等学校教学质量状态数据系统，形成北京高等学校教学质量监测制度。第六，大力推进研究生培养机制改革，建立以科学研究为主导的导师责任制和导师项目资助制，推行产学研联合培养研究生的"双导师制"，建立产学研联合培养和国内外联合培养研究生的机制。此外，加快发展专业学位研究生教育，并建立研究生（博士研究生）培养质量追踪机制。

4. 努力增强科技创新能力

高等学校是国家基础研究的主力军、高新技术研究的重要方面军、实现技术转移和成果转化的生力军。为了增强高等学校的科技创新能力，《北京市中长期教育改革和发展规划纲要（2010～2020年）》提出了以下几方面的要求：第一，高等学校结合自身特色和科研方面的优势，坚持服务国家和首都发展建设与鼓励自由探索相结合，加强基础研究；以重大实际问题为主攻方向，加强应用研究。第二，创新高校科研体制，加强经费使用管理，完善以创新和质量为导向的科研评价机制，促进基础研究、应用研究和技术开发与集成的有效衔接。第三，推动科研基地发展，支持高等学校建设一批重点实验室、哲学社会科学研究基地和工程研究中心。第四，建设一批科研创新团队。鼓励北京高校与海内外高水平教育科研机构、著名企业建立联合研发基地，培育跨学科、跨领域的科研与教学相结合的团队，促进科研与教学互动。第五，加强北京市大学科技园建设，构建北京高校科技创新体系，积极培育战略新兴产业，提高高等学校知识创新、技术创新、区域创新能力。第六，鼓励高校与海内外高水平教育科研机构、著名企业联合建立研发基地，加强国际学术交流与合作，提升科技创新的综合能力。

5. 全面提升社会服务与贡献力

面向社会开展全方位的服务，是高等学校肩负的基本职能和重要社会责任。为了提升高等学校的社会服务和贡献力，《北京市中长期教育改革和发展规划纲要（2010~2020 年）》从五个方面提出了明确的任务和措施：第一，紧密围绕北京经济社会发展面临的重大问题开展科研攻关，服务首都经济社会发展。健全政府、产业、学校、研究机构及用户协同创新的合作机制，加快科技成果转化和产业化。针对战略性新兴产业发展需要，调整人才培养结构和学科专业结构，培育相关的专业和紧缺人才。第二，加强产学研合作，促进高等学校科技成果产业化，孵化一批产业效益高、社会效益大的科技成果。积极参加中关村国家自主创新示范区和人才特区建设，围绕中关村科学城、未来科技城建设，在战略性新兴产业领域建设新型产业技术研究院和技术转移中心，与企业共建实验室、研发机构、高层次人才联合培养基地。第三，发挥高等学校知识文化优势，引领社会文化发展，积极为社会成员提供多样化、高层次继续教育，广泛开展科学普及工作，普遍提高社会公众科学素养和人文素养。第四，鼓励和支持高等学校结合自身特色和专业优势，积极开展决策咨询，发挥智囊团、思想库的作用。第五，实现高等教育优质资源社会共享。开展科学普及工作，提高公众科学素质。推动图书馆、实验室、博物馆、网络平台等资源逐步向社会开放，提升高校对区域发展的贡献力。第六，鼓励师生面向社会广泛开展志愿服务，为促进首都经济社会的发展发挥更大作用。此外，入选"211 工程"和"985 工程"的北京市重点高校，要发挥国家队的作用，担负起国家重要的知识创新库、一流人才库和新思想库的作用，为首都和国家现代化建设培养大批高水平的高级专门人才和提供充分有力的知识支持，在自主创新攀登科学高峰上创造光辉业绩，为把首都建设成为亚洲乃至全球的知识中心做出应有的贡献。

（二）上海市高等教育发展的战略关注点

1. 不断扩大高等教育规模

高等教育在校生人口占城市人口的比例是体现城市综合竞争力的重要

指标,国际大都市一般为 5% ~ 7%,纽约是 6.4%,洛杉矶、波士顿均为 7.4%,东京达到 6.0%,汉城也有 5.5%。上海高等教育规模逐年扩大,在校生总规模由 2003 年的 64 万人增长为 2010 年的 90 万 ~ 95 万人。2020 年,高等教育在校生总规模预计达到 105 万 ~ 110 万人,占城市人口比例提高到 5% 以上,每 10 万人口在校大学生数达到 5200 人;教育国际化水平进一步提升,普通高等学校在校生中留学生所占比例达到 15% 左右,基本建成国际教育交流中心城市。

附表 2　上海市高等教育发展主要预期目标

单位:%,人

序号	指　　标	2009 年	2012 年	2015 年	2020 年
1	高中教育阶段毛入学率	90.0	95.0	97.0	99.0
2	每 10 万人口在校大学生数	4318	5100	5140	5200
3	普通高等学校在校生中留学生比例	6.2	9.0	11.0	15.0

2. 建立分类指导服务体系

通过制定上海高等学校发展定位规划,引导高等学校准确定位、错位竞争,走创新型、开放型、特色型、服务型发展之路。建立高等学校办学质量分类评估标准,实施符合不同学校和学科专业特点的教学质量评估制度,完善政策措施和资源配置,对不同类型高等学校实施分类管理、服务、支持政策。按照"扶需、扶特、扶强"的原则,形成周期性的院校规划定位与学科专业结构调整机制,制定上海高校分类评估标准,试点开展市属高校内涵建设绩效评估,完善高校拨款机制。上海启动高等学校分类指导,让不同类型的高校设定不同的发展目标,同时启动分类绩效评估,遏制贪大、求全、攀高趋势,引导大学针对各自目标争创一流。上海市教育评估院从 2010 年 1 月开始启动"上海高校分类绩效评估"课题,最终把高校分为"985 工程"高校、"211 工程"高校、老本科高校、新建本科和高职高专等，对不同层次高校提出了不同的评估标准，采用投入产出比模型，分别计算出高校的投入和产出情况，两者相除得出"绩效"。[①] 上海市教委主任薛明扬曾经特别提到，新标准将教学与科研作为绩效评估的基本内容，现阶段"985"重点高校教学、科研的权重比例定为 6 : 4，而新建本科高校和高职高专院校分别为 8 : 2 和 9 : 1。

3. 加强高水平大学和一流学科建设

深入实施上海高等教育内涵建设工程（"085 工程"），以高水平特色学科专业建设为基础，以领军人才培养为重点，建设高水平和特色大学，增强高等教育卓越发展能力。重点实施"985 工程"大学、"985"大学创新平台、"211 工程"大学等国家建设项目，推进世界一流和知名高水平大学的建设；推动上海市市属高等学校与政府行业主管部门紧密联系，实施特色院校重点共建计划，使市属高等学校成为行业内高水平学校。实施一流学科建设计划。按照扶需、扶特、扶强的原则，重点建设 20 个学科，努力冲击国际一流水平；重点建设 200 个学科，使之逐步成为国际先进、国内一流学科。具体而言，围绕经济、科技、文化等重大发展战略，聚焦上海建设国际金融中心、国际航运中心和发展现代服务业、先进制造业的要求，建设一批高水平的学科专业，选择若干学科进行重点建设，力争进入世界一流学科行列。进一步加强国家实验室、重点实验室、工程实验室、工程技术（研究）中心、人文社科重点研究基地的建设，加强科研的国际合作和交流，以学科骨干和创新团队为核心、以重大项目为依托，不断提升高等学校原始创新和集成创新能力。探索建立校际联盟机制，开展学术交流与技术创新联合攻关，形成学科专业的战略集群。改革科研评价制度，促进科研成果质量的提高。全面实施高等学

---

① 李雪林：《上海在全国率先启动高校分类指导和绩效评估》，《文汇报》2011 年 9 月 10 日。

校哲学社会科学繁荣计划，培养一批有杰出学术成就的优秀人才，建设一批重要的人文社会科学研究基地，努力取得具有重大学术价值和社会影响的优秀成果。

4. 创新人才培养模式

围绕国家发展战略和上海经济结构调整需要，逐步建立高等学校主动调整学科专业结构的引导机制，促进高等学校更好地培养经济社会发展所需的各种专门人才。依据上海加快发展现代服务业和先进制造业的战略，特别是国际金融中心和国际航运中心建设对高层次人才的紧迫需求，实施优秀人才培养卓越教育计划。采用产学研联盟、国际合作等方式，重点加强金融贸易、物流航运、工程技术、医疗卫生、文化教育等领域的人才培养。在人才培养模式改革方面，实施创新人才培养建设计划，着力培养高素质专门人才和拔尖创新人才。强化基础课程教学，优化通识教育，增强学生人文精神和科学素养。加强实践教学环节，促进教学与科研结合，增加创新实践活动。推进研究生培养机制改革，创新研究生培养模式，着力提高博士生培养质量。调整研究生培养结构，在应用型本科院校开展专业学位硕士研究生教育试点，探索临床医学硕士专业学位与住院医师规范化培训紧密衔接的改革试验。健全学术名家、资深教授和骨干教师深入教学第一线的机制，提升教师责任意识和教学能力。建立灵活的学习制度，全面推行学分制，实现校际资源共享，为学生提供更多的课程选择。创建高等学校与科研院所、行业企业联合培养人才的有效机制。健全职业生涯指导和服务体系，提升大学生就业和创业能力。

5. 增强社会服务能力

围绕国家战略和上海建设"四个中心"、发展现代服务业与先进制造业的目标，依托高等学校优势学科，整合各方面资源，建设一批资源共享、开放合作的知识服务平台，提升上海高等教育对经济社会的知识服务能力。推进产学研紧密合作，形成以优势互补、利益共享、风险共担、紧密合作、共同发展为主要特征的战略联盟，形成以企业为主体、市场为导向、产学研相结合的技术创新体系。建立技术转移的运行机制，加强"上海高等学校技术市场"建设，促进高等学校科技成果转化。鼓励、支持高等学校建设开放型教育教学资源信息库，建立多学科组成的智囊团、思想库和开放式研究机构，搭建知识资源的分享平台，促进知识传播和应用。推动高等学校聚焦国家及上海改革开放和经济社会发展中的重大战略主题，围绕最急需解决的重大理论和实际问题进行深入研究，提供有价值的咨询和服务。深化"三区联动"创新发展，推动国家级大学科技园建设，发挥大学对周边经济社会发展的辐射优势，形成知识经济圈，促进区域经济发展，增强大学主动融入和服务地区经济、科技和社会发展的能力。

此外，建设若干高新技术产学研合作开发中心。聚焦上海市高新技术产业化重点领域，高等学校与相关企业和研究机构联合建设相应产学研合作开发中心，围绕产业共性关键技术进行攻关，推进研究开发—实验教学—实习培训一体化，围绕新兴产业发展培养人才，发挥高等学校在高新技术产业发展中的创新和支撑作用。建设若干知识服务中心。聚焦上海市现代服务业发展的重点领域，重点建设若干知识服务中心，研究相关服务产业发展中提出的重大理论、技术、实践问题，推动上海市现代服务业发展。建设若干高级战略研究中心。汇集国内外高层次人才资源，重点建设若干高水平的战略研究咨询机构，围绕国家重大战略和上海"四个中心"建设的重大问题进行研究，提供高层次的战略咨询，成为在全国有重大影响的战略智库。

（三）江苏省高等教育发展的战略关注点

1. 发展规模、调整结构、优化配置、合理布局

当前，江苏省高等教育已经实现了由精英教育向大众化教育且接近普

及化的历史性跨越，高等教育毛入学率达到45%，比较好地解决了"上大学难"的问题，预计到2020年高等教育毛入学率达到60%以上，各类专门人才的拥有量基本满足现代化建设的需要。高等教育结构优化取得新成效，服务和引领经济社会发展的能力不断增强，并逐步将高校布局纳入经济社会发展规划，科学合理调整高校设置，使每个省辖市至少拥有一所普通本科高校和多所高职院校。此外，发挥高水平大学的辐射牵引作用，加大"985工程""211工程"高校和国家示范性高职院校对苏中、苏北高校和高职院校的对口支援力度。优化配置沿江、沿海高等教育资源，增强服务沿江、沿海开发和长三角一体化发展的能力。

近年来，江苏省高校适应经济社会发展和产业结构调整的需要，大力扶持优势明显、特色鲜明的专业，积极培育急需的新兴专业，强化与战略性新兴产业紧密相关的学科专业建设，采用产学研联盟、国际合作等方式，重点发展了与现代高效农业、先进制造业和现代服务业发展相适应的高新技术、贸易营销、环境保护、电子信息、新能源、新材料、新医药、环保、软件、物联网等方面的学科专业，学科专业结构进一步优化。此外，通过兴办高教园区、深化高等教育办学体制和管理机制改革、发展民办高等教育和高等职业教育，通过实施高等教育质量提升计划、建设重中之重学科和人文社科重点研究基地、培养与引进高层次人才等举措，形成了以政府办学为主、社会各界共同参与、公办与民办协调发展的高等教育新格局。

科学建立高校分类体系，实行分类管理、分类指导和分类服务。制定高校分类发展规划，发挥政策指导、资源配置和绩效评价的作用，引导高校科学定位、特色办学，形成各自的办学风格，在不同层次、不同领域办出特色，争创一流。顺应沿海、沿江开发和长江三角洲一体化发展战略需要，进一步完善高等学校区域布局。大力发展苏北地区高等教育，探索独立学院到苏中、苏北市县办学的多种形式，支持地方中心城市举办综合性大学，使每个省辖市至少拥有 1 所普通本科高校。加强人才规划和需求预测，建立专业动态调整机制，重点加强战略性新兴产业和现代服务业领域的人才培养。积极发展研究生教育，扩大高层次创新人才和应用型、复合型、技能型人才培养规模，扩大专业硕士研究生招生数量，支持有条件的高校试点建立研究生院、增列为博士硕士学位授予单位，支持有条件的一级学科建成博士硕士学位授权学科。

2. 建设高水平大学和重点学科

以优势学科、特色学科和重点学科建设为基础，完善省部共建机制，积极支持"985 工程"高校建设世界一流大学，大力推进"211 工程"高校及其他有条件的高校建设国际知名的高水平大学。遴选一批符合经济社会发展需要、具有较高办学水平和鲜明学科特色的高校进行重点建设，推动部分应用型本科院校进入全国同类院校前列。加强重点学科建设，形成基础学科、应用学科、新兴交叉学科等多类型重点学科，以及各类重点学科协调发展的学科体系。坚持瞄准国际学科前沿，将国家战略目标和服务区域发展相结合，在经济社会发展急需领域建成若干重点学科群。统筹国家、省和学校重点学科建设，培育一批特色学科和新兴交叉学科，支持具有行业背景的高校保持学科特色和优势，建设优势学科群，提升创新与服务能力。创新学科管理和资源配置机制，推进重点学科与其他教育科研资源集成融合。预计到 2015 年，建设 100 个与经济社会发展密切相关、具有一流创新条件和创新团队的优势学科平台，力争江苏高校国家一级学科重点学科占全国总数的 10% 以上，部分优势学科进入国际同类学科排名前列。

3. 提高人才培养质量

江苏省高等教育人才培养质量的提升战略主要侧重于以下六个层面：

第一，创新人才培养模式和机制。扩大高等教育的选择性，采取大类招生、模块化培养、自主选择的培养模式。建立高校与科研院所、行业企业、高新技术开发区联合培养人才的机制，建设一批创新人才培养基地和青年英才培养基地。创新人才培养机制，全面推行学分制和弹性学制，推行跨校、跨区域、跨类型的学分互认，推行主辅修制、双专业制、多项技能等级证书制，推行本科学生导师制。建立高校区域合作育人机制，深化合作办学试点，推进教学联合体建设，实行资源共享、教师互聘、课程互选、学分互认。第二，实施高校教学质量提升工程。及时调整课程结构，更新教学内容，建立符合时代要求的课程体系。落实教授为本科生授课制度，深化教学改革，注重通识教育，促进文理交融，为学生提供更多的课程选择，拓展学生的知识面。优化教学过程，改进教学方式，引导学生勇于质疑、崇尚真理、追求卓越。建设一批特色专业、实验教学示范中心和优质教学资源中心。第三，强化实践教学环节。优化实践教学内容，构建以能力培养为主线、课内课外相结合的实践教学体系。加强校内外实践教学基地建设，重点建设一批国家级和省级实验教学示范中心与高职实训基地。实施大学生实践创新训练计划，推进创新实验项目，开展创新技能竞赛，设立大学生实践创新奖。实施卓越工程师教育培养计划，认定若干企业为合作培养单位，提升工程教育学生的工程实践、工程设计和工程创新能力。第四，健全教学质量保障机制。加强省级质量监控，完善高校教学质量评估办法，建立高校教学状态数据年度统计和公布机制，实行学生毕业设计（论文）抽检制度。完善高校内部质量监控办法，强化教师、院系、学校三级质量保障，建立行业企业、用人单位、教师、学生、家长和中介组织多方参与的评价制度。第五，实施研究生培养创新计划。加强研究生教育教学改革研究与实践，探索拔尖人才培养规律，强化系统严格的科研训练，为研究生创造良好的科研条件。建立以科学研究为主导的导师责任制和项目资助制，推行产学研联合培养研究生的"双导师制"。推进研究生专业学位培养模式改革，优化研究生培养类型结构。促进研究生培养与科学研究和创新实践的紧密结合，加快产学研联合培养研究生基地建设。实施研究生国际合作培养计划，充分利用海外教育资源培养人才。深化研究生招生改革，突出科学素养、综合素质、创新潜能的考核。积极推进学术型、应用型、复合型等不同类型研究生培养模式改革。加大研究生学位论文质量抽检力度。第六，加强创业教育和就业指导。开设创业课程，设立大学生创业实践基地、科研成果孵化基地，到 2015 年，建设 40 所省级大学生创业教育示范校、30 个省级创业实践基地及孵化基地。实施高校毕业生就业创业计划，使每一个有意愿的毕业生都能参与相关就业创业准备活动，并得到就业创业指导与服务。采取政府购买岗位、报考公职人员优先录用等措施，引导高校毕业生到城乡基层、中小企业和中西部地区就业。落实困难家庭毕业生就业援助政策，强化公共就业服务。

4. 增强科技创新能力与社会服务能力

充分发挥高等教育的科研与社会服务功能，大力推进高等教育与科技、经济的紧密结合，围绕国家和地方重大科技目标、战略性新兴产业发展，完善自主创新与科研成果转化相配套的高校科技创新体系，大力提高高校科研成果转化率；引导高校瞄准学科学术前沿，紧紧围绕经济社会发展需求，积极融入国家和区域创新体系，着力推动自然科学、技术科学、工程科学和哲学社会科学研究，不断推进知识创新、技术创新、理论创新和制度创新；需要加强基础研究，强化应用研究，加快科研创新基地与创新平台建设，切实增强高校原始创新和集成创新能力；需要深入实施高校哲学社会科学繁荣计划，充分发挥高校思想库、智囊团的作用；需要建立高校、科研院所、企业科技资源共享机制，大力开展科技创新联合攻关；

需要支持高校优势学科、重点实验室与海内外高水平教育科研机构建立联合研发基地，形成一批一流的学科和科研成果；需要建立有利于学科交叉、队伍整合和资源共享的科研体制，完善以创新为导向的科研评价机制和分配激励机制，促进科研成果质量提高，促进科研与教学互动。加强学术诚信建设，营造良好的科研环境。此外，需要全面深化产学研合作。支持高校主动融入区域技术创新体系，与地方政府、行业企业共建产学研合作基地。大力推进校企联盟行动计划，支持企业与高校共建实验室、研发中心等平台，鼓励高校教师到企业转化科技成果或开展联合攻关，选聘一批科技企业家担任高校兼职教授。推动大学科技园建设，支持高校科技人员创办科技型企业。

（四）浙江省高等教育发展的战略关注点

1. 规模适度发展、结构优化调整

根据国家、长三角地区和浙江省经济社会发展的形势要求，统筹浙江省高等院校设置和布局结构，强化杭州、宁波、温州高教中心功能，巩固发展设区市中心城市"一本多专"或"一本一专"高等教育格局；切实帮助欠发达地区提高高等教育办学水平。引导高等院校科学定位，优化高等教育资源配置，鼓励不同类别院校创特色、争一流，提升投入产出效益。大力发展研究生教育，稳步发展本科教育，积极发展高等职业教育，完善研究生教育、本科教育和高等职业教育的有机衔接机制。到2015年，浙江全省高校数量包括独立学院控制在100所左右，校均在校生规模基本控制在目前本科院校和高职院校的平均水平，特色高校和学科专业建设、紧缺人才培养基本适应经济社会发展需要。

学科建设方面，坚持以学科建设为龙头，做实一级学科，做强二级学科，构建基础学科、应用学科、交叉新兴学科互为联系、互为促进、协调发展的学科体系。瞄准国际学科前沿，突出国家战略目标，从服务浙江省发展现代工业、现代农业、现代服务业，特别是大力发展海洋经济，培育战略性新兴产业出发，继续加强重中之重学科、人文社科重点研究基地和重点学科建设，争取打造若干个国家重点一级学科和一批高水平学科创新平台。到 2015 年，争取国家一级重点学科覆盖面有新增长，浙江省属高校若干一级学科达到国家重点学科建设水平。

专业建设方面，发挥优势、强化特色，启动各专业设置标准建设，扩大高校专业设置自主权，形成专业动态调整机制。根据浙江省产业集群发展需要和高校分类发展趋势，着力建设一批基础条件好、办学水平高、在省内具有领先水平的优势特色专业，力争有些专业水平达到国内乃至国际一流。大力建设一批与生物产业、新能源产业、高端装备制造业、节能环保产业、海洋新兴产业、新能源汽车、物联网产业、新材料产业以及核电关联产业等浙江省战略性新兴产业相关的急需紧缺专业。

此外，坚持以重点工程推进为抓手，通过政策扶持、资源优配、重点投入等举措，建设一批不同层次、不同类型的高水平大学。支持浙江大学、中国美术学院建设世界一流大学；支持浙江工业大学等若干所具有较强综合实力的大学加快建设特色鲜明的高水平研究型大学或高水平教学研究型大学，争取到 2015 年浙江省有 5 所左右高校综合实力达到国家"211工程"大学建设水平，进入全国高校百强行列；扶持一批本科高校跻身全国行业大学前列；积极打造一批国内有影响的高职院校和民办高校（独立学院）。引进和利用国外优质教育资源，积极创造条件，举办高水平中外合作大学。

2. 深化质量为本的人才培养机制改革

根据经济社会发展的趋势和要求，进一步明晰高校人才培养的目标定位，优化各类人才培养模式，调整专业设置，丰富教学内容，切实提高人才培养质量。深化教学改革，坚持不懈地推进教学模式、教学内容和教学方法改革，不断提高学生自主学习和自主创新的能力。加大教学投入。把教学作为教师考核的首要内容，把教授为本专科生授课作为重要制度，重点建设一批省级教师教学发展中心，大力提升中青年教师的教学能力和水平。积极开展高校学分互认、课程互选和教师跨校应聘与兼课改革。进一步完善高等学校教师教学工作业绩考核办法和教学质量巡视制度。突出重点，深入开展教学改革研究，不断提高教学管理水平。强化实践教学环节，加强就业创业教育和就业指导服务。创立高校与科研院所、行业、企业联合培养人才的新机制。加快发展研究生教育，提高创新型人才培养水平。高度重视本科生教育，提高应用型人才的培养质量。切实加强高等职业（专科）教育，加快技能型人才的培养。继续重点建设一批人才培养模式创新实验区。

深化人才培养体制、机制改革，牢固树立人才培养在学校的中心地位。以专业建设为重点，深入推进"高等学校教学质量与教学改革工程"，重点实施"优势特色专业建设工程"以及"卓越人才培养计划"、实验示范中心、示范性实训基地、大学生学科和技能竞赛等项目。继续推进教学内容、课程（教材）体系、教学方法、教学管理、实验平台建设及教学评价体系等方面的改革。探索人才分类分层培养的新模式。更加注重培养学生的实践和创新能力。完善高校教学工作状态数据库建设，探索高等学校办学质量年度报告发布制度，完善高校教学绩效考核与财政拨款挂钩的机制，建立办学质量与招生计划、专业设置相关联的调控机制，引导高校资源优先向教学领域集中配置。推进高校数字图书馆建设，以服务学生为中心，进一步提升高校优质教学资源的共享水平。一批重点学科和专业达到国内乃至国际先进水平，若干所省属高校达到国家"211工程"高校建设水平，高等教育国际化程度明显提高，高校人才培养、科学研究、社会服务、文化传承创新能力和水平全面提升。

此外，在研究生教育层面，加快推进研究生培养机制改革，营造教育创新氛围。着力改革研究生培养模式和管理体制，建立健全导师责任制和导师项目资助制。继续加强学位点建设工作。深化专业学位教育改革，大力发展专业学位研究生教育。到 2015 年实现学术学位研究生和专业学位研究生比例达到 1∶1。实施研究生教育创新计划，不断提高研究生的创新能力和学术水平；在高等职业技术教育层面，积极支持"政府主导、行业牵头、校企合作"的高等职业教育体制机制创新实践。深入开展"地方政府促进高等职业教育发展综合改革试点"，强化地方政府统筹发展高等职业教育的职责，建立适应区域经济社会发展需要的服务型高等职业教育模式。继续推进"国家示范性高等职业院校建设计划"。以服务地方或行业发展为出发点，优化专业结构，彰显办学特色，促进人才培养模式改革与办学水平提升；以校企合作共建为重点，打造一批高水平实训基地；以"双师型"专业教师培养培训为关键，提升教师队伍整体水平。创新人才培养模式，构建"人才成长立交桥"，到 2015 年，高等职业教育毕业生升入高一级学校比例超过 10%。

3. 增强科研创新能力，有效服务产业转型升级

在科学研究层面，积极适应浙江省经济社会发展的重大需求，努力提升原始创新、集成创新和引进消化再创新能力，着力推进协同创新。积极引导重点高校以国家战略和区域战略需求为导向，承担重大科研任务和重大科学工程项目；大力支持地方高校以地方产业发展需要为指引，紧贴转变经济发展方式和产业转型升级开展针对性研究；鼓励教师以重大现实问题为主攻方向、围绕企业技术创新需求开展应用研究。实施"重大人文社科项目攻关计划"，重点支持对浙江省经济社会发展重大理论和现实问题的研究。争取国家级创新载体建设有新的突破。

在社会服务层面，进一步强化高校主动服务社会意识，紧密结合浙江

海洋大省建设和环杭州湾、温台沿海、金衢丽高速公路沿线三大产业带与区域产业集群建设，加强研究团队、研究创新基地和科技园建设，建立高校、科研院所、企业科技资源共享机制。接轨国家海洋发展战略，引导省域内涉"海"高等教育资源集聚发展，通过扶植、共建、引进等多种形式，使浙江成为国内涉"海"研究和人才培养的新高地，服务和引领海洋经济发展的新基地。对接现代产业的发展，引导高校、科研院所和企业建设学科专业与战略产业联盟，强化学科群的集聚效应。把加快科研成果推广转化放在突出位置，完善高等学校与政府、企业和科研院所的合作机制，多形式推进产学研合作，形成以企业为主体、市场为导向、产学研相结合的技术创新体系。

此外，充分发挥人文社会科学研究领域的优势和人文社科研究基地的重要作用，构建哲学社会科学研究成果转化体系，促进浙江文化产业的大发展；积极参与政府决策咨询，更好地发挥智囊团、思想库的作用。积极依托高职院校资源优势，加大对技能人才在岗培训和继续教育的力度，满足社会高技能人才培训需求。不断创新高校科研工作管理考核机制，建立以科研成果转化和产业化为导向的激励机制，充分调动高校和师生从事科研创新和成果推广转化的积极性。

4. 弘扬主流文化，推进文化传承创新

坚持育人为本、德育为先，把社会主义核心价值体系建设渗透到师生工作学习生活的各个环节，不断创新思想政治教育的内容和方法。把师德建设放到更加突出的位置，进一步完善教师职业道德评价机制。大力弘扬民族精神、科学精神和人文精神，引导学生形成正确的世界观、人生观、价值观，着力提高学生的思想道德素质、专业知识和能力素质、身体心理素质。把突出文化育人与大学生的社会责任感紧密结合起来，培养社会主义合格的建设者和接班人。把促进人的全面发展，适应社会需要作为衡量教育质量的根本标准，着力培养信念执着、品德优良、知识丰富、本领过硬的各类高素质专门人才和拔尖创新人才。

坚持大学的使命与责任，弘扬大学的创造精神、批判精神和社会关怀精神。倡导探求真理、追求科学、宽容失败，努力营造自由宽松、和谐大气、不断创新、勇攀高峰的学术环境氛围。加强学术道德和学风建设，培养师生的科学精神和人文品格，自觉抵制虚华浮躁、急功近利和各种学术不端行为。发挥大学文化的育人功能，注重精神文化、制度文化、环境文化建设，促进大学文化建设与人才培养有机结合，大力营造具有时代特征和高校特色的校园文化，创建校园文化品牌，更好地发挥文化育人的作用，促进高校形成更加良好的校风、学风和教风。

充分发挥高校人才、学科与平台优势，挖掘和保护具有浙江特色的文化资源；加强对外文化交流，推动文化产品和服务出口，不断增强中华文化的国际影响力，主动为全省发展新闻出版、文化创意、影视服务、数字内容与动漫、文体休闲娱乐以及文化产品制造等提供人才与智力支持；积极参与浙江省公共文化服务体系和文化产业体系建设，着力培育具有浙江特色的人文社科优势学科。

5. 加快人才队伍建设，支撑人才强教战略

依托国家和省级人才引进和培养平台，集聚一大批拔尖人才。5 年内，新增两院院士和国家级人才入选者超过"十一五"时期。新增一批省特级专家、省"千人计划"引进人才、省"新世纪 151 人才工程"重点资助和第一层次培养人才；继续高标准实施省高校"钱江学者"（省特聘教授）制度。围绕学科、专业建设重点，支持高校培养引进学科、专业带头人、教学名师和优秀教学团队；大力提升专任教师专业技术资格、学历（学位）层次和国际化意识水平及社会服务能力。加大本科高校中青年学科带头人和高职高专专业带头人培训，每年遴选一批高校中青年学科带头人、

高职高专专业带头人公派出国（境）研修。提升高校专任教师研究生学历（学位）、海外学习经历、企业工程实践经历的比例。创新人才使用、评价和激励机制，鼓励并确保人才将主要精力投入到原始创新、集成创新和教育教学创新活动，出科研精品，育优秀人才，产重大效益。鼓励并支持高校创设"学科特区"，在经费投入、管理运行、绩效考核等方面实施特殊政策。开展高校教师分类考核试点，完善高校岗位设置办法，增强人才队伍建设活力。

6. 深化体制机制改革，加强对外交流合作

探索完善高校治理结构。贯彻落实《高等教育法》和《国家中长期教育改革和发展规划纲要（2010～2020年）》精神，按照"党委领导、校长负责、教授治学、民主管理"要求，探索现代大学制度建设途径，转变政府对高校的管理方式，进一步落实高校办学自主权，优化高校内部管理，逐步形成章程法定、权责明晰、调控有力、运转有序、充满生机和活力的现代大学治理结构。开展《大学章程》建设试点，建立完善大学理事会或董事会制度。完善高校内部管理方式，建立科研与教学相长、行政权力与学术权力相对平衡的内部运行机制。研究下放高校专业设置等具体办学权限，鼓励和支持高校面向社会自主办学，不断增强高校自我规划、自主管理、竞争发展的责任和权力。建立健全区域高等教育协作改革和联动发展机制，强化地方政府统筹发展高等职业教育的职责。探索高校分类管理办法，引导和扶持各类高校争创一流。深化高校人事分配制度改革，建立完善教师绩效工资制度。进一步完善高校后勤社会化改革，不断提高后勤保障和服务水平。

积极开展人才培养模式改革。支持和鼓励高等学校发挥优势、彰显特色，进一步确立教学和人才培养的中心地位，在教学方法、手段、内容等方面积极开展形式多样的改革创新，不断提高人才培养质量。着眼于高等

教育资源的有效利用和共享，进一步创造条件促进学生跨校选课和辅修专业。针对高层次人才的培养特点，探索新的研究生选拔机制和资助机制，不断提升研究生创新能力和学术水平。引入第三方开展"高校毕业生质量跟踪调查评价"，探索完善高校质量评估制度和宏观管理新方式。

逐步深化招生考试制度改革。在坚持统一高考制度的基础上，不断探索高校招生多样化的途径和方法。推广普通高校"三位一体"综合评价招生改革试点，把高中综合素质测评、学校自主选拔和统一高考结合起来，不断扩大高校和学生的相互选择权，减轻学生的高考负担。扩大高职院校自主招生试点范围。着眼于新农村建设和基层卫生事业的需要，进一步完善"社区全科医生"和"农业类专业"定向招生项目，积极为农村培养留得住、用得上的实用人才。尝试开展"拔尖创新人才培育机制试点"。

继续完善高校办学体制。积极扶持民办高等教育发展，依法落实民办高校的办学自主权，扩大民办高校在招生、收费方面的自主权限。鼓励民办高校特色发展、错位发展、做大做强，创造条件吸引更多的投资者、办学者和教学者投身民办高等教育事业。规范发展独立学院，完善独立学院管理和运行机制。积极开展创业型大学建设试点，加强产学研结合，鼓励和促进高校主动参与、服务浙江省"创业创新"总战略。适应学习型社会和终身教育的需求，加快开放大学建设步伐，建立完善宽进严出的入学制度和学习成果认证办法，全面建设浙江省终身教育体系。

加强对外交流与合作。多形式、多途径引进国际优质教育资源，合作建立教育科研机构，重点加强与世界知名高校、国外高校强势学科以及同类高水平高校的交流与合作。支持和鼓励高校选择类型相同、学科相近的国外或境外较高水平高校，共建学科、实验室或实训基地，建立教师互派、学生互换、学分互认和学位互授（联授）等合作关系。积极推进学生海外培养基地和海外教师培训基地建设，推动国际科研合作和学术交流，提高学科建设的国际化水平。建立具有浙江特色的汉语国际推广基地。深化长三角教育联动发展，加强与长三角区域及国内高水平高校在干部培养、师资互聘、学分互认、大型仪器共享等方面的合作。提升高等教育国际化水平，鼓励有条件的高校到境外开办孔子学院和孔子课堂。支持高校建设一批外语授课的国际化课程和特色专业，提高双语教学课比例。实施"留学浙江行动计划"，大力发展留学生教育，尤其是留学生学历教育。

（五）辽宁省高等教育发展的战略关注点

1. 调整高等教育结构，扩大高等教育规模

改革开放以来，辽宁省普通高等教育有了巨大的发展。截至 2010 年，辽宁省拥有普通高等学校 112 所，其中中央部委所属院校 5 所，省市属院校 71 所，民办高校 36 所。基本形成了多科类、多层次的完整高等教育体系。2010 年普通高校在校生总数 962266 人。其中在校研究生 82019 人（博士生 12406 人，硕士生 69613 人），本科生 602201 人，研究生与普通本科生之比为 0.093：1。校均规模 8669 人。全省有教职工总数 93183 人，其中专任教师 57404 人。专任教师中，具有硕士以上学位的 35142 人，占专任教师的 61.2%；正、副高职人员 25166 人，占专任教师总数的 43.8%。《辽宁省 2011 年教育事业发展统计公报》显示，2011 年辽宁省高等教育毛入学率已经达到 43.5%，高校在招生数量和在校生数量较往年有一定提高，其中成人本专科招生 88292 人，比上年增加 7497 人，增长达到 9.3%，增长幅度最大。研究生招生规模和在校生人数也在不断提高，分别增长了 5.5% 和 6.2%。《辽宁省中长期教育改革和发展规划纲要（2010～2020 年）》提出，制定高等教育结构布局调整规划，合理控制院校数量和发展规模。到 2020 年，高等教育毛入学率达到 65% 以上，主要劳动年龄人口中受过高等教育的比例达到 29% 左右。辽宁省将扶持一批高等教育资源稀缺的城市举办本科高等教育，且高校扩招将不再盲目，重点扩大应用型、复合型、技能型人才的培养规模，从而实现高等教育的普及化。

附表 3　2005 年和 2010 年辽宁普通高等教育发展状况

年份	学校数（所）	在校生（万人）	校均规模（人）	专任教师数（万人）	生师比	在校研究生（人）	研本比（本科生为 1）
2005	75	71.1	8944	4.40	17.0	51937	0.118
2010	112	96.2	8669	5.74	17.2	82019	0.093

2. 提升核心竞争能力，实施高层次发展战略

《辽宁省中长期教育改革和发展规划纲要（2010～2020 年）》（以下简称《纲要》）提出，实施大学特色化发展战略，推进强校建设。打造 1～2 所具有国际影响、国内一流的大学；打造一批具有行业影响力或专业领域特点、在国内同类院校领先的本科高校。加强学科建设，强化省属高校办学优势，建好一批现有国家级重点学科及国内一流重点学科，力争新增一批国家级重点学科，建成一批体现各校优势特色的重点学科。截至 2010 年，辽宁省普通高校中拥有博士点 320 个，硕士点 1291 个；有博士后流动站 82 个，两院院士 19 人；国家级重点学科一级 7 个、二级 30 个；省级重点学科一级 71 个、二级 284 个。未来辽宁省将会加强高水平大学建设。不仅是具有国际影响、国内一流的大学，根据辽宁省产业发展的特点，还将重点打造一批具有行业影响力或专业领域特点、领先国内同类院校的本科高校。大学水平的提高离不开重点学科的建设。辽宁省将通过"一流学科计划"建设 50 个左右代表省属高校学科水平的一流重点学科，通过"学科提升计划"再建设 20 个左右国家重点学科，通过"特色突出计划"建设 200 个左右体现各校特色的重点学科。

附表 4　2005 年和 2010 年辽宁普通高等学校学科及学位点发展情况

单位：个

年份	博士后流动站	博士点	硕士点	国家重点学科	
2005	53	320	1291	28	
2010	82	320	1291	国家级重点学科一级	国家级重点学科二级
				7	30

3. 促进科研成果转化，提升服务社会能力

辽宁省普通高校在努力培养专门人才的同时，不断探索产、学、研相结合的道路，开展科学研究和开发工作。目前，辽宁省高校承担的科研项目获国家科技三大奖的数量已占到全省总数的 50%，高校已成为老工业基地全面振兴的重要驱动力量。截至 2010 年，辽宁省高校共有 38285 人从事科研及开发工作，高校承担科技项目 14452 项，其中国家"973 项目" 126 项，国家"863 项目" 162 项，国家科技支撑项目 172 项，国际合作项目 40 项。当年合计经费 38.26 亿元。辽宁高校大力兴办高新技术产业，不断强化自身的社会服务功能，积极组织科研力量，投身经济建设主战场，加速科技成果向现实生产力的转化。2009 年辽宁高校校办产业达 175 个，其中科技企业 52 个。一批重大科研成果实现转化和产业化，取得了良好的社会效益和经济效益。根据《纲要》的部署，以实现辽宁老工业基地全面振兴的重大理论和实际问题为主攻方向和研究领域，在基础研究、应用研究和培育具有自主知识产权的重大创新成果方面取得重大突破。促进高校、科研院所、企业科技教育资源共享，推动高校创新科研组织模式。促进科研与教学互动、科研与人才培养紧密结合。完善以创新和质量为导向的科研评价机制。积极参与马克思主义理论研究和建设工程。贯彻实施"高等学校哲学社会科学繁荣计划"，建设具有辽宁特色的高校哲学社会科学体系。

附表5　2005年和2010年辽宁省高校科技情况

年份	科技人员（人）	科技经费（千元）	科技课题（项）	科技成果			成果奖（项）
				专著（部）	论文（篇）	鉴定成果（项）	
2005	36913	2024970	9608	111	21097	316	330
2010	38285	3825810	14452	180	31448	245	271

　　未来一段时期内，辽宁省将会进一步加强高校科研成果的转化，而科研成果转化最直接的就是校办企业，高校校办企业未来将受到规范和鼓励。辽宁省将鼓励高校以科技成果出资入股与企业共建股份制公司并上市融资，鼓励承担政府和企业重大技术及重大科技项目的研发工作，鼓励校企共建研究院、工程中心和企业研发中心等科技平台。针对辽宁省经济发展趋势，未来在信息技术、新材料、生物技术等领域有重大突破的科研项目将会得到重点扶持。此外，积极参与决策咨询，主动开展前瞻性、对策性研究。为社会成员提供继续教育服务。开展科学普及工作，积极推进先进文化传播。

　　4. 优化师资队伍结构，加大高端人才引进力度

　　高校办学水平的提升、教学科研能力的增强都离不开人才。《国家中长期教育改革和发展规划纲要（2010～2020年）》提出，要构建定位明确、层次清晰、衔接紧密、有利于优秀人才脱颖而出的培养和支持体系。通过实施"高等学校高层次创新人才计划"，培养和汇聚一批具有国内领先水平的学科带头人，一大批具有创新能力和发展潜力的青年学术带头人和学术骨干，带动高校教师队伍整体素质的提升。积极探索以重点学科、创新平台、重点科研基地为依托，以学科带头人为核心，围绕重大项目凝聚学术队伍的人才组织模式，形成一批优秀创新团队，促进学科交叉融合和集成发展。支持优秀人才在关键领域取得重大标志性成果，提高学校的人才培养质量、创新能力和核心竞争力。未来10年内，辽宁省每年将面向国内

外遴选 200 名高校杰出青年学者、50 名辽宁特聘教授、20 名具有国际国内领先水平的攀登学者，每年重点支持 50 个创新团队和 50 名优秀科技人才。辽宁省引进高端人才的力度将会不断加大，尤其是海内外高端拔尖人才，将在住房、配偶安置、担任领导职务等方面给予特殊政策。高校对于公开招聘的具有博士学位的新任教师，可即时办理聘用。此外，《国家中长期教育改革和发展规划纲要（2010～2020 年)》规定，担任大学校长必须要有高校工作经历和较高的学术造诣，这是促进校长专业化建设的一项重要举措。不仅如此，未来辽宁省还将完善大学校长公开选拔、竞争上岗制度和任期制，制定并实施校长任职资格标准等，通过一系列举措为高校的当家人"把关"。

二 中部地区高等教育发展战略关注点

（一）湖北省高等教育发展的战略关注点

1. 优化结构、办出特色

完善高等教育布局结构，进一步深化省部共建，重点支持武汉大学、华中科技大学争创世界高水平大学。积极支持其他部委属高校争创国际知名、特色鲜明的高水平大学。加大对省属高校的投入力度，重点建设若干所具有较高办学水平和鲜明学科特色的国内知名高水平大学，支持具有行业背景的高校进一步增强学科特色和优势。大力推进重点学科建设和特色优势学科建设，支持在鄂部委属高校建设 10 个左右世界一流学科，支持省属高校重点建设 50 个左右的重点一级学科，加强省属高校学科带头人的培养。把特色发展作为加快高校发展的根本途径，加大政策倾斜力度，建设一批特色高校、特色院系、特色学科、特色专业。深入推进"武汉城市圈中央部属高校与地方高校对口支持合作计划"，激活部属高校的优质资源，支持省属高校谋求特色发展。发挥政策指导和资源配置的作用，实行分类管理、分类指导、分类服务、分类评估，引导高等学校彰显办学特色，克服同质化倾向。

完善高等教育布局结构，着力办好现有高校，从严审批新设高校。稳步扩大本科生教育，加快发展研究生教育，大力发展高等职业教育。适应经济发展方式转变和产业结构调整的要求，实行学科专业动态调整机制，建立专业设置与市场需求信息监测预警机制。重点发展节能环保、新能源、新能源汽车、电子信息、新材料、生物医药、生物育种等战略性新兴产业和全省传统支柱产业技术改造相关专业，压缩社会需求相对饱和的专业。

附表 6　湖北省"985"和"211"高校情况

"985"高校	"211"高校
武汉大学	武汉大学
华中科技大学	华中科技大学
	中国地质大学
	华中师范大学
	华中农业大学
	武汉理工大学
	中南财经政法大学

为激励资源优配，统筹全省高教资源，推进高校合作共建及区域联合办学，整体提高湖北省高校办学水平，重点实施 4 个计划：武汉城市圈部省高校支持合作计划，组织在鄂 7 所部属高校与武汉城市圈 18 所省属高校结对合作，创新部省高校之间工作联动、资源共享、合作发展的机制和模式；高职院校对口支持与交流合作计划，组织 16 所国家和省级示范高职与区域内高职开展对口支援与合作交流；同时，积极推进两个高职教育联盟工作（联盟计划）和高校分层次分类型分区域联合办学（联合计划）。

2. 全面提高人才培养质量

用"创造、创新、创业"教育理念指导教学实践，着力培养信念执着、品德优良、知识丰富、本领过硬的高素质专门人才和拔尖创新人才。加强大学生思想政治教育。坚持知识传授与价值观培养相结合，把社会主义核心价值体系融入和贯穿教育教学全过程。推进大学生思想政治教育创新，加强思想政治理论课建设，推进辅导员队伍专业化、职业化，加强大学生心理健康教育，推进大学校园文化建设，提高思想政治教育科学化水平。

深入实施"湖北省高等学校教学改革与质量提高工程"，重点建设一批精品课程、品牌专业、教学团队、实验教学示范中心。加强高校教学资源平台建设，建设精品课程共享平台。加强教学管理，健全教学质量保障体系。改进教学质量评估制度，加强教学巡视工作，建立高校教学基本状态数据年度统计公布制度。推进自选专业、弹性学制、学分制、通识教育、研究性学习、基地班、实验班等教学改革。实施"湖北普通高等学校拔尖创新人才培育试验计划"，"十二五"期间重点建设20个左右"拔尖创新人才培育基地"。加强就业创业教育和就业指导服务，"十二五"期间建设30个左右"大学生创业示范基地"，建设200个左右校内外"大学生实习实践基地"。实施"湖北省战略性新兴产业人才培养计划"，"十二五"期间确定100个左右本科和高职专业点，组织高校与企业行业联合培养战略性新兴产业所需人才。

深化学位和研究生教育改革，加强高校和科研院所博士、硕士学位授予单位建设，探索联合培养研究生的新机制和新模式。大力发展专业学位研究生教育，加快培养适应全省产业结构调整的各类高级专门人才特别是工程类人才。采取地方政府主导、高校行业对接、内部资源整合、校际协作等多种模式，"十二五"期间重点建设20个左右"研究生教育创新基地"。此外，为激励优质资源，引导高校适应经济社会发展需求，探索高素质专门人才和拔尖创新人才培养的新机制、新模式。实施拔尖创新人才培育计划，在部分本科院校遴选建立 20 个左右拔尖创新人才培育基地，鼓励高校在学生选拔、师资配备、培养模式、条件氛围、管理制度等方面大胆改革试验，基地招生计划单列，并给予一定的经费资助。

3. 全面提升与创新科研水平

鼓励高校积极开展自然科学、技术科学、哲学社会科学研究。加强重点实验室、工程技术研究中心、技术转移中心等科研创新基地和平台建设。积极培育和重点建设一批跨学科、跨领域的科研创新团队。建设面向社会开放的高校科技基础条件平台、大型科学仪器设备协作共享平台、科研成果转化交易平台和产学研用结合服务平台。深入实施"高等学校哲学社会科学繁荣计划"，加强人文社会科学研究基地建设。完善以创新、质量和贡献为导向的高校科研评价体系，建立有利于自主创新的激励机制。探索建立高校教师和科研人员职称评聘、科技成果评定与科技成果转化挂钩的机制。从事科技开发和成果转化的科技人员评定职称时，指标单列，重点考核产生的经济效益和社会效益。

为激励优秀成果，适应建设创新型湖北和跨越式发展的需要，将湖北科教优势转化为经济发展优势和竞争优势，实施 4 个计划：高校自主创新重点基地建设计划，建设 20 个左右重点基地，培育国内一流优势学科和科研领域，努力形成重大标志性科研成果；高校与企业合作攻关计划，促进产学研用结合，对高校和企业对接的项目教育厅给予资助；高校青年教师企业服务行动计划，每年组织 1000 名高校青年教师到企业开展科技研究、成果转化、岗位实践等活动；同时，积极筹建湖北省大学科技园（园区计划），催生一批高新科技企业。

4. 增强服务经济社会发展的能力

引导高校主动融入东湖国家自主创新示范区建设，计划在"十二五"期间重点建设 20 个左右"高校自主创新重点基地"。办好湖北省大学科技园，促进科技含量高、产业前景好的精品项目入园转化。落实《湖北省科学技术进步条例》的规定，鼓励高校科技成果以股份制等多种形式参与分配，鼓励高校科技成果在省内转化。实施"高校青年教师深入企业服务行动计划"，在"十二五"期间每年组织 1000 名左右的高校青年教师深入企业服务。建立高校服务农村地区、贫困地区、少数民族地区发展的机制，组织高校参加"城乡互联、结对共建"活动。支持高校与行业、企业、科研院所和地区建立产业技术创新战略联盟，创办产业实体，共建创新平台。设立高校产学研用合作专项资金，组织高等学校围绕国家和湖北省发展战略，积极承担重大科技计划项目。实施高校与企业产学研用结合科技攻关计划，面向企业公开征集重大科技问题，组织高校与企业联合攻关。引导高校科研人员围绕经济结构转型升级和企业技术改造升级，开展科技攻关，创造更多的科技成果向企业转让。建立健全高校教师、科研人员到企业创业创新和企业高层次人才进校兼职的机制。研究制定高等学校科技服务湖北经济社会发展考核评价办法，定期对服务湖北成绩突出的高校和高校教师进行表彰奖励。此外，实施战略性新兴产业和支柱产业人才培养计划，面向湖北省七大战略新兴产业和十大支柱产业，选择 100 个左右专业点探索高校与行业企业联合培养人才的新机制，建设 30 个左右示范基地和 20 个左右研究生创新基地，实施研究生教育创新计划和大学生创业创新示范基地建设计划。

  5. 加强国际交流与合作

  支持湖北省高校与国外高水平大学合作，共同建设形式多样的教学科研平台，联合推进高水平基础研究和高技术研究。推进湖北省高校与国外大学互派教师、互换学生、互认学分和互授联授学位，深入实施"楚天学者"计划、世界著名科学家来鄂讲学计划等项目。大力推进湖北省高校开展本科等多层次中外合作办学。通过政府邀请等方式，吸引国际知名大学与湖北省高校合作办学。计划在"十二五"期间，鼓励有条件的高校在海外设立分校，从海外引进1000名左右"楚天学者"，选派3000名左右高校中青年学术骨干、青年教师到海外研修，建立20个左右本科层次中外合作办学项目、1~2所独立设置的中外合作高校。支持办好中国欧盟清洁与可再生能源学院等中外合作办学。探索与国外高水平大学共同培养创新型人才的制度和模式。引进境外优秀教材，加强高校课程体系国际化建设。提高湖北省高校聘请外籍专业课教师的比例，2020年外籍教师达到专任教师的4%。定期举办国际教育展，为湖北省教育对外开放搭建国际平台。实施"留学湖北"行动计划，努力使湖北成为外国学生来华留学的主要目的地之一，培养一大批知鄂友鄂的高素质外国留学生。扩大实施省政府来鄂留学生奖学金计划，完善留学生奖励政策，2020年在鄂学习的外国留学生比2010年翻两番，并建立外国留学生预备教育基地。此外，大力提高高校外语授课水平，增加高校外语授课的学科专业，建设一批吸引海外学生来鄂留学的特色学科群。

（二）吉林省高等教育发展的战略关注点

1. 强化内涵建设，提高人才培养质量

根据建设现代产业体系和社会发展的客观需求，按照"调结构、强内涵、保质量、上水平、创特色"的总体规划，围绕提高质量的核心任务，强化高等教育培养高级专门人才、发展科学技术文化、促进社会主义现代化建设的基本功能，引导高校坚持科学定位、凝练优势，在参与竞争中努力形成自身特色。具体而言，第一，政府有关部门根据经济建设和社会发展的实际，建立有效的社会人才需求反馈机制和预警机制，使高校的人才培养计划更好地与实际需求相衔接。第二，支持省和国家重点学科，特别是与地方优势产业紧密相关的重点学科建设，形成一批在国内有影响力的重点实验室、研发基地，增强科研产出能力，为地方经济社会发展提供强有力的人才、智力和技术支撑。第三，启动高校新一轮的学科专业结构调整计划。通过支持学科交叉、教育资源重组，加快特色专业建设步伐。第四，深化本科教育改革，全面推行学分制，促进横向渗透，稳步推进全省高等教育一体化进程。建立跨校、跨区域、跨类型的学分互认机制，实行资源共享、课程互选、教师互聘，推进区域教学共同体建设。健全高等学校与科研院所、行业、企业联合培养人才的机制，建成一批创新型人才培养基地。加强应用型人才培养，强化应用型本科院校学生应用能力培养。第五，实施高等教育资源共享建设项目规划。在"高等教育优质教育资源共享服务体系"一期建设基础上，进一步加强"学生跨校选修、学分互认管理与服务平台""图书及文献资源共建共享管理与服务平台"和"大型贵重仪器设备共享管理与服务平台"建设，扩充共享资源，扩大收益规模。此外，实施高等学校质量工程规划。开展新一轮本科和高职高专院校评估工作；建成 30 个省级特色专业、50 个高职特色专业群和 750 门省级精品课程；评选 200 位省级教学名师和 450 个省级优秀教学团队，重点培育 400 项高等教育教学研究项目，编写出版 300 部省级优秀教材；建成150 个省级实验教学示范中心、50 个省级人才培养模式创新实验区、50 个省级大学生创新实践示范基地；在高职院校中重点培育 1000 名骨干带头人和专业骨干教师、20 个高职区域性实习实训基地；组织开展高等职业院校学生技能大赛等。

2. 优化结构、办出特色

推动高等学校有特色、高水平发展。根据建设现代产业体系和社会发展的人才需求，制定吉林省高等学校设置规划，探索科学的高等学校分类体系，进一步加强特色学校、特色学科、特色专业建设，带动全省高等学校合理定位，深化改革，在不同层次、不同领域办出特色。打造吉林高等教育品牌，构建重点突出、结构合理、特色鲜明的吉林省高等院校建设体系。继续推进"示范性高职院校建设"项目，提高高职综合办学实力，为地方经济建设和社会发展培养更多的高素质、高技能型人才。适应经济社会发展和产业结构调整趋势，优化学科结构，引导高等学校加强对传统专业的改造，及时调整专业和专业方向，优先发展与吉林省支柱产业、优势产业及战略性新兴产业密切相关的学科和专业，努力提升人才培养与社会需求的契合度。到 2020 年，高等教育结构更加合理、特色更加鲜明、综合实力全面提升，基本满足经济社会发展和人民群众的需求。力争 1 ~ 2 所学校进入国际知名高水平大学行列，若干所学校进入国内同类大学先进行列，一批学校在同类大学中有特色、有影响，形成一批国内一流学科，产生一批国内领先的原创性成果，提高高等教育整体办学水平。具体而言，以省内"985 工程"和"211 工程"学校、省属重点高等学校、国家级及省级示范性高等职业院校为龙头，继续推进重点学科、社科研究基地、重点实验室、工程研究中心等高层次学科平台建设。建立高等学校分类指导服务体系，进一步强化特色学校、特色学科、特色专业建设，带动全省各高等学校合理定位，深化改革，在不同层次、不同领域办出特色。在为地方经济建设提供服务支撑的同时，不断提高办学水平。此外，支持吉林省现有 10 所省重点高校提升办学水平，逐步进入国内同类大学先进行列，一批高校在同类大学中特色鲜明。在研究生教育层面，2013 年前，重点扶持已立项建设的 2 个博士学位授权单位和 2 个硕士学位授权单位；2015 年，重点培育 10 个博士学位授权一级学科点，30 个硕士学位授权一级学科点；落实"吉林省研究生教育创新计划"，举办研究生教育创新学术论坛，评选省级"百篇优秀博士学位论文"和"百篇优秀硕士学位论文"，实施"优秀研究生指导教师"培训计划。

　　3. 提升科学研究水平，建立协同创新机制

　　高等学校要以积极适应经济社会发展重大需求为导向，以提高自主创

新水平为关键，以积极推进协同创新为动力，以完善科研评价机制为杠杆，大力增强科学研究能力。大力推进高等学校开展自然科学、技术科学、哲学社会科学研究，大力加强在科技前沿的创新能力建设，研发一批重大科技项目，成果要在地方新型产业发展中发挥基础性、关键性的作用；促进高等学校、科研院所、企业资源共享，培育跨学科、跨领域、科研与教学相结合的创新型团队。鼓励高校技术创新和人才创业，促进高校科技成果向现实生产力转化并形成一定规模。加强高等学校重点科研创新基地与科技创新平台建设，推动大学科技园建设。支持与域外高水平教育、科研机构以及企业合作建立学科平台和研发基地。完善以创新、质量和成果转化为导向的科研评价机制。形成鼓励科学研究为企业解决实际问题的导向。集中建设若干个国内一流水准的公共技术开发平台，为本省中小企业发展提供人才与技术服务。此外，实施高等学校优势特色重点学科和高水平科技创新平台建设规划。建设 80 个省级优势特色重点学科（一级），突出综合优势和整体水平，促进学科交叉、融合和新兴学科的培育与成长；重点建设 20 个高校省级重点实验室，争取其中 5 个建成省部共建重点实验室；重点建设 20 个高校工程研究中心，争取其中 5 个建成省部共建工程研究中心；重点建设 20 个高校人文社科重点研究基地与特色基地，争取其中 2 个建成省部共建研究基地。

4. 增强社会服务能力，加强创业教育和就业指导服务

高等学校要牢固树立为社会服务的意识，不断增强社会服务能力，不断提高高校自主创新和技术开发能力，建设技术产权交易市场，鼓励高校技术创新和人才创业，推进产学研用结合，促进高校科技成果及时向现实生产力转化。出台鼓励高校科技人员创新创业的政策以及相应的配套措施，促进产学研各方创新要素的有机结合。可以考虑设立高校公共技术平台，建设专项资金，集中建设若干个国内一流的公共技术开发平台，为中

小企业发展提供科技服务和智力支持。同时，紧紧围绕经济结构调整和战略性新兴产业发展，积极改革高等学校办学模式，建立学校与社会紧密联系的机制，推进产学研用结合，并积极参与决策咨询，主动开展前瞻性、对策性研究，充分发挥智囊团和思想库的作用。

积极开展科学普及工作，提高公众科学和人文素质，为社会成员提供继续教育服务。鼓励师生开展志愿服务，参与社区建设。此外，强调政府教育、人力资源社会保障等行政部门联合推进，建立和完善高等学校毕业生就业指导服务体系。加强创业实践基地建设，实施高校毕业生就业创业计划。开设创业教育课程，采取社保补贴、公益性岗位补贴、学费补偿、助学贷款代偿、优先招录、提供职业培训、取消户籍限制等措施，引导高校毕业生到城乡基层、中小企业和西部地区、东南部山区就业，鼓励毕业生参与"大学生村官""三支一扶""志愿服务西部""特岗教师"等计划，鼓励应征入伍服义务兵役，参与学校重大科研项目，对困难家庭高校毕业生给予就业援助，强化公共就业服务。

（三）黑龙江省高等教育发展的战略关注点

1. 实施规模与层次并重的发展战略

到 2015 年，黑龙江高等教育毛入学率达 50% 左右，在校生总数在全省适龄人口下降的情况下保持在 90 万人左右，其中普通高等学校在校研究生 7 万人左右、普通本专科生 70 万人左右，高等教育步入普及化阶段；建设重点学科 220 个、本专科重点专业 450 个。年承担科研项目 1.8 万项，年获得科研经费 40 亿元左右，年获得国家级科研奖 10 项以上；重点支持潜力较大的领军人才 15 人、长江学者 50 人、龙江学者 200 人、创新团队 50 个、教学名师 400 人、教学团队 50 个。本科院校专任教师中具有硕士以上学位的比例达到 65%，专科学校达到 35%；培养落地人才 50 万人左右。建设省高等学校重点实验室 20 个，校企共建工程研发中心 50 个，重点推进科技成果转化 100 项以上。到 2020 年，黑龙江高等教育毛入学率达 60% 以上，其他各项指标在 2015 年的基础上有较大幅度地提升。

附表 7　黑龙江高等教育发展主要预期目标

单位：万人，%

指　　标	2009 年	2015 年	2020 年
在学总规模	99.8	95	92
在校生	76	83	89
其中：研究生	5.2	6.6	7.8
毛入学率	31.2	50.0	65.0

通过建设高等教育强省，促进本省高等教育全面普及，促进办学结构布局适应经济社会发展需求，并建立起创新型人才培养体系和科技创新服务体系，高等教育综合实力强、学科特色强、服务能力强，办学水平保持在全国前 10 位。到 2020 年黑龙江省高等院校在一些重点领域成为培养和造就国内一流科学家和科技领军人才的摇篮，成为知识创新和推动科研成果向现实生产力转化的中心，成为推进文化大发展、大繁荣的阵地。

2. 优化学科专业结构，建设一批高水平大学

适应"八大经济区"建设和产业结构调整需求，调整学科专业结构，构建结构合理、有机互补、特色鲜明的学科专业整体布局。坚持"扬优、助特、扶需"的原则，建设一批重点学科专业。聚焦哈大齐工业走廊建设、东部煤电化综合开发、大小兴安岭生态功能保护与修复、松嫩和三江平原农业综合开发、北国风光特色旅游开发、全方位对俄经贸战略等经济社会发展重大战略部署，建立产学研联盟机制，促进高校、科研院所、企业科技教育资源共享，整合相关资源，打造一批学科专业战略集群。

紧紧围绕黑龙江省加快发展的现实需要，实施"1161 工程"，支持"985 工程"院校建设，使其成为世界一流大学；支持"211 工程"院校建设，使其达到国内同类院校一流水平；重点建设 10 所省属本科院校、6 所

特色应用型本科院校和 10 所示范性高等职业院校，建设一批优势和特色高校；推进省部、省市共建若干特色鲜明、优势突出的地方高校或学科专业；实施高校对口支援计划，促进不同层次、不同类型、不同类别高等学校协调发展。

附表 8　黑龙江省高等学校层级分类情况

建设一批高水平大学（省属）	
省属本科高等学校 （10 所）	东北农业大学、哈尔滨医科大学、黑龙江大学、黑龙江中医药大学、大庆石油学院、哈尔滨理工大学、哈尔滨师范大学、哈尔滨商业大学、佳木斯大学、齐齐哈尔大学
省示范高等职业院校 （10 所）	黑龙江建筑职业技术学院、黑龙江农业工程职业学院、黑龙江农业经济职业学院、大庆职业学院、黑龙江林业职业技术学院、黑龙江工商职业技术学院、哈尔滨职业技术学院、哈尔滨铁道职业技术学院、哈尔滨华夏计算机职业技术学院、黑龙江畜牧兽医职业学院
省民办普通高等学校 （5 所）	黑龙江东方学院、德强商务学院、华德应用技术学院、恒星学院、齐齐哈尔职业学院

附表 9　黑龙江省高水平学科和专业建设情况

单位：个

服务产业	重点学科	重点专业	
		本科	专科
四大支柱产业	60	80	40
六大高新技术产业	60	30	20
现代服务业	30	50	30
新农村建设	30	20	20
其他行业	20	20	20
合　　计	200	200	130

3. 创新平台与科研基地建设

发挥高等学校在科技创新体系中的重要作用，建设一批高水平创新平台，支持高新技术产业发展。加强重点实验室、工程研究中心等一批高水平科技创新平台建设；围绕国家发展战略和全省经济发展方式转变、产业结构调整优化，特别是新能源、新材料、节能环保、生物、信息、现代装备制造六大战略性新兴产业和科技发展重大需求，坚持服务社会目标与鼓励自由探索相结合，大力开展基础研究和应用研究，促进科技成果转化，进一步提升原始创新、集成创新和引进消化吸收再创新能力；强化科学研究在促进知识创新和支撑人才培养中的作用，促进科学研究与教学互动、与创新人才培养结合。具体而言，按照黑龙江省发展装备、石化、能源、食品四大支柱产业，生物、航空航天、电子信息、新材料、新能源技术与装备、环保六大高新技术产业，冶金、建材、森工、轻纺等传统产业需求，建设与完善省高等学校重点实验室，重点建设好教育部重点实验室和国家级重点实验室。完善已有的国家级工程技术研究中心，加大校企共建工程技术研发中心和省部级工程技术研究中心建设力度。以哈尔滨工业大学、哈尔滨工程大学国家大学科技园为龙头，发展黑龙江大学科技园，重点建设 4 个功能齐全、管理运行规范、具有一定规模的省级大学科技园。

繁荣哲学社会科学研究，建设一批高水平人文社科重点研究基地，突出基地的学术特色和专业品牌，注重黑龙江非物质文化遗产的传承与保护，重点围绕黑龙江流域文明、北方边疆文化、满族等少数民族语言文化、北国冰雪文化、俄罗斯经济社会文化等体现黑龙江地缘特色的领域开展研究，促进国家和区域文化的繁荣与发展。具体而言，重点建设好教育部重点研究基地黑龙江大学俄语语言文学研究中心，培育建设黑龙江大学文化哲学研究中心等进入教育部重点研究基地。利用高等学校人文社会科学学科齐全、信息资源广泛、图书资料丰富的优势，构建文化服务平台。积极推进哈尔滨师范大学和哈尔滨市南岗区共建黑龙江现代文化艺术产业园区。鼓励大学参与和支持社区文化与农村文化建设，挖掘、总结、保护黑龙江省的非物质文化遗产。加强艺术院校建设，支持综合性大学开展多样化的教育与培训，培养文化人才、文化科技人才、文化管理人才和文化经营人才，不断提高高等学校文化服务的能力，为建设边疆文化大省强省和提升黑龙江省综合竞争力提供人才、作品、产品和智力支持。

附表 10 黑龙江省高水平创新平台建设目标

单位：个

项　　目	2008 年	2010 年	2015 年
国家级重点实验室	11	12	14
教育部重点实验室	11	15	20
省高等学校重点实验室	91	100	120
国家级工程技术中心	3	3	5
省部级工程技术中心	22	30	40
省校企共建研发中心	26	35	50
国家大学科技园	2	3	4
省大学科技园	1	4	7

附表 11 黑龙江省高水平人文基地建设目标

单位：个

项　　目	2008 年	2010 年	2015 年
教育部人文社会科学重点研究基地	1	2	3
省哲学社会科学重点研究基地	5	8	10
省高等学校人文社科重点研究基地	24	30	35

4. 创新团队建设与紧缺人才培养培训计划

培育一批以高水平领军人才为核心的创新团队，促进人才强省建设。在充分发挥以现有院士为领军的创新团队作用的同时，强化高层次人才的培养和引进工作。制定"高等学校院士后备人选支持计划"，落实

"长江学者计划"，实施"龙江学者计划"，努力培养、引进一批高水平的领军人才。实施"高等学校科技创新团队培养计划"和"高等学校教学名师计划"，建设一批高水平创新团队。继续实施"高等学校教师培训和学历提升计划"，教师队伍整体素质明显提高。此外，深化人才培养模式改革，设立省人才培养模式创新试验区 50 个，其中 15 个入选国家重点建设行列。

围绕黑龙江省产业结构调整，依托省内高等院校，发挥校企合作优势，改革创新人才培养模式，实施紧缺人才培养培训计划。选择办学实力较强、特色突出、与行业和企业结合紧密的高等学校，建立 12 类校企合作的人才培养培训基地，下设 29 个专业技术人才培养培训中心。根据各高等学校的学科特点，联合对口企业制定人才培养培训实施方案，在基地培养的本科生，20% 以上的毕业论文题目要结合黑龙江省企事业发展实际。通过校市合作、校区合作、校企合作，使高等学校成为黑龙江省产业发展需要的高素质创新、创造、创业型人才的培养基地。此外，依托黑龙江省具有专业学位培养资质的高等学校对在职人员进行高层次教育与培训，举办招商引资、服务外包、项目管理培训班，每年培训高层次管理和科技人员 1000 人、企业中级管理人员和行政管理人员 4000 人。此外，高等学校依托骨干企业建立 50 个黑龙江省研究生培养创新基地，结合国家重大项目培养企业高层次科研人员及技术骨干。例如，在紧缺人才培养或培训过程中，为了提高人才培养的质量，凸显人才培养的应用性和实践性，可以实行双导师制，学生的学位论文需要在"示范基地"撰写，论文选题也必须是企业实际科研攻关项目。到 2015 年为企业培养工程硕士 4000 人左右、农业推广硕士 600 人左右、临床兽医硕士 200 人左右。

附表 12　黑龙江省高水平创新团队建设目标

单位：个，人

项　　目	2008 年	2010 年	2015 年
院士后备人选支持计划		10	15
长江学者	35	40	50
龙江学者	72	100	200
教育部科技创新团队	6	8	15
省属高等学校科技创新团队		20	50
教育部新世纪优秀人才	101	180	300
省属高等学校新世纪优秀人才	22	50	100
国家级教学名师	13	20	35
省级教学名师	149	200	400

5. 构建产学研结合的社会服务体系

围绕地方支柱产业发展需要，有效调动高等学校科技资源，坚持产学研用相结合，激发创新活力，精心打造装备制造、煤电化、优势农产品生产与加工、新药制药和中药新药"五个工程技术研发平台"和校企共建工程技术研发中心等一批科技服务平台，提升高校科技服务能力。继续实施高等学校科技成果转化服务计划和校企共建工程技术研发中心服务计划，加强产业化前期项目的研发培育，注重可转化项目的研发、筛选和向企业推介工作。支持高等学校与企业联合申报科研项目，推进科技成果产业化，促进全省战略性新兴产业的发展。此外，充分发挥高等学校智囊团、思想库的作用，探索与行业、部门共同建立支柱产业发展战略研究中心，为政府、企业提供决策咨询和信息服务；以大学科技园区建设为牵动，实现大学校区、科技园区、公共社区"三区"融合，联动发展，促进区域知识创新区建设；积极参与科学普及，推动高等学校科技馆、文博馆、博物馆、纪念馆以及重点实验室等设施向社会开放；发挥大学文化引领作用，推进先进文化传播，提高全民科学文化素质。

附表 13　黑龙江省校企共建工程研发中心建设目标

单位：个

序号	服务领域	2010 年	2015 年
1	装备制造业	9	12
2	石油与化学工业	6	9
3	能源工业	2	3
4	生物与农业	10	13
5	信息与现代服务业	2	4
6	医药产业	6	9
合　　计		35	50

　　到 2015 年建成 50 个校企共建工程技术研发中心。工程技术研发中心须以技术集成创新为核心，以共建合作企业为主要服务对象，进行工程技术研究与开发、孵化高新技术成果，促进国外引进先进技术的消化、吸收和创新，为行业和相关领域的发展提供信息和咨询服务，加大科技成果研发与转化力度。重点在资源精深加工、装备制造、航空航天、生物产业等方面，每年从哈尔滨工业大学等科技实力较强的高等学校中精选推荐 10 项左右市场前景好、科技含量高、可转化的高新技术成果予以重点支持，为用高新技术提升传统产业做出贡献。进一步发挥哈尔滨工业大学在科技创新与服务方面的作用，重点推进哈尔滨工业大学工业技术研究院的建设，整合资源、办出特色，更好地服务于全省的经济社会发展。省经委、教育厅、科技厅、农委、中小企业局共同推进产学研结合工作，进一步发挥装备制造业、石油化学工业、能源工业、医药工业、绿色食品和森林工业 6 个校企合作委员会的作用，提供产学研合作信息，搭好洽谈对接平台，做好科技成果转化的服务工作。全省所有高等学校都要根据自身的特点和优势与 1～2 个地市、县（市、区）或企事业单位建立稳定的合作关系，推进校企联姻、加快科技成果的转化。

（四）河南省高等教育发展的战略关注点

1. 实现高等教育大众化的新跨越

为人民群众提供更多的接受高等教育的机会，努力提高大专以上学历人口的比例。高等教育的规模化发展略高于全国平均水平。2015 年河南省高等教育在校生规模将达到 300 万人，高等教育毛入学率将达到 36.5%；2020 年在校生规模将达到 330 万人，高等教育毛入学率将达到 41%。基于此，需要合理确定高等学校发展规模，科学制定校园建设规划、学科专业建设规划和师资队伍建设规划。努力改善高等学校生师比、具有研究生学位教师占专任教师的比例、生均教学行政用房、生均教学科研仪器设备值、生均图书等基本办学条件。推进高校投融资机制改革，厘清高校债务和基本建设情况，加强贷款和基建管理，优化贷款结构，加大政府投入力度，通过发挥政府投融资平台作用、推进老校区置换、改革收费制度、推进预算拨款改革等途径，控制和化解风险，逐步解决高校债务问题，形成支撑河南省高等教育持续发展的投融资长效机制。

附表 14　河南省高等教育发展主要预期目标

指　标	2009 年		2015 年		2020 年	
	全国	河南	全国	河南	全国	河南
在学总规模（万人）	2979	228	3350	300	3550	330
普通本专科和研究生在校生（万人）	2285	140	2500	185	2700	228
毛入学率（%）	24.2	22.0	36.0	36.5	40.0	41.0
从业人员继续教育（万人次）	16600	1300	29000	2300	35000	2800

2. 实施高水平带动战略

加快高水平大学和重点学科建设，在若干领域抢占发展的制高点，以点带面，引导和带动整个高等教育高水平、高质量地发展。具体而言，以学科建设为基础，加快高水平大学建设步伐，在若干领域抢占制高点，构筑河南思想文化、科学技术高地。把郑州大学、河南大学建成全国一流大学，加快郑州大学"211 工程"建设；加大河南农业大学、华北水利水电学院、河南工业大学、河南理工大学、郑州轻工业学院、河南中医学院等行业特色鲜明的高等学校与国家有关部（局）共建力度，提高共建水平。推动符合条件的高校进入"中西部高等教育振兴计划"，使其整体水平或若干学科、专业进入国内先进行列；继续实施"示范性高等职业院校建设计划"，提高高等职业院校整体建设水平。此外，改进重点学科建设和管理模式，强化以学科、专业建设为导向的资源配置方式，引导高等学校集中力量打造优势学科、专业，重点建设特色学科、专业。加快培养和引进一批站在全国甚至世界科技前沿的学术带头人，整体提升全省高等教育的教学质量和竞争实力，努力形成更加合理的高等教育发展格局。

根据产业结构调整、社会发展和人才需求的变化，统筹学科专业规划。巩固基础学科，发展国家和全省急需的应用学科，积极培育、发展新兴学科和交叉学科。逐步形成以省会郑州高等学校群为中心，其他省辖市高等学校合理布局，具有地方特色并主要为区域经济社会发展服务的高等教育体系。新增高等学校向经济发展水平高、高等学校数量少的地区倾斜。积极支持民办高等教育发展，扩大民办普通高等教育在校生规模占全省普通本专科在校生规模的比例。对各级各类成人高等教育机构进行科学定位和合理分工，形成普通与成人、学历与非学历高等教育共同发展的格局。

此外，对高等学校进行分类管理，依据高等学校类型选择、目标定位与办学水平配置资源。调整相关政策，引导高等学校强化功能定位和特色意识，形成各自的办学理念和风格。鼓励高等学校在不同层次、不同领域办出特色，争创一流。支持具有行业背景的院校保持特色，提高服务行业的能力。

3. 全面提高人才培养质量

把提高教育质量作为高等教育发展的战略重点，以人才培养为核心，教学、科学研究和社会服务协调发展，支撑经济增长，引领社会进步，加快高等教育现代化建设步伐。牢固确立人才培养在高等学校工作中的中心地位。把教书育人作为教师的首要任务，强化教师责任意识，引导教师把主要精力放在人才培养上，不断提高教学水平。深化高等学校教学改革，探索符合学校实际、体现时代特点、具有河南省地方特色的多元化人才培养模式。强化实践、实习、实训和实验教学环节。推进创业教育和就业指导服务。完善教学管理和评价制度。鼓励学生跨专业、跨学科、跨院系、跨院校选修课程。建立河南高等学校与科研院所、行业企业联合培养创新人才的新机制。全面实施河南高等学校本科教学质量与教学改革工程。改进高等学校教学质量评估，构建高等教育教学质量保障体系。健全学生工作制度，加强学生日常行为和学籍学历管理。加强对学生的就业指导服务。实施研究生教育创新计划。大力推进研究生培养机制改革。实行以科学与工程技术研究为主导的导师责任制和导师项目资助制，建立产学研联合培养研究生基地。

4. 不断提升科学研究水平

鼓励河南省高等学校大力开展自然科学、技术科学、哲学社会科学研究，在知识创新、技术创新、国防科技创新和区域创新中做出贡献。坚持服务国家目标与鼓励自由探索相结合，加强基础研究。以重大现实问题为主攻方向，加强应用研究。完善科研体制机制，尊重学术自由，激发广大教师与科研人员的积极性、主动性和创造性。加强学术创新团队、学术领军人才、重点科研基地、科技创新平台、科研公共平台和科技成果转化平台建设，加大对高等学校重点学科、重大项目的支持力度。改革高等学校科研绩效评价机制，引导高等学校科研与经济社会发展需求相结合。促进高等学校、科研院所、企业科技教育资源共享。促进科研与教学互动、创新人才培养相结合。充分发挥研究生在科学研究中的作用。深入实施高等学校哲学社会科学繁荣计划，加强人文社会科学研究基地建设。

5. 增强社会服务能力

坚持以经济社会发展和人民群众对高等教育的需求为导向，把适应和满足这一需求作为高等教育发展的根本任务。通过加强财政性投入引导和就业信息服务等方式，促进高校适应市场变化和产业结构调整的需要，调整培养目标，优化学科专业设置，为经济社会发展提供服务。具体而言，按照建设中原经济区、加快中原崛起河南振兴的要求，适应产业发展趋势，加大重要战略性新兴产业相关专业人才培养力度；推进产学研用结合，加快科技成果转化，提高服务经济社会发展中的介入度和贡献率；抓住国家实施提升高等学校创新能力重大计划的机遇，以构建协同创新机制为契机，深度融入河南省经济社会发展，通过体制机制改革和政策项目引导，积极提升高校原始创新、集成创新和引进消化吸收再创新能力。引导高等职业学校面向市场，科学定位，办出特色，健康发展，使其逐步成为具有发展后劲的教育类型和办学层次。高校要牢固树立主动为社会服务的意识，积极履行社会责任，全方位开展服务。将社会服务水平纳入高等学校评价体系。推进产学研用结合，加快科技成果转化，规范校办产业发展。支持高等学校开展继续教育。健全高等学校文化传承创新体系，将中原优秀文化与世界优秀文明成果融合到教学和学术创新活动中，建设高等学校文化创新平台，实施高端紧缺文化人才培养计划，积极参与文化强省建设。以中原经济区建设中的重大理论和现实问题为导向，鼓励高等学校开展战略决策咨询研究，充分发挥智囊团、思想库的作用，在解决河南现代化建设重大理论和现实问题方面做出重要贡献。

6. 加强国内外交流合作

建立健全河南省与友好省（州）、姊妹城市和国际组织的教育工作磋商机制，推动教育国际合作与交流全方位、多层次、宽领域发展。鼓励各级各类学校发挥自身特色和优势，开展形式多样的国际交流与合作，不断提升整体办学实力和国际竞争力。树立"留学中原"国际品牌，吸引外国公民来豫留学。积极探索汉语国际推广工作新机制，加快海外孔子学院（课堂）和汉语国际推广基地建设，开发独具中原文化和武术特色的多媒体汉语国际推广资源。借鉴国际先进教育理念，创新人才培养模式，推动河南省经济社会发展急需或短缺学科专业的中外合作办学，争取实现研究生层次对外合作办学零的突破，探索与世界知名高校合作培养高层次人才的模式和机制。加强与国际高水平大学的合作与交流，积极推动教师互派，学生互换，学分互认，学位互授、联授。推动省内知名大学争取中国政府奖学金项目。重点推动国际科研合作，设立联合实验室和联合研究所，联合推进高水平基础研究和高技术研究。建立与港澳台地区教育交流与合作的平台，借鉴港澳台地区先进的教育教学理念和管理经验，扩展交流内容，创新合作模式，促进教育事业共同发展。重视港澳台人士对全省教育的捐助捐赠工作，做好对港澳台人士捐资助学和办学的政策指导与服务工作。

三 西部地区高等教育发展战略关注点

（一）陕西省高等教育发展的战略关注点

1. 实施质量与规模双重提升发展战略

在较短的一个时期内，高等教育进入普及化阶段，毛入学率达到60%以上，综合实力保持全国优势地位，对经济社会发展的贡献率显著提高；建成灵活开放的终身教育体系，主要劳动年龄人口平均受教育年限达到

13.2 年，新增劳动力平均受教育年限达到 14.9 年。实施陕西省"高等学校教学质量提升与教学改革工程"。重点支持高校建设一批特色专业和专业群。加强高校学科专业设置的引导和调控，形成布局合理、特色鲜明、优势明显的学科专业体系。实施卓越人才培养计划，在基础学科和工程技术领域，培育一批拔尖人才。把教学作为教师考核的首要内容。加强实践教学基地建设，重点建设一批实验教学示范中心。大力推进大学生创新性实验项目计划。建立高等学校大学生创新实验基地，开展创新技能竞赛，培养大学生创新意识和能力。以教育教学资源共享基地建设为依托，构建陕西高校教学资源共享平台，促进图书资料、精品课程、实验项目与仪器设备等优质教育资源的共享。完善高等学校教学质量管理与评价机制，强化教师、院系、学校三级质量保障体系。扩大学分制试点范围，推行跨校、跨区域、跨类型的学分互认。到 2020 年，建成 600 个特色专业点、1500 门精品课程、500 个教学团队，200 个人才培养模式创新实验区，200个实验教学示范中心，10 个卓越人才培养基地，20 个高等教育教学资源共享基地。

附表 15　陕西省高等教育主要发展预期目标

单位：万人，%

指　　标	2009 年	2015 年	2020 年
在学总规模	125.79	124.69	136.04
在校生	114.57	121.62	133.06
其中：研究生	8.0	10.45	11.8
毛入学率	28.11	35.46	60.1

　　推进研究生培养机制改革。实施"研究生教育创新计划"，健全研究生教育质量保障机制和激励机制。改革研究生选拔办法，完善研究生奖励和资助制度。探索拔尖创新人才的培养规律，强化系统严格的科研训练，提高研究生自主创新能力。建设一批学校、科研院所和企业研究生联合培

养基地。推行产学研联合培养研究生的"双导师制",建立以科学与工程技术研究为主导的导师责任制和导师项目资助制。调整优化研究生教育的类型结构,扩大专业学位研究生教育招生规模,支持专业学位研究生改革试点。设立"优秀研究生创新基金",鼓励科研院所共享博士点、硕士点资源。强化研究生学位论文盲审环节,加大抽检力度,不断提高研究生,特别是博士生培养质量。

此外,加强创业教育和就业指导。实施"高校毕业生就业创业计划",设立"高校毕业生创业基金",重点建设 20 所省级大学生创业教育示范校、30 个省级创业实践基地。落实大学生创业税费减免政策。完善大学生就业指导政策和服务体系,提高毕业生就业率和就业质量。鼓励和引导高校毕业生到基层、中小企业和非公有制企业就业。

2. 统筹管理与分类指导

以落实高等教育重大发展项目为抓手,以建设教育强省为战略目标,以提高高等学校竞争实力和办学水平为核心,以促进统筹管理、分类指导、分类服务为手段,支持和鼓励各层次高等院校在学科、专业和项目建设上发挥优势、突出特色,使人才培养、科学研究、社会服务和文化传承的各项工作有较大幅度地提高,实现分类发展。制定陕西省高等学校分类发展规划,合理设置和调整高等学校及学科专业,引导不同类型、层次的高校科学定位、办出特色、办出水平、争创一流。继续支持国家"985 工程"和"211 工程"高校建设,确保陕西若干所高校处于全国领先地位。争取更多省属高校进入国家"中西部高校振兴计划",为西部经济社会文化建设提供有力支撑。实施"高水平大学建设工程",重点支持 5~8 所基础良好、特色鲜明、与陕西经济社会发展密切相关的省属本科高校,建成国内有广泛影响的高水平大学。鼓励和支持其他普通本科院校主要培养地方经济社会发展急需人才,提高办学水平。实施示范高职院校建设工程,重点建设 6 所国家级和 10 所左右省级示范性高等职业院校、200 个重点专业、100 个示范性实训基地。

根据区域经济发展需要和科学技术发展趋势制定学科专业布局和建设规划。继续实施重点学科建设工程，完善国家、省级和校级三级重点学科可持续发展体系。巩固陕西高校重点学科整体优势地位。通过加强重点学科建设、创新团队建设和创新人才培养，加大对"985"和"211"高校建设的支持力度，鼓励和支持其继续做优做强，确保陕西省若干所高等学校和一批重点学科在全国处于先进或领先水平。继续实施"陕西省重点学科建设工程"，增强工学学科优势，提升理学学科水平，加大哲学社会科学学科建设力度。完善国家、省、校三级重点学科建设体系。凝练学科方向，发展特色优势学科，培育新兴、交叉学科，推动形成新的学科增长点和学科优势。发挥重点学科在高校人才培养中的辐射作用，着力培养一批青年学术骨干和高层次拔尖创新人才。支持高校与国际知名大学和国际学术组织开展学术交流和合作，提高国际知名度和影响力。

构建"陕西省高等学校教学科研资源共享平台"，促进优质教育资源共享。加强高校教育教学资源共享基地建设，通过开发国家级、省级和校级精品开放课程，建立数字图书馆和虚拟实验室等方式，建设陕西精品资源共享课程共享平台、陕西高校图书资料和信息共享系统、陕西高校实验仪器设备共享系统等。利用中心城市高校优质办学资源优势，实行"中心城市高校与地市高校对口支持与联盟计划"，在教学科研等方面不断加强深层次合作与交流。特别是在师资队伍建设方面，通过进修或做访问学者、派出教师承担重点课程教学任务、教师学位提升、互派管理干部等方式，帮助支持地市高校发展。此外，借鉴发达国家或地区的先进经验，启动"大学城资源共享试点工程"及"数字大学城"建设。切实推进跨校选课及学分互认，在师资、文献、场馆等优质教育资源共享方面取得实质进展。盘活各类办学资源，避免教育资源浪费，通过有效开展资源共享，促进陕西省高校的现代化建设。

3. 提高科技创新水平和社会服务能力

充分发挥高校在陕西省"13115 科技创新工程"中的重要作用。实施"高校科技创新与服务工程"。以学科骨干和创新团队为核心，以重大项目为依托，加大对已有的省部级重点实验室和工程技术研究中心等科学创新平台的建设力度，不断提升高校原始创新和集成创新能力。按照国家新兴产业和陕西主导产业发展的需要，重点建立装备制造、能源化工、新材料、电子信息、航空航天、现代农业、生物技术、现代医药、环境保护和城镇化与城市发展等 10 个行业科技创新联盟，研究和开发一批具有重大影响的科研成果。积极参与马克思主义理论研究和建设工程，深入实施"高校哲学社会科学繁荣计划"，充分发挥高校的思想库、智囊团作用，鼓励高校为区域经济、社会、文化发展提供决策咨询服务。深入推进产学研结合和科技成果转化，整合高校、科研院所、企业科技资源，完善自主创新与科技成果转化体系，建立以政府为引导、企业为主体、高校和科研院所为支撑的产学研合作模式。支持高校与行业企业共建产学研合作基地、实验室、研发中心等平台。加强大学科技园建设，支持高校科技人员创办科技型企业，规范校办产业发展，显著提高高校科技成果转化率和为地方经济社会发展的贡献率。

4. 加强高等教育的对外交流与合作

按照国家布局的西安国际化大都市的定位，把西安建成教育国际交流中心城市。推进陕西教育在更广领域、更高层次上与教育发达国家进行合作与交流。积极开展与港澳台地区的教育交流和合作。构建全方位、多层次、宽领域的教育国际交流与合作平台。加强汉语国际推广工作，鼓励有条件的学校与外国学校合作建设孔子学院和孔子课堂。加强教育对外宣传，扩大陕西和汉唐文化国际影响。探索引进境外优质高等教育资源新模式。鼓励高等学校与国外高水平大学和科研机构加强合作，建立教学科研合作平台，联合推进高水平基础研究和高新技术研究，建设一批多层次、高水平的中外合作办学项目。邀请世界一流专家学者来陕从事合作研究。实施"高层次海外引智计划"，积极引进高水平外籍教师，引进境外优秀教材。实施"春晖计划"，吸引优秀留学人员回国来陕服务。支持陕西省教育机构和公民创新国际服务与合作形式。大力发展留学生教育，扩大高等教育阶段学历教育留学生规模，优化留学生的层次结构。到 2020 年，在陕留学生规模翻两番。建立留学生服务网站，为海外学生来陕学习提供权威、优质的专业服务。创新吸引和服务留学生的各项政策，设立省政府"三秦留学生奖学金"，鼓励学校、科研院所和企业设立奖学金。

（二）四川省高等教育发展的战略关注点

1. 合理定位，科学发展

促进高校分类合理定位，探索分类指导管理、分类配置资源和考评的机制，鼓励不同类型高校根据社会需求以及自身办学传统、资源条件、办学特色和优势在不同层次和不同领域办出特色、办出水平，争创一流。支持"985 工程"和"211 工程"高校建设，支持地方所属高水平大学建设，支持新建本科院校、高职高专院校基础能力建设，继续实施示范骨干高职院校建设。深化高等教育管理体制改革，强化省部共建、省市共建、校企共建，增强高校服务区域经济社会的意识和能力。优化高校布局和层次类型结构，重点支持符合生产力布局和产业政策相关专业院校设置和建设，大力发展民办高等教育。扩大研究生教育规模，提高研究生教育质量。

实施优势学科建设工程。支持"特色重点学科项目"建设，资助省属院校 3 个一级学科国家重点学科、3 个二级学科国家重点学科建设，支持183 个省级重点学科建设；实施特色专业建设与培育工程。加强优势专业和紧缺专业建设与培育，重点资助 250 个本科特色专业、一批战略性新兴产业紧缺专业。加强应用型人才培养基地建设，在本科院校中建设 30 个应用型人才培养示范基地。支持建设 1000 门精品课程和 100 门双语示范课程；支持建设 250 个优秀教学团队、90 个实验教学示范中心和一批示范实习基地。

引导高校合理设置学科专业，动态调整学科专业结构。鼓励高校根据四川省经济发展方式转变、结构调整、产业升级和社会发展的要求，重视与国计民生和新兴战略产业密切相关的学科及专业建设，加强具有领先水平和发展潜力的重点学科、重点专业建设，培育和发展一批具有区域特色的优势学科和特色专业，限制学科专业超需要重复设置、盲目发展。

2. 创新人才培养体系，提高人才培养质量

全面深化高等学校教育教学改革，引导各级人民政府和高等学校把教育资源配置和学校工作着力点集中到强化教学环节、提高教育质量上来。牢固确立人才培养在高校工作中的中心地位，着力培养信念执着、品德优良、知识丰富、本领过硬的高素质专门人才和拔尖创新人才。把教学作为教师考核的首要内容，落实教授为低年级学生授课制度。从培养目标效果方面深化教学改革，创新人才培养模式。推进和完善学分制，实行弹性学制，促进文理交融。积极探索高校与科研院所、行业、企业联合培养人才的新机制。积极推进精品课程建设与共享，更新精品课程内容，完善精品课程共享系统，明显提高优质课程资源共享服务水平；强化实践教学，着力培养大学生实践创新能力，努力建设和形成一批成效显著、受益面大、影响力强的实验教学示范中心和大学生校外实践教育基地。促进高校之间、高校与行业及企业之间、高校与科研院所之间在人才培养领域的合作；以中青年教师为重点，大力提升教师教学能力，重点建设一批高等学校教师教学发展示范中心。把教学作为教师考核的首要内容，落实教授为

低年级学生授课制度。继续做好普通本科院校和高职院校的教学评估工作，组织开展省级教学督导，切实加强教学规范管理，不断完善质量保障体系。

深入实施"质量工程"，支持"985 工程"和"211 工程"高校建设，使其成为拔尖创新人才培养基地和知识创新服务基地；支持 10 所左右地方本科院校建好优势学科和特色专业，成为人才培养质量高、科技创新能力强、特色鲜明的高水平大学；支持新建本科院校加强教学基本建设，全面达到国家评估验收标准；支持国家级示范高职院校和骨干高职院校建设，加强省示范高职院校建设，形成一批高素质、高技能人才培养骨干基地；实施"研究生教育创新计划"，改革研究生培养模式，全面提高研究生教育质量；支持高校科技创新平台、哲学社科研究基地建设，全面提升高校科研能力。

大力推进研究生培养机制改革。建立以科学与工程技术研究为主导的导师责任制和导师项目资助制，推行产学研联合培养研究生的"双导师制"。建立健全研究生教育质量长效保障机制和内在激励机制。大力发展硕士层次专业学位教育，优化硕士、博士学位授权结构，加快创新人才培养。积极实施"高等学校优势学科与特色专业建设工程"，加强重点学科建设，发挥重点学科在高校人才培养中的辐射带动作用。积极推进拔尖创新人才培养模式改革，探索建立符合西部条件和行业需求的研究生创新教育平台，重点建设一批研究生培养基地。

建立完善以市场为主导配置毕业生资源的运行机制。引导学生转变就业观念。支持学生参与科学研究，加强就业创业教育和就业指导服务。积极支持大学生就业。落实大学生创业税费减免政策，完善就业政策导向，鼓励和引导高校毕业生到基层、中小企业和非公有制企业就业。加快完善高校就业指导服务机构建设。加强高校毕业生就业信息网建设，完善全国、省级和高校三级网络信息平台，为毕业生和用人单位双向选择提供个性化服务。

3. 加强科学研究、深入推进产学研相结合

充分发挥高校在国家和地方创新体系中的重要作用。提高高校科研能力，以学科骨干和创新团队为核心，以重大项目为依托，加大省部级重点实验室和工程技术研究中心等科学创新平台的建设力度。优化、整合高校科技创新资源，不断提升高校原始创新和集成创新能力。"十二五"期间，四川省计划新增建设 20 个左右省部级研究基地、10 个左右工程技术研究中心，力争创建国家级研究基地有新的突破。鼓励高校组建跨学科领域、涵盖地方和行业企业的教学科技资源共享机制，支持高校与海内外高水平教育科研机构建立联合研发基地。完善有利于自主创新的科研评价机制和分配激励机制，并加强学术诚信建设，营造良好的科研环境。

推进高校科学研究与行业、产业的深度结合，加强高校科技成果转化平台建设。围绕四川省战略性新兴产业和特色优势产业，大力引导和支持高校瞄准解决四川省经济社会及产业发展中的重大关键技术和共性技术问题，开展科研工作并推进科技成果转化，形成一批具有重大影响的标志性科研成果。大力实施"四川高校创新团队建设计划"，新建省属高校科研创新团队 50 个左右，加大对中青年科技创新人才的培养，吸引和凝聚国内外高水平科技人才加盟，形成若干具有国际领先水平和实力的科技创新团队。继续大力推动国家级、省级等各级各类多种形式的大学科技产业园区建设，充分发挥园区在聚焦科技资源、服务成果转化、促进产业发展等方面的载体作用；实施"成果转化重大培育项目"计划，支持成果转化重大培育项目 150 项；科技成果转化取得的经济效益力争达到 300 亿元。深入实施"高校哲学社会科学繁荣计划"，推进哲学社会科学重点研究基地建设，充分发挥高校文化传承和思想库、智囊团的作用。

4. 加强高等教育的国内外交流与合作

支持高校加强与国外高水平大学的合作，积极建设国家教育国际交流战略性平台和教学科研合作平台，联合推进高水平基础研究和高技术研究。支持职业院校引进国际认可的职业资格标准，培养适应国际市场的高素质人才。积极扩大与港澳台地区的合作领域，形成良性互动新机制。支持高校探索与港澳台学校学生交换培养机制。促进区域教育合作，加强与周边省（区、市）、泛珠三角、长三角等区域的教育交流合作，积极实施《成渝经济区区域规划》。建立和完善地震灾区与援建省（市）教育对口合作交流的长效机制。

鼓励有条件的学校创办高水平中外合作办学机构，支持高校积极开展中外合作办学项目，引导中外合作办学向高层次、规范化发展。引进吸收海外先进办学模式、优秀教材和课程资源，推动观念更新、理念创新和课程改革。积极参与国家海外名师引进计划、学科创新引智计划，积极聘请和引进一批优秀专家学者和研究团队来川从事教学科研。鼓励学校聘用国际优秀人才参与教育管理。

实施"留学四川"计划，推动海外办学。积极实施"留学四川"计划，鼓励企业、高校等设立奖学金，鼓励学校主动到境外国外招生，吸引更多的外国留学生来四川学习深造。充分发挥特色学科、优势学科和知名教育品牌优势，推动高水平教育机构海外办学。办好海外孔子学院、孔子课堂，提升四川教育的国际影响力和竞争力。培养更多的汉语国际推广教师，发展汉语国际推广志愿者。

（三）重庆市高等教育发展的战略关注点

1. 高等教育内涵发展的战略选择

提升高等教育综合实力，是重庆市建设西部地区教育高地和人力资源强市的基本要求。把高等教育工作重心从外延发展转向内涵建设、从规模扩张转向质量提升，推进高等教育质量、结构、特色、效益协调发展。以重点学科为引领，积极发展研究生教育；以特色专业为主导，稳步发展本科教育；以培养动手能力为核心，大力发展高等职业教育。支持"985 工程"学校加快建成国际知名大学，支持"211 工程"学校建成国内一流大学，建设一批在全国同类院校中特色鲜明、水平领先的大学和在国内具有较强影响力的高等职业院校。

优化高等学校结构，形成办学层次、类型更加科学，学科、专业更加合理的高等教育格局。按照"定位科学、规模适当、结构合理、优势突出、特色鲜明"的原则，合理制订重庆市高校分类体系，实施分类指导、服务和管理，在评价、拨款和招生计划分配等政策上为不同类型的高校创造公平、有序的竞争环境。根据重庆经济社会发展现状、人力资源（开发）需求、国家招生计划调整和基本办学条件，有效发挥高校设置和招生计划的调控作用，按照"提质量、调结构、增效益、促规范"的原则，稳定高端、兼顾中端、扶持低端，科学优化高等教育结构。支持设立适应经济社会发展急需、支撑战略性新兴产业和支柱产业发展的高校，组建中医药、农林、环保、物流等高校，填补重庆市高校设置的空白。推进高等学校重点学科建设，构建国家、市级、学校三级和基础、应用、交叉新兴学科三类学科体系。围绕国家战略性新兴产业发展和重庆工业化、城镇化、城乡一体化进程，建立专业设置与市场需求信息监测预警机制，调整高等学校专业结构，加强国家级、市级特色专业建设，扶持高等学校优势和特色专业发展。

定期发布重庆市高等学校专业设置与人才培养规模信息，开展专业和学科满意度评价，并将其作为优化专业和学科结构的参考依据。对设置适应经济社会发展需求、特色鲜明的专业和学科予以积极支持。对布点较多、培养规模较大、就业趋势欠佳的专业要调减招生计划，对连续 3 年或累计 5 年供需比超过 5：1 的专业限制或停止招生。推动人力资源部门会同教育、产业部门建立人才需求预测、预警机制，及时提供人才需求的规模、结构、规格等信息。探索建立高校人才培养质量跟踪机制和高校毕业生就业质量跟踪调查制度，把人才培养质量、毕业生就业质量与高校专业和学科设置、招生计划"硬挂钩"。定期发布专业排序、学科布点信息。引导学校动态调整专业、学科设置及人才培养规模。

2. 立足人才培养质量，创新人才培养模式

牢固确立人才培养在高等学校工作中的中心地位，建立有利于各类创新人才脱颖而出的体制机制。深化高等学校教学改革，强化实践教学环节，开展各类大学生技能竞赛，培养一大批高素质专门人才和拔尖创新人才。强化博士和硕士点建设，形成学科门类较为齐全、富有特色的研究生教育体系。支持有条件的市属高等学校列入新增博士学位授权单位立项建设规划，支持有条件的应用型本科高等学校获得专业硕士学位授权。继续推行学分制改革。促进校际教学资源共建共享、学分互认、教师互聘、课程互选，加强校际合作。实施卓越工程师培养计划，支持高等学校与科研机构、行业企业联合培养人才。全面实施高等学校教学质量与教学改革工程，遴选建设一批精品课程和双语教学示范课程，建立一批改革创新试验学校、人才培养模式改革试验学校、教学改革创新团队、实验教学示范中心和大学生创新创业活动基地。加强高等学校学生通识教育，深入推进大学生人文素质教育，建立一批大学生人文素质教育基地。

积极实施高等学校核心竞争力与质量提升工程。实施高等教育振兴计划，力争进入国家"211 工程"、西部及行业特色学校建设的普通高等学校 2～4 所，4～6 所市属高校进入国家"中西部高等教育振兴计划"行列，博士学位授权单位 10 个，硕士学位授权单位 18 个。一级学科博士学位授权点 50 个、一级学科硕士学位授权点 200 个，国家级重点学科 42 个、市

级重点学科 180 个，国家级重点实验室 6 个、部市级重点实验室 120 个、国家级工程技术研究中心 7 个、部市级工程技术研究中心 40 个，国家级人文社会科学研究基地 4 个、市级人文科学研究基地 45 个，人才培养模式创新实验区 100 个。

深入推动高校"五说"活动，引导和实现高校"四个转变"，形成独具个性的办学理念和风格，特色办学、错位竞争，在不同层次、不同领域办出特色，争创一流，使重庆高校成为知识创新的策源地、文化传承的大家园、深化教育改革的试验田和扩大开放的桥头堡。继续支持重庆大学"985 工程"和"211 工程"，以及西南大学"211 工程"建设，支持重庆大学建成国际知名高水平研究型大学。推进 4 ~ 6 所市属高校进入国家"中西部高等教育振兴计划"行列。支持重庆教育学院等具备教育部规定条件的高校更名、改制、升格。继续实施高等学校本科教育"质量工程"和研究生教育创新工程，启动实施"卓越工程师教育培养计划"等新一轮高等教育人才培养模式改革计划，促进高校提质量、显特色、上水平，使重庆成为高等教育"质量工程"建设西部示范区。实施高等教育教学改革与质量提升计划，建成市级本科特色专业点 240 个、高职高专重点专业 120 个，国家级精品课程 90 门，市级精品课程 500 门、市级双语教学示范课程 120 门，人才培养模式创新实验区 65 个，建设 10 个重点学科群、100 个特色专业群、100 个核心课程群。

3. 提升高等学校科学研究水平，增强社会服务能力

充分发挥高等学校在国家和区域创新体系中的作用，引导高等学校承担国家、区域重大科技任务和重大工程项目。围绕人才培养和社会服务，积极开展自然科学、哲学社会科学和应用技术研究。加强国家级重点实验室、市级重点实验室和工程（技术）研究中心建设。以重大项目为依托，建设一批国际国内一流的重点学科和高水平、开放式、国际化科技创新平

台与研究基地，建设一批国家级、市级人文社会科学重点研究基地。支持高等学校围绕统筹城乡经济社会发展开展应用性研究，切实解决重庆市经济社会发展中的重大问题。

实施自主创新和产学研一体化建设、研究生教育创新、高层次创新人才培养、大学生创新创业教育与基地建设、人文社会科学繁荣发展、大学生思想道德素质提升等计划。鼓励高等学校积极参与地方和企业科研攻关，开发具有自主知识产权的高新技术，用多种形式推进产学研用结合。鼓励高等学校与企业和区县（自治县）共同建立产学研战略合作联盟、产学研用示范园区、技术创新中心等科技创新平台。建立在渝高等学校与企业、科研院所合作和结对扶持区县（自治县）发展长效机制，推动高新技术产业化。支持高等学校以科技成果参股的形式参与企业服务，促进成果转化。建立高等学校服务农村发展机制，选派专家指导新农村建设。发挥高等学校在科学普及、文化传播、决策咨询等方面的作用。大力弘扬优秀传统文化，发展先进文化，促进文化事业的繁荣与创新。提振高等学校人文精神，发挥高等学校在精神文明建设中的窗口示范作用。

4. 扩大教育开放，加强教育交流与合作

根据建设内陆开放高地的需要，开展多层次、宽领域的教育交流与合作。加强重庆与其他省区市之间的教育交流与合作，特别是扩大在西部地区和长江上游地区的教育交流和合作，积极推动重庆与港、澳、台地区的教育交流与合作。推动重庆教育的国际交流与合作，借鉴国外先进的教育理念和教育经验，提高重庆教育的国际合作水平，培养大批具有国际视野、通晓国际规则、能够参与国际事务与国际竞争的人才。建立健全中外合作办学质量保障、评估和信息发布机制，加强中外合作办学机构或项目的建设。有计划地引进高水平的专家学者、学术团队和优秀留学人员来渝从事教育、科研和管理工作。提高高等学校和有条件的高中阶段学校聘任外籍教师的比例。积极引进国际通行的境外职业资格证书和优质职业教育课程。吸引境外知名学校、教育和科研机构、企业，合作设立教育教学、实训、研究机构或项目。支持高等学校引进世界知名大学来渝合作办学。吸引优秀留学人员来渝服务，引进高水平教育管理专家，提高高等学校和有条件的高中阶段学校外籍教师的比例。鼓励和支持重庆高等学校聘请国际知名学者和教授来渝讲学、合作科研、任教和担任管理职位。依法引进境外优质教材。继续推进职业教育师资境内外专业培训和语言培训。

建立双边、多边国际教育交流与合作平台。鼓励有实力的重庆高校与国际知名大学、教育及科研机构以及企业建立联合实验室或研究中心，合作设立教育教学和实训项目，开展学校间课程合作、学分互认、联合培养等；增加学生在校期间赴国外学习进修、见习实习的机会；选派骨干校长和优秀中青年教师赴境外学习、培训。做好自费出国留学的政策引导和监管，培养一批具有世界眼光的国际化人才。实施"留学重庆计划"，扩大在渝外国留学生规模，努力打造面向来华留学生的品牌专业和精品课程，不断完善外国留学生奖学金制度和资助政策。大力发展国际汉语教育，扎实推进孔子学院（课堂）建设，扩大对外汉语教师和志愿者的派出规模。举办高水平的国际学术会议。积极推进重庆市教育科研成果与教学成果参与国际对话的平台、渠道、方式建设，提升重庆教育的国际影响力。具体而言，中外合作办学项目达到 60 个，海外孔子学院（课堂）达到 20 所（个），缔结一批中外友好学校。积极引进国外优质教育资源，引进国际通行职业资格证书体系达到 25 个，海外优质职业教育课程达到 40 门。选派对外汉语教师和志愿者，设立公派出国留学基金，每年选派 500～700 名优秀人才出国进修学习。完善吸引海外学者的政策体系，鼓励外国专家、外籍教师来渝从事教学、合作研究和管理工作，常年聘请外国专家、外籍教师 2500 人。实施"留学重庆计划",在渝来华留学生规模突破 10000 人。

（四）甘肃省高等教育发展的战略关注点

1. 控制规模，调整结构

根据人口变化和人民群众对接受高等教育的需求，在稳定现有高等教育规模的基础上，适当扩大规模，提高入学率。根据甘肃省经济社会发展的需要调整专业设置和学科布局，增强高等教育结构与经济结构的吻合度。实现人文学科、社会科学、自然科学、工程科学的协调发展，克服各高校专业同构化倾向。2010 年甘肃省共有普通高校 40 所（本科院校 14 所，专科院校 21 所，独立学院 5 所），研究生培养机构 17 个，独立设置的成人高等学校 8 所，民办非学历高等教育机构 31 所。与 2005 年相比，新增普通本科院校 2 所、民办非学历高等教育机构 2 个、博士生培养单位 1 个，高等教育的发展重点正向优化结构与提高质量转变。2010 年，甘肃省高校共招生 170797 人，比 2005 年的 116401 人增加了 54396 人，年均增长 7.97%；高等教育总规模为 563629 人，比 2005 年的 407815 人增加了 155814 人，年均增长 6.69%；高等教育毛入学率 22%，比 2005 年提高了 7 个百分点，缩小了与全国的差距。《甘肃省中长期教育改革和发展规划纲要（2010～2020 年）》明确提出，到 2020 年高等教育毛入学率达到全国平均水平，办学条件显著改善，办学质量显著提高，建成一批有特色、在全国具有一定影响的高水平大学；高等教育成为经济社会发展和科研自主创新的主引擎，在全省科技创新体系中发挥主体作用。

优化高等教育层次结构和类别结构，进一步调整高校布局结构，促进规模、结构、质量、效益的协调发展。将高校设置纳入经济社会发展规划，科学合理调整高校布局。加强人才规划和需求预测，定期发布人才需求信息，引导高校根据经济社会发展的需要及时调整学科专业，通过招生计划、基本建设等手段调整学科专业办学规模，大力扶持优势明显、特色鲜明的学科专业，积极培育经济社会发展急需的学科专业，强化与战略性新兴产业紧密相关的学科专业建设，促进多学科交叉和融合。具体而言，根据高等学校学科特点和专业优势，结合甘肃省经济社会发展需要，集中力量建设与甘肃省主导产业群直接相关的重点学科、优势特色学科、本专科重点专业。以国家级省级重点学科为平台，整合全省学科资源，集结力量，重点建设石油化工、有色冶金、新材料、新能源、装备制造、生物医药、现代农业、文化艺术等学科群。将这些学科做大、做强、做优、做特，打造甘肃省学科高峰，形成核心竞争力，使之成为科技创新、社会发展、产业升级的动力和源泉。依托这些学科群，大力培养全省经济社会发展重点领域、重点区域急需紧缺人才。建设一批高质量、高水平、具有示范作用的精品课程和相应的高质量教材，引导学校进行课程教学内容和教学方法、手段改革，提高人才培养质量，为建设工业强省、文化大省和生态文明省提供全方位的人才支撑。此外，注重毕业生特色、标准及学业成就，充分考虑甘肃省经济社会发展和劳动力市场需求，增强学生的社会适应能力。重点建设300个本专科优势特色（重点）专业、100个新型战略性专业，推动高校建立面向就业市场的专业设置和调整机制。

附表16 "十一五"期间甘肃省高等教育发展情况

单位：人，%

年 份	2005	2006	2007	2008	2009	2010
在学人数	407815	438154	454942	501300	534030	563629
招生数	1164014	135081	147865	163270	163506	170797
毕业生数	196464	167942	197652	212791	281995	343538
毛入学率	15	16.5	18	20	21	22
全国的毛入学率	21	22	23	23.3	24.2	25

附表17　"十二五"期间甘肃高等教育发展主要预期目标

单位：万人，%

年　份	2010	2013	2015
在学总规模	56.4	60	63
普通本专科	38.2	42	45
毛入学率	22	26.5	32

2. 坚持育人为本，创新人才培养模式

坚持以提高高等教育质量为核心，牢固树立人才培养在高校工作中的中心地位。全面贯彻党的教育方针，创新人才培养模式，坚持育人为本、德育为先、能力为重、全面发展。围绕甘肃省区域经济发展战略，培养宽口径、应用型、复合型、适应能力强的专业人才。尊重知识，尊重创造，尊重人才，真正做到以学生为本、以教师为本的发展服务。

牢固确立人才培养在高校工作中的中心地位，着力培养信念执著、品德优良、知识丰富、本领过硬的高素质专门人才和拔尖创新人才。创新人才培养模式，扩大高等教育的选择性，采取大类招生、模块化培养、自主选择的培养模式。创新人才培养机制，全面推行学分制和弹性学制，推行跨校、跨区域、跨类型的学分互认，推行主辅修制、双专业制、多项技能等级证书制，逐步推行本科学生导师制。建立高校区域合作育人机制，深化合作办学试点，推进教学联合体建设，实行资源共享、教师互聘、课程互选、学分互认。实施基础学科拔尖学生培养试验计划和卓越工程师、医师等人才教育培养计划。

大力推进研究生培养机制改革。建立以科学与工程技术研究为主导的导师责任制和导师项目资助制，推行产学研联合培养研究生的"双导师制"。实施"研究生教育创新计划"，制定甘肃省优秀博士论文、硕士论文奖励办法，健全完善研究生奖学助学体系，激发研究生科研创新的积极性，不断提高研究生，特别是博士生培养质量。推进研究生专业学位培养模式改革，优化研究生培养类型结构。促进研究生培养与科学研究和创新实践的紧密结合。深化研究生招生改革，突出科学素养、综合素质、创新潜能的考核。积极推进学术型、应用型、复合型等不同类型研究生培养模式改革。

及时调整课程结构，更新教学内容，建立符合时代要求的课程体系。加大教学投入，把教学作为教师考核的首要内容，把教授为低年级学生授课作为重要制度。继续实施"高等学校本科教学质量与教学改革工程"，建成一批特色专业、精品课程、实验教学示范中心和优质教学资源中心。加强重点学科和重点实验室建设，建成一批国家级重点学科和重点实验室。深化教学改革，注重通识教育，促进文理交融。优化教学过程，改进教学方式，引导学生勇于质疑、崇尚科学、追求真理。强化实践教学环节，构建以能力培养为主线、课内课外相结合的实践教学体系。实施大学生实践创新训练计划。健全教学质量保障体系。实行学生毕业论文（设计）抽检制度。完善高校内部质量监控办法，建立行业企业、用人单位、教师、学生、家长和中介组织多方参与的评价制度。加强就业创业教育和就业指导服务，开设创业课程，设立大学生创业实践基地、科研成果孵化基地。充分调动学生学习的积极性和主动性，激励学生刻苦学习，增强诚信意识，养成良好学风。

大力提升高等学校教师队伍的整体素质，在充分发挥现有高水平领军人才作用的同时，强化高层次人才培养和引进工作，全力打造一个"人尽其才、才尽其用"的创业与生活环境。全面实施人才建设的"飞天学者与创新团队计划""新世纪优秀人才建设计划""青年教师海外研修计划"。汇聚各类英才，力争在培养和引进重点学科、重点实验室等方面急需的（如"两院院士"等）高端人才上有新突破。从科研、项目、共享等方面着手，制定并实施高水平人才的动态评估标准，使高水平人才充分发挥其应有的作用,实现人才优势向项目优势、成果优势、产业优势转化。选择部分与地方经济建设和社会发展战略相适应的重点学科组建有强大科研能力的团队,促使团队带头人成为国内国际学术领域中有较高知名度的学术带头人。在教学科研中打造优秀创新团队,把拔尖人才培养与学科建设、团队建设统一起来。

3. 整体提高,重点突破

瞄准国家特别是甘肃省的经济社会发展重大需求,按照甘肃省在全国的战略定位和地域分工,围绕加快实施区域发展、基础设施建设、生态安全、社会发展、产业发展五大战略,根据甘肃省跨越式发展的现实需要,重点建设 1～2 所省属大学。在学科建设、基本建设以及生均拨款差额补贴等方面给予特殊支持,充分发挥辐射功能和示范作用,带动甘肃省高等教育人才培养能力、科学研究水平和服务经济社会能力整体提升。加快省部共建步伐,与铁道部共建兰州交通大学,与农业部共建甘肃农业大学,与国家民委共建甘肃民族师范学院;争取甘肃中医学院成为博士点授权单位,兰州商学院改建为兰州财经大学。

加大财政投入力度,深化体制机制改革,全面提升甘肃省高等教育的整体实力。集中人力、财力,围绕国家特别是甘肃省区域经济社会发展的重大需求,重点建设 1～2 所省属高水平大学,带动甘肃省高等教育质量的全面提升。以重点学科建设为核心,建设 150 个省级重点学科、50 个省级优势特色学科、20 个省级重点实验室,使一批重点学科尽快达到国内领先水平,确保在相关研究领域有重大突破。重点建设 300 个本专科优势特色(重点)专业,100 个新型战略性专业,推动高校建立面向就业市场的专业设置和调整机制。将省属高校基础设施建设纳入中央财政转移支付范围,积极争取国家支持地方高等教育专项资金,加快省属高校基础设施建设步伐。积极组织实施中西部高等教育振兴计划、中西部高校招生"协作计划"和"对口支援计划"。加强师资队伍建设,引进和培养千名具有博士学位的高素质人才,建立一支高水平、高素质高校教师队伍。

此外,科学建立高校分类体系,建立健全实行分类指导、分类管理和分类评估的新机制,对不同类型的高校实行不同的办学标准和质量评价体系。发挥政策指导和资源配置的作用,引导高校科学定位,形成各自的办学理念和办学风格,在不同层次、不同领域办出特色,形成类别清晰、特色鲜明的高等教育体系。

4. 提升科研创新与社会服务能力

充分发挥高校在创新体系中的重要作用,鼓励高校在知识创新、技术创新、国防科技创新和区域创新中做出贡献。完善以创新和质量为导向的科研评价机制和激励机制,建立有利于学科交叉、队伍整合和资源共享的科研体制。继续实施优势学科创新平台建设,加快科研创新基地建设,努力建成一批国家级工程(技术)研发中心,切实增强高校原始创新和集成创新能力。大力开展自然科学、技术科学、哲学社会科学研究。坚持服务国家目标与鼓励自由探索相结合,加强基础研究;以重大现实问题为主攻方向,加强应用研究。推动高校创新组织模式,培育跨校际、跨学科、跨领域的科研与教学相结合的团队,集中开展重大科研攻关和拔尖人才培养。积极参与马克思主义理论研究和建设工程,深入实施"高等学校哲学社会科学繁荣计划",努力建成一批国家级人文社会科学重点研究基地。牢固树立主动为社会服务的意识,全方位开展服务,为甘肃省区域发展战略、发展方式转变、经济社会转型提供人才保障和智力支撑。

支持高校科技创新平台的建设,以学科交叉和技术集成为突破口,推动甘肃省高等学校、科研院所、科技中介机构和企业之间的科技资源共享和合作。重点建设 10 个校企共建工程研发中心,重点推进科技成果转化50 项。发挥大学科技园的孵化功能,以兰州大学、兰州理工大学、兰州交通大学国家大学科技园为龙头，提高科技成果转化比例。按照甘肃省产业发展需求，建设与完善重点实验室。重点支持西北师范大学的生态环境相关高分子材料教育部重点实验室、甘肃特色植物有效成分制品工程技术研究中心，兰州理工大学的有色金属合金及加工重点实验室、数字制造技术与应用教育部重点实验室、有色冶金新装备教育部工程研究中心、西部土木工程防灾减灾教育部工程研究中心，兰州交通大学的光电技术与智能控制教育部重点实验室、铁道车辆热工教育部重点实验室、寒旱地区水资源综合利用教育部工程研究中心，甘肃农业大学的草业生态系统教育部重点实验室、甘肃省干旱生境作物学国家重点实验室培育基地、甘肃省节水农业工程技术研究中心。同时，力争建成 2～3 个国家重点实验室或国家工程技术研究中心。加大支持力度，发挥甘肃省高校已有的教育部人文社会科学重点研究基地的作用，并辐射其他人文社会科学学科，繁荣人文社会科学研究事业。重点建设好兰州大学敦煌学研究中心、西北少数民族研究中心和西北师范大学西北少数民族教育发展研究中心等教育部重点研究基地，培育建设一批人文社会科学研究基地，使之进入教育部人文社会科学重点研究基地行列。

5. 加强国内外合作交流

出台优惠政策，吸引境内外知名学校、企业、教育科研机构，在甘肃合作设立教育教学、实训、研究机构。鼓励各级各类学校开展多种形式的国际交流与合作，加强与国内发达地区的交流和合作。积极探索多种方式利用国内外优质教育资源。建立引进人才的保障制度，吸引国内外一流专家学者来甘肃从事教学、科研和管理工作，吸引海外优秀留学人员回甘肃服务。在重点学科、重大科研项目和支柱产业等领域，有计划地引进海外高端人才和学术团队。引进境外优秀教材，提高高等学校聘任外籍教师的比例。

推动甘肃省高水平高校和教育机构海外办学，鼓励和支持有条件的学校在海外开办孔子学院和孔子课堂，开展国际合作和教育服务。创新和完善公派出国留学机制，扩大公派留学规模。加强对自费出国留学的政策引导，加大对优秀自费留学生资助和奖励力度。坚持"支持留学、鼓励回国、来去自由"的方针，提高对留学人员的服务和管理水平。增加政府奖学金数量，扩大外国留学生在甘留学规模。加强与联合国教科文组织等国际组织和友好国家的合作。加强与港澳台地区的教育交流与合作，促进教育事业共同发展。此外，鼓励和支持省内高校与国外高校教师互派、学生互换、学分互认和学位互授联授。加大选派高校青年教师出国进修的力度。加强省内高校与国外高水平大学合作，建立教学科研合作平台，联合推进高水平基础研究和高技术研究。加强中小学、职业学校的对外交流与合作，扩大与发达地区中职学校合作办学规模，探索与发达地区开展高等职业教育合作办学的新模式。

参考文献

［1］史明洁、许竞、尚超、王黎云：《教育政策学》，教育科学出版社，2003。

［2］菲利普·G. 阿特巴赫：《为美国高等教育辩护》，中国海洋大学出版社，2007。

［3］菲利普·阿特巴赫、利斯·瑞丝伯格、劳拉·拉莫利：《全球高等教育趋势——追踪学术革命趋势》，上海交通大学出版社，2010。

［4］菲利普·G. 阿特巴赫：《高等教育变革的国际趋势》，北京大学出版社，2009。

［5］李梅：《高等教育国际市场：中国学生的全球流动》，上海教育出版社，2008。

［6］科伯：《高等教育市场化的底线》，北京大学出版社，2009。

［7］郝瑜：《高等教育大众化——陕西的经验、问题与前景》，高等教育出版社，2004。

［8］周光礼：《公共政策与高等教育——高等教育政治学引论》，华中科技大学出版社，2010。

［9］刘献君：《高等学校战略管理》，人民出版社，2008。

［10］Jamil Salmi：《世界一流大学：挑战于途径》，上海交通大学出版社，2009。

［11］斋藤谛淳：《文教行政にみる政策形成程の研究》，ぎょうせい，1984。

［12］菲利普·G. 阿特巴赫：《比较高等教育——知识、大学和发展》，人

民教育出版社，2001。

[13] 伯顿·R. 克拉克：《高等教育系统：学术组织的跨国研究》，杭州大学出版社，1994。

[14] 邬大光：《中国高等教育大众化问题研究》，高等教育出版社，2004。

[15] 胡必亮：《中国的跨越式发展战略》，山西经济出版社，2003。

[16] 赵文华：《高等教育系统论》，广西师范大学出版社，2001。

[17] 弗兰斯·F. 范富格特：《国际高等教育政策比较研究》，浙江教育出版社，2001。

[18] 伯顿·克拉克：《探究的场所——现代大学的科研和研究生教育》，浙江教育出版社，2005。

[19] 菲利普·阿特巴赫：《世界一流大学：亚洲和拉美国家的实践》，上海交通大学出版社，2008。

[20] 谢安邦：《中国高等教育研究新进展》，华东师范大学出版社，2011。

[21] 周其凤、王战军、郭樑、翟亚军：《研究型大学与高等教育强国》，科学出版社，2009。

[22] 劳伦斯·维塞：《美国现代大学的崛起》，北京大学出版社，2011。

[23] 特伦斯·W. 拜高尔克、迪恩·E. 纽鲍尔：《亚太地区高等教育质量与公共利益》，华东师范大学出版社，2012。

[24] 杰勒德·德兰迪：《知识社会中的大学》，北京大学出版社，2010。

[25] 罗纳德·巴尼特：《高等教育理念》，北京大学出版社，2012。

[26] 严本全、张社字：《创新型河南建设与高等教育战略转型》，人民出版社，2010。

[27] 丹尼尔·若雷、赫伯特·谢尔曼：《从战略到变革——高校战略规划实施》，广西师范大学出版社，2006。

[28] 詹姆斯·杜德斯达：《21世纪的大学》，北京大学出版社，2005。

［29］ 程星、周川：《院校研究与美国高校管理》，湖南人民出版社，2003。

［30］ 王小梅：《改革开放与中国高等教育》，黑龙江教育出版社，2009。

［31］ 薛涌：《美国大学原来是这样的》，漓江出版社，2011。

［32］ 张彦通：《欧洲地区高等教育质量保障体系研究》，北京航空航天大学出版社，2007。

［33］ 雷庆：《北美地区高等教育质量保障体系研究》，北京航空航天大学出版社，2008。

［34］ 王善迈、袁连生：《中国地区教育发展报告》，北京师范大学出版社，2011。

［35］ 杨天平、王宪平：《OECD 展望：高等教育至2030》，重庆大学出版社，2012。

［36］ 姚慧琴、徐璋勇：《中国西部发展报告》，社会科学文献出版社，2012。

［37］ 张宗荫、范笑仙：《质量提升与建设高等教育强国——2011 年高等教育国际论坛论文集》，西南师范大学出版社，2012。

［38］ 中国高等教育学会：《建设高等教育强国文集》，高等教育出版社，2011。

［39］ 教育部财务司：《中国教育经费统计年鉴（2011）》，中国统计出版社，2012。

［40］ 《中国教育年鉴》编辑部：《中国教育年鉴2011》，人民教育出版社，2012。

［41］ 潘懋元：《高等学校分类与定位问题》，《复旦教育论坛》2003 年第 3期。

［42］ 刘献君：《没有一流的学科，就没有一流的大学》，《求是》2002 年第 3 期。

［43］ 刘献君、周进：《建设高等教育强国：六十年的理念变迁及其启示》，

《高等工程教育研究》2009 年第 5 期。

[44] 刘献君、张应强、沈红、别敦荣：《新世纪的高校发展战略规划》，《高等教育研究》2001 年第 5 期。

[45] 周远清：《建设高等教育强国：应对全面建设小康社会》，《清华大学教育研究》2003 年第 5 期。

[46] 郝瑜、王冠：《论陕西民办高等教育的缘起与发展》，《陕西师范大学学报》（哲社版）2004 年第 1 期。

[47] 郝瑜：《陕西高等教育大众化的战略选择》，《教育研究》2005 年第 1 期。

[48] 郝瑜：《从必要性和可行性看陕西高等教育大众化》，《西安交通大学学报（哲社版）》2004 年第 6 期。

[49] 郝瑜：《陕西民办高等教育的发展现状、问题与对策》，《西北大学学报（哲社版）》2004 年第 2 期。

[50] 郝瑜、周光礼：《中国大学"去行政化"改革的制度困境及其破解》，《陕西师范大学学报》（哲社版）2012 年第 3 期。

[51] 周光礼：《走向高等教育强国：发达国家教育理念的传承与创新》，《高等工程教育研究》2010 年第 3 期。

[52] 邬大光：《建设高等教育强国的战略意义》，《教育发展研究》2008 年第 19 期。

[53] 钟秉林、周海涛：《国际高等教育质量评估发展的新特点、影响及启示》，《高等教育研究》2009 年第 1 期。

[54] 钟秉林：《科学谋划励精图治创建高水平民办大学——我国民办高等教育改革与发展探析（七）》，《中国高等教育》2012 年第 2 期。

[55] 顾秉林：《研究型大学在建设高等教育强国中的使命和作用》，《中国高等教育》2008 年第 1 期。

［56］柴旭东:《高等教育强国建设背景下地方高等教育发展战略的选择》,《国家教育行政学院学报》2009 年第 10 期。

［57］吴岩、刘祖良:《世界高等教育高端发展的走向与我国应对战略》,《中国高教研究》2011 年第 11 期。

［58］沈晶晶:《高等教育政策过程分析的研究途径》,《江苏高教》2011 年第 6 期。

［59］王庆书、王亮:《高等教育发展战略的比较研究》,《现代教育科学》2009 年第 6 期。

［60］戴维·拉伯雷:《复杂结构造就的自主成长:美国高等教育崛起的原因》,《北京大学教育评论》2010 年第 3 期。

［61］Stanley O. Ikenberry:《美国高等教育面临的挑战和选择——市场力量的视野》,《比较教育研究》2001 年第 9 期。

［62］周满生:《推进欧洲内外高等教育战略对话,构建深层次合作的新平台——第二届博洛尼亚政策论坛侧记》,《教育研究》2010 年第 4 期。

［63］樊钉、吕小明:《高校问责制:美国公立大学权责关系的分析与借鉴》,《中国高教研究》2005 年第 3 期。

［64］高迎爽:《从集中到卓越:法国高等教育集群组织研究》,《清华大学教育研究》2012 年第 1 期。

［65］张新科、刘辕:《从均衡发展到追求卓越——德国高等教育"卓越计划"评析》,《高等教育研究》2011 年第 9 期。

［66］陈曦:《日本高等教育国际化策略——以"留学生 30 万人计划"为例》,《比较教育研究》2010 年第 9 期。

［67］司晓宏、侯佳:《澳大利亚高等教育发展特征探析》,《高等教育研究》2012 年第 3 期。

［68］ 施晓光：《走向 2020 年的印度高等教育——基于印度"国家中长期发展规划"的考察》，《中国高教研究》2011 年第 6 期。

［69］ 岳昌君：《中国高等教育财政投入的国际比较研究》，《比较教育研究》2010 年第 1 期。

［70］ 王洪才、曾艳清：《后大众化与我国高等教育发展战略选择》，《华中师范大学学报》（社科版）2010 年第 3 期。

［71］ 肖俊杰、谢安邦：《日本高等教育市场化改革的趋势、形式和启示》，《江苏高教》2010 年第 6 期。

［72］ 李盛兵：《高等教育市场化：欧洲观点》，《高等教育研究》2000 年第 4 期。

［73］ 王超：《欧洲高等教育区一体化与多元化并存的合理性、实质及其启示》，《外国教育研究》2008 年第 2 期。

［74］ 柳亮：《"自愿问责制"：美国高等教育问责制发展的新动向》，《比较教育研究》2011 年第 2 期。

［75］ 姚峥嵘、沈仲丹：《高等教育问责制：美国的经验及启示》，《江海学刊》2012 年第 3 期。

［76］ 王淑娟：《对美国教育语境中问责涵义的考察》，《比较教育研究》2007 年第 2 期。

［77］ 游振声、徐辉：《多样化推进：美国高等学校创业教育途径探析》，《比较教育研究》2010 年第 10 期。

［78］ 贾凤兰：《欧洲 2020 战略》，《求是》2010 年第 10 期。

［79］ 徐来群、李俊义、土富强：《面向 2010 年的英国高等教育战略规划评析——〈高等教育未来〉政策的实施及影响》，《大学教育科学》2008 年第 3 期。

［80］ 孙希波、邢爱国：《国外高等教育发展战略及对中国的启示》，《学术

交流》2006 年第 5 期。

[81] 丁玲：《20 世纪美国高等教育崛起之道的五处经典》，《黑龙江高教研究》2012 年第 1 期。

[82] 杨天平、潘奇：《美国高等教育的"未来规划"及其启示》，《高校教育管理》2009 年第 4 期。

[83] 雷丽平、周嘉：《试论日本历史认识形成的教育及文化因素》，《现代日本经济》2006 年第 3 期。

[84] 宋鸿雁：《印度高等教育"十一五"规划述评》，《世界教育信息》2008 年第 2 期。

[85] 田志龙、秦惠敏：《日本教育财政政策对我国的启示》，《吉林教育》2007 年第 2 期。

[86] 陈武元：《日本高等教育政策与私立大学的大发展》，《清华大学教育研究》1998 年第 3 期。

[87] 胡炳仙：《日本重点大学建设政策：过程分析与启示》，《高等教育研究》2006 年第 8 期。

[88] 王晓霞：《日本高等教育国际化政策的历史演进及其发展趋势》，《宁波教育学院学报》2004 年第 4 期。

[89] 熊庆年：《日本研究生教育改革十五年》，《学位与研究生教育》2004 年第 1 期。

[90] 田恩舜：《从一元控制到多元治理：世界高等教育质量保证发展趋势探析》，《新华文摘》2007 年第 7 期。

[91] 林梦泉、常凯、巩乐：《国外高等教育外部质量保障框架的运行机制及其对研究生教育的启示》，《高等教育研究》2010 年第 10 期。

[92] 戴荣光：《美国〈卡内基高等院校〉2000 版简介》，《世界教育信息》2002 年第 10 期。

［93］顾秉林：《国外大学的管理改革及其启示》，《中国高等教育》2007
年第 1 期。

［94］盛冰：《高等教育的治理：重构政府、高校、社会之间的关系》，《高
等教育研究》2003 年第 8 期。

［95］顾海良：《完善内部治理结构，建设现代大学制度》，《高等工程教育
研究》2010 年第 3 期。

［96］黎琳、李枭鹰：《高等教育强国的基本特征与发生机制》，《现代大学
教育》2009 年第 5 期。

［97］苏竣、薛二勇：《快迈向高等教育强国的步伐——中国建设高等教育
强国路线图研究》，《中国高教研究》2010 年第 4 期。

［98］思华：《建设高等教育强国——教育部副部长周远清访谈》，《中国高
等教育》1999 年第 17 期。

［99］李立国：《从一流大学到高等教育强国：我国高等教育发展战略的转
变》，《复旦教育论坛》2010 年第 3 期。

［100］魏小鹏：《高等教育强国目标下的高等教育区域中心建设》，《中国
高教研究》2010 年第 8 期。

［101］王小梅：《构建中国特色高等教育思想体系的实践探索》，《中国高
教研究》2011 年第 8 期。

［102］马海泉、吕东伟、周远清：《加速构建具有中国特色的高等教育思
想理论体系——访中国高等教育学会会长周远清》，《中国高等教
育》2006 年第 9 期。

［103］范文曜：《更新发展理念构建中国特色高等教育思想体系》，《中国
高教研究》2010 年第 12 期。

［104］陈丽萍：《高水平大学建设的国家战略及其政策分析》，《高校教育
管理》2009 年第 1 期。

[105] 刘文娟:《"长三角"高等教育可持续发展的分析及其建议》,《辽宁教育研究》2005 年第 1 期。

[106] 冯用军:《"大海峡时代"福建高等教育发展进程的 SWOT 分析》,《福建师范大学学报》(哲社版) 2010 年第 4 期。

[107] 魏小琳:《地方高校发展策略:基于 SWOT 的分析》,《教育发展研究》2009 年第 13 期。

[108] 张立杰:《基于 SWOT 分析理论的西北五省 (区) 高等教育及区域经济互动发展研究》,《西安科技大学学报》2010 年第 9 期。

[109] 张秀萍、柳中权、张莹、张弛:《区域人力资本提升与区域高等教育发展战略——以辽宁省为例》,《大连理工大学学报 (社会科学版)》2011 年第 1 期。

[110] 连辑:《西部地方高等教育问题及对策研究》,《中国高等教育》2010 年第 4 期。

[111] 秦福利:《我国西部地区高等教育成本分担中存在的问题与改进建议》,《教育科学》2010 年第 10 期。

[112] 赵军、朱晓玲:《对西部地区发展高等教育的策略思考》,《黑龙江高教研究》2005 年第 1 期。

[113] 王根顺、李静:《发展西部高等教育的战略思考》,《教育研究》2001 年第 9 期。

[114] 崔玉平、夏焰:《区域高等教育联动改革与协调发展的经济意义——基于长三角地区的分析》,《清华大学教育研究》2012 年第 1 期。

[115] 黄藤:《新变化新挑战新战略——对中国民办高等教育发展的新思考》,《民办教育研究》2012 年第 1 期。

[116] 蔡成莲、范太华:《立足学科优势发展我国西部高等网络教育》,

《现代远距离教育》2007 年第 5 期。

[117] 李忠杰：《实行均衡与非均衡结合战略，缩小东西差距》，《毛泽东邓小平理论研究》1996 年第 1 期。

[118] 李爱良：《高等教育均衡的经济分析》，《现代大学教育》2006 年第 6 期。

[119] 龙游宇：《从"点轴开发理论"看西部大开发》，《韶关学院学报》（社科版）2002 年第 4 期。

[120] 王大中：《大学学科建设和专业结构调整的实践和体会》，《中国大学教学》2002 年第 12 期。

[121] 胡冰玉、邬智：《从各分类标准看高校分类的必要性》，《高等教育与学术研究》2009 年第 7 期。

[122] 刘向东、吕艳：《高等学校分类的实证研究——基于 75 所教育部直属高校和 19 所地方共建高校的分析》，《清华大学教育研究》2010 年第 4 期。

[123] 梁超：《论国际化视域下的新疆高等教育发展战略——兼论白俄罗斯高等教育的发展状况》，《新疆师范大学学报》（哲社版）2011 年第 2 期。

[124] 尹毓婷：《欧洲高等教育改革研究》，山东师范大学博士论文，2009。

[125] 刘敏：《当代德国高等教育改革评述》，南京理工大学硕士论文，2007。

[126] OECD, Tertiary Education for the Knowledge Society, http://www. oecd. org/dataoecd/59/21/41314515. pdf, 2008/2010.

[127] U. S. Department of Education. Strategic Plan, 2002 – 2007, http://www. ed. gov. /pubs/straplan 2002 – 2007.

[128] The Wall Street Journal Staff, Obama's Remarks on Education, http: //blogs. wsj. com/washwire/2009/03/20/obama – remarks – on – education – 2 / tab / article /.

[129] NAFSA, The Economic Benefits of International Education to the United States for the 2009 – 2010 Academic Year, A Statistical Analysis, Washington, D. C. 2010.

[130] 110th Congress, 2D Session, S. 2653, in the Senate of the Unit ed States, Feb. 24th, 2008.

[131] Bologna Declaration: The European Higher Education Area, Joint Declaration of the European Ministers of Education Convened in Bologna on the 19June, 1999.

[132] Charles K. Monroe, Profile of the Community College, San Francisco: Jossey Bass Publisher, 1977.

[133] Rudolph, Frederick, The American College and University, New York: Vintage Books Press, 1962.

[134] Altbach, P. G. Globalization and the University: Realities in an Unequal world, J. F. J. Forest and P. G. Altbach (eds), International Handbook of Higher Education, Vol. Dordrecht, The Netherlands, Springer, 2006.

[135] Altbach, P. G. , and Knight, J. , "The Internationalization of Higher Education: Motivations and Realities", *Journal of Studies in International Education*, Vol. 11.

[136] Hartle, T. & Simmons, C. , "Federal Triangle: Congress Focuses on Access, Affordability and Accountability", *New England Journal of Higher Education*, 2003, 18 (2) .

［137］ Tara, Obama Administrations Economic Stimulus Bill on Higher Education, 2003.

［138］ Hans de wit, European Integration in Higher Education: The Bologna Process Towards a European Higher Education Area, International Handbook of Higher Education, Springer, 2006.

后　记

　　本书是全国教育科学"十一五"规划 2010 年度教育部重点课题"建设高等教育强国背景下的西部高等教育发展战略选择与政策保障研究"的主要成果。在"西部大开发"国家发展战略布局中，西部高等教育的改革与发展肩负着光荣艰巨的任务与使命。基于国际视野和本土情怀，在分析探讨国际高等教育发展战略与政策保障机制的基础上，我们着重对我国东部、中部和西部三大区域高等教育的改革与发展进行了战略分析，进而对西部高等教育改革与发展的内外部因素进行了战略分析，提出西部高等教育的发展战略选择及其政策保障机制。

　　课题主持人西安外国语大学英语教育学院郝瑜教授提出总体研究思路、制定研究框架、负责统稿，并完成第一章、第四章和第五章的撰写工作，课题参与者西安外国语大学英语教育学院孙二军副教授完成第二章、第三章、第六章、第七章和附录的撰写工作。

　　在课题研究过程中，得到了西安外国语大学科研处等有关部门领导和同志的大力支持和热情帮助，尤其是为我们的研究工作提供了大量的数据资料。西安外国语大学英语教育学院高艳贺博士在课题申报与前期研究中做了大量细致的工作，赵花兰老师、杨妮老师、马丽萍老师和康玮老师搜集整理了国际高等教育发展战略与政策保障机制的相关数据资料，西安外国语大学英语教育学院的研究生雒艳芳、唐芳芳、崔胜杰、徐晓丽、杨玉洁、张薇、杨喜鞠等同学参加了本研究的部分工作。本书的出版发行得到了社会科学文献出版社的大力支持。在此一并表示感谢。

　　由于时间和水平所限，加之有些相关的数据和资料难以获得，本课题的研究还存在诸多不足之处，敬请各位专家、学者批评指正。

图书在版编目(CIP)数据

区域高等教育发展战略与政策保障:基于建设"高教强国"的视角/
郝瑜,孙二军著 . — 北京:社会科学文献出版社,2014.5
ISBN 978 - 7 - 5097 - 5787 - 1

Ⅰ.①区… Ⅱ.①郝… ②孙… Ⅲ.①高等教育 - 发展战略 - 研究 -
中国 ②高等教育 - 教育政策 - 研究 - 中国 Ⅳ.①G649.2

中国版本图书馆 CIP 数据核字(2014)第 050874 号

区域高等教育发展战略与政策保障
——基于建设"高教强国"的视角

著　　者 / 郝　瑜　孙二军

出 版 人 / 谢寿光
出 版 者 / 社会科学文献出版社
地　　址 / 北京市西城区北三环中路甲 29 号院 3 号楼华龙大厦
邮政编码 / 100029

责任部门 / 皮书出版分社 (010) 59367127　　　　责任编辑 / 吴　敏
电子信箱 / renwen@ ssap. cn　　　　　　　　　　责任校对 / 卢江涛
项目统筹 / 吴　敏　　　　　　　　　　　　　　　责任印制 / 岳　阳
经　　销 / 社会科学文献出版社市场营销中心 (010) 59367081　59367089
读者服务 / 读者服务中心 (010) 59367028

印　　装 / 北京鹏润伟业印刷有限公司
开　　本 / 787mm × 1092mm　1/16　　　　　　　印　张 / 20.75
版　　次 / 2014 年 5 月第 1 版　　　　　　　　　字　数 / 264 千字
印　　次 / 2014 年 5 月第 1 次印刷
书　　号 / ISBN 978 - 7 - 5097 - 5787 - 1
定　　价 / 69.00 元